Édition : BoD · Books on Demand,
31 avenue Saint-Rémy, 57600 Forbach,
bod@bod.fr
Impression : Libri Plureos GmbH,
Friedensallee 273, 22763 Hamburg (Allemagne)
ISBN : 978-2-8106-2949-7
Dépôt légal : mai 2025

TOUT TOMBE.

IL FAUDRAIT UNE DOUCEUR INFINIE.

RECUEIL DE PAROLES AUTOUR DES EPILEPSIES

Elisabeth FABRE et quatorze témoins

A toi Bruno, *animula vagula blandula*

Die Blätter fallen, fallen wie von weit,
als welkten in den Himmeln ferne Gärten ;
sie fallen mit verneinender Gebärde.

Und in den Nächten fällt die schwere Erde
aus allen Sternen in die Einsamkeit.

Wir alle fallen. Diese Hand da fällt.
Und sieh dir andre an: es ist in allen.

Und doch ist Einer, welcher dieses Fallen
unendlich sanft in seinen Händen hält.

Rainer Maria Rilke : *Herbst*, Aus *Das Buch der Bilder*

Les feuilles tombent, tombent comme de très haut,
comme si dans les cieux se fanaient de lointains jardins ;
elles tombent, d'un mouvement qui dit non.

Et dans les nuits tombe la lourde terre
de chacune des étoiles dans la solitude.

Nous tous nous tombons. Cette main-là tombe.
Et regarde les autres : cette chute est en tous.

Pourtant il y a quelqu'un qui tient cette chute,
avec une infinie douceur la retient dans ses mains.

Rainer Maria Rilke : *Automne*, in *Le livre d'images*

INTRODUCTION

Je parle de ce livre que je suis en train d'écrire à Denis, qui se rappelle : « Quand j'étais jeune, je sortais avec une fille qui était épileptique, mais je ne savais pas ce que c'était. La première fois que j'ai vu une crise, on était chez elle, avec sa famille. Elle fait une crise. J'étais super impressionné. C'est *spectaculaire*... Elle tombe de sa chaise, se raidit, convulse. Fait des bruits terribles, des râles à te glacer le sang, se déforme. La panique. J'étais pétrifié ! Complètement impuissant et désemparé. Et je voyais sa famille, tranquille : chacun savait ce qu'il avait à faire. L'un pousse les chaises pour qu'elle ne se blesse pas, l'autre apporte un coussin et le glisse sous sa tête, le troisième lui parle doucement... J'étais scié. Pour moi, c'était une catastrophe, un effroi, et pour eux, c'était familier, ils vivaient avec ça. Avec douceur, avec habitude. »

Je parle de ce livre que je suis en train d'écrire à mon amie Anne, qui est professeure au lycée, et elle me dit : « Tu sais, il y a un jeune épileptique dans une de mes classes cette année. Les collègues sont angoissés, personne ne sait exactement quoi faire en cas de crise. En salle des profs on en parle, chacun demande à l'autre : Tu sais ce qu'il faut faire, toi ? C'est fou ça. Tu as raison, on n'en parle pas assez. Les gens ne connaissent pas. »

Oui c'est fou ! Parce que l'épilepsie n'est pas une maladie rare. Si vous vous apprêtez à lire ceci, c'est sans doute que vous êtes déjà bien informé ou concerné.

Et si ce n'est pas le cas, surtout restez ! Parce que c'est assez passionnant. Ce livre n'est pas là pour donner les informations que vous trouverez facilement sur internet, mais pour prendre le temps de comprendre comment cette maladie se vit, du dedans.

Pour la base : vous trouverez en fin de livre une copie de la page présentant l'épilepsie sur le site de l'OMS. A passer, si vous n'en avez pas besoin. J'en rapporte tout de suite, en les collant, deux passages qui montrent bien l'enjeu :

« C'est l'une des affections les plus anciennement connues de l'humanité, mentionnée dans des documents écrits qui remontent à 4000 avant J.-C. Elle a suscité pendant des siècles la crainte, l'incompréhension, la discrimination et la stigmatisation sociale. »

« L'OMS, la Ligue internationale contre l'Épilepsie et le Bureau international de l'Épilepsie mènent une campagne mondiale, "sortir de l'ombre", afin d'informer, de faire mieux connaître cette maladie et de renforcer les efforts des secteurs public et privé visant à en atténuer l'impact et à améliorer les soins. »

Autrement dit, en 24 siècles on a, certes, bien avancé, mais on peut aussi comprendre que quelqu'un d'un peu nerveux s'impatiente. Tomber, tomber dans l'oubli, mettre vingt-quatre siècles à sortir de l'ombre. Jusqu'aux années 1920, on ne comprenait à peu près rien aux causes ni ne connaissait de traitement à l'épilepsie. Au dix-neuvième siècle encore, on se contentait de débattre du choix entre prison et asile, entre Sainte-Anne et la Santé. Juste pour donner une idée de l'épaisseur de "l'ombre" d'où nous sortons petit à petit, et trop lentement, voici un joli extrait du Traité de l'épilepsie, de Louis Delasiauve[1], médecin des aliénés de Bicêtre, paru en 1854 : « *L'espèce humaine ne connaît pas d'infirmité plus repoussante, plus mystérieuse dans ses origines, plus fantasque dans sa marche, que la cruelle maladie désignée sous le nom d'épilepsie. Si l'on contemple les secousses profondes, les chutes foudroyantes, tout l'ensemble d'accidents formidables qui en caractérisent les accès, on conçoit aisément qu'à des époques de ténèbres, on ait [...] considéré les épileptiques, non comme des infortunés à secourir, mais comme des maudits à séquestrer.* » Avec ça, on n'est pas sortis de l'auberge : l'asile plutôt que la prison, donc. Et encore, il n'y a à l'époque pas unanimité du tout sur ce point : « *C'est surtout dans l'étude psychologique des épileptiques qu'on peut démontrer leur identité avec les criminels* », écrit Cesare Lombroso[2]. Ayons une pensée pour tous les épileptiques martyres d'antan. On n'en est quand même plus là, heureusement[3].

Le mot épilepsie vient d'un verbe grec, *epilambanein*, « saisir, attaquer par surprise ». Ça vous prend, donc, vous surprend. C'est ce que veut dire aussi le mot anglais *seizure*, une prise par force. Mais il y a quelque chose de religieux, de mystique, dans l'idée même d'une attaque, qui me dérange. De paranoïaque, aussi : oui, on est saisi, pris, enlevé à soi, mais par quoi, par qui, pour quoi ? Je préfère l'allemand (ça m'arrive souvent). Une crise, en allemand, se dit un *Anfall*.

---

1 Louis Delasiauve : *Traité de l'épilepsie*, Paris, Victor Masson, 1854, p. 1.
2 Cesare Lombroso : *L'Homme criminel*, Paris, Félix Alcan, 1887, p. 391.
3 J'ai trouvé ces citations dans un article passionnant d'Audrey Higelin et Marie Bergougnioux intitulé *Sainte-Anne ou la Santé ? De l'enfermement des rebelles en France au XIXe siècle. Éléments de comparaison.* Consultable en ligne : https://journals.openedition.org/criminocorpus/2834?lang=de#ftn9

Fallen, tomber - comme en anglais. Les braqueurs de banque font un Überfall. On peut avoir un Unfall, un accident, en voiture. On dit bien, aussi, en français, que quelque chose vous tombe dessus. Bref. Pour moi, c'est plutôt ça : une chute. Car, qu'on convulse ou non, on tombe. Si on ne tombe pas physiquement, on tombe - c'est le mot qui revient pour décrire la perte de conscience dans la plupart des témoignages - "dans un trou". Plouf. Si on découvrait la maladie aujourd'hui, on lui donnerait sûrement un nom dans le champ sémantique de l'électricité, évoquant ce qu'elle est, c'est-à-dire le déclenchement de « décharges électriques excessives dans un groupe de cellules cérébrales », qui peut s'étendre, ou non, à toutes les zones du cerveau. Quelque chose comme un orage, dit-on parfois.

Ce livre est construit autour de quinze témoignages de personnes pour la plupart épileptiques elles-mêmes, ou l'ayant été, ou vivant, ayant vécu, ou travaillé, avec une personne épileptique.

Entre leurs témoignages, toujours libres, c'est-à-dire guidés toujours par la même et unique question : « Qu'est-ce que tu voudrais le plus dire ? », je présente celles et ceux dont je rapporte ensuite les paroles, le moment de notre entretien, et les réflexions et émotions qu'il a suscitées chez moi. J'ai fait en sorte que l'on ne s'y perde pas : une miniature signale les interludes, de ma plume, et les distingue des témoignages, qui ont leur propre titre. Les personnes dont j'ai recueilli le témoignage en ont validé, ensuite, ma transcription. Ils ne sont pas responsables de ce que, moi, j'exprime par ailleurs.

J'ai collecté pendant quelques mois ces témoignages, d'abord dans mon entourage, puis au fil des rencontres, me laissant guider par ce que chacun avait à dire. Les expériences sont très variées, anecdotiques ou tragiques, le plus souvent ni l'un ni l'autre.

Avoir côtoyé l'épilepsie est le seul point commun de celles et ceux qui parlent ici, il n'y pas d'autre unité de genre, d'âge, de milieu social, de culture, de style, d'opinion.

Je n'ai pas voulu que ma voix couvre celle des autres. J'espère y avoir réussi. C'est loin d'être sûr car je suis bavarde, c'est certain. Mais quand d'autres parlaient, je me suis tue.

J'ai, à chaque histoire, dessiné un peu : j'avais besoin de transmettre parfois ce que les mots ne disaient pas, et de me garantir à moi-même, par cette pratique contemplative, de recevoir, dans le silence et en prenant mon temps, ce qu'on m'offrait en se livrant à moi, d'approcher ces trésors parfois très douloureux avec suffisamment de lenteur, de tendresse, de non-réponse, pour les laisser faire leur nid en moi. Je voulais m'assurer que les gens dont la voix court dans ce livre avaient raison de me faire confiance, que je n'avais pas fait qu'écouter d'une oreille. Tenir cette chute, comme écrit Rilke, avec le plus possible de douceur dans mes mains. Mon amie Sophie m'écrit, à la lecture d'une des histoires de ce livre : « Des bulles éclatent dans ce cerveau en ébullition, ouvrent autant de béances, qui, le calme revenu, se lissent en surface, ne laissent rien deviner mais laissent une patine fragile. Suffisante pour masquer les dégâts, pas suffisante pour protéger. C'est douloureux et il est grand temps de gratter gentiment, de suivre les aspérités du bout des doigts, comme la caresse d'un parent ou de toute personne aimante qui sait qu'elle ne peut faire que ça. » Dessiner, c'est s'appliquer à cette caresse, à chaque petit trait. Et cela m'a aussi consolée moi, m'a permis de respirer, pour pouvoir aimer ces histoires comme elles sont - même si, paradoxalement, je l'ai fait en ajoutant quelque chose de moi - parce qu'il faut supporter ça : je n'y peux rien, *je n'empêche aucune chute*. Et ce n'est pas une raison de ne pas communier un peu à ce flux de vie qui apporte bien ce qu'il veut.

J'ai voulu que des points (de vue, d'expérience) multiples suggèrent un territoire suffisamment vaste. On lit souvent qu'on devrait parler de cette maladie au pluriel. Je n'ai pas voulu qu'un filtre particulier domine. Je n'ai pas voulu non plus compiler des données scientifiques, mais pour que chacun.e puisse trouver les réponses existantes aux questions médicales que les récits poseront sûrement, on trouvera en annexe les références de sites fiables d'information.

———

Voici comment m'est apparue la nécessité d'écrire ce livre.

Je me suis trouvée en train de bénéficier d'une pause de plusieurs mois, d'un temps inédit. Il n'était pas question pour moi de le passer à écrire ce livre, dont je n'avais pas l'idée. Mais juste avant que ne commence cette période de pause, je me suis rendue, un samedi de juin, à une réunion, un peu par devoir, un peu à reculons. J'ai été invitée plusieurs fois, suite à la mort subite et inexpliquée de mon frère Bruno, qui avait 38 ans, en 2010, à des réunions de familles endeuillées, toutes ayant perdu un enfant, un frère, une sœur, épileptique. Ces réunions sont organisées par un réseau qui s'appelle le RSME : réseau sentinelle mortalité épilepsie. Ça plombe, c'est le moins qu'on puisse dire. Même si ça fait aussi du bien, quand on en a besoin. Lors de la dernière de ces rencontres, pendant laquelle je m'étais bien juré de ne pas prendre la parole, ou alors le moins possible, il est arrivé trois choses.

Primo. J'ai été surprise comme une bleue par l'émotion poignante que réveillaient petit à petit en moi les récits des autres, alors que j'avais abordé la réunion avec un certain détachement. Mon frère étant mort 14 ans plus tôt, j'anticipais bien que je ne penserais ni ne ressentirais les mêmes choses que ces gens qui, autour de la table, témoignaient d'un deuil bien plus récent et parfois aussi d'une violence bien différente - échelle comparative impossible de la souffrance -, parce que c'est de leur enfant que la majorité d'entre eux parlaient, parfois d'enfants qui n'ont pas eu le temps de devenir adolescents, parfois de jeunes dont la vie adulte commençait tout juste.

Je croyais avoir bien travaillé, en différents moments de ma vie, avec des psychologues, sur mon histoire de deuil. C'était vrai, d'ailleurs. Merci à elles. Et je savais avoir sorti depuis longtemps la tête de l'eau très sombre, agitée de cauchemars récurrents, de questionnements sans fin et sans réponses, de valeurs noyées, de peines inconsolables, de culpabilité visqueuse, de ressentiments, de regrets et d'autres monstres abyssaux, qui menaçaient, il y a 14 ans, de m'engloutir et de me faire couler. En 2010, le sol sous mes pieds s'était complètement effrité, dilué, ne me portant plus : « tout s'est effondré », exactement comme on l'entend dire. Je dégringolais, épuisée de la vie, faisait des cauchemars toutes les nuits, me réveillais avec l'impression de revenir du royaume des morts (c'est loin d'ici, et l'issue de secours est en pente raide), craignais de devenir incapable, entre autres, d'être pour mes enfants, encore très petits, la mère dont ils avaient besoin. Voilà qui n'était pas envisageable. J'avais donc effectivement sorti, grâce à l'aide d'une thérapeute à qui je dois une fière chandelle, vue en urgence (et gratuitement, quel beau pays parfois !), et grâce à mes enfants qui me faisaient entendre bien fort le bruit de la vie, ses exigences douces mais inflexibles, la tête de cette eau de cataclysme. Mais cela avait consisté, et c'était juste et vital, à apaiser mes viscères et à refermer la boîte à cauchemars, pour vivre. A entrer dans un rapport à mon frère perdu qui ne soit plus entièrement contaminé par le drame qui a mis fin à sa vie, mais fait, aussi, des souvenirs vivants, des intérêts communs continués, cultivés, des émotions surgies de ce que, de la vie, nous avions eu la chance de partager. De la joie qu'il ait existé, de la conscience de mon impuissance, de la séparation acceptée, de la tendresse résiduelle, en fait insubmersible, et des dialogues à continuer que rien ni personne ne peut nous enlever. En somme : toutes choses qui n'ont rien à voir avec l'épilepsie. Cela avait consisté, je m'en rendais compte le jour de cette réunion, à ne PAS parcourir le dédale mal éclairé des événements, des causes et des questions. J'avais cessé, à un moment donné, de me pencher sur *ce qui s'était passé*, cessé d'être aspirée par *ce que je ne comprenais pas et qu'on ne pouvait m'expliquer*, et cela m'avait sauvée. C'est pourquoi à l'intérieur de moi se manifestait une résonance si forte, si vive, en entendant ces gens autour de la table, parlant depuis ce dédale-là exactement où ils erraient douloureusement : en en refermant la porte, j'y avais laissé exister intactes des émotions qui me réclamaient maintenant leur dû. L'écoute que je n'avais alors pu m'offrir, le temps d'écouter qu'alors je n'avais pas, je l'ai désormais.

Je parle d'émotions, mais c'est aussi mon intellect qui avait été mis à rude épreuve par la façon dont mon frère est mort. Ne pas comprendre, ça rend dingue. Seule solution, accepter de se tourner vers des questions qui, elles, ont une réponse, des champs où l'action est possible. Sinon, on vrille. Mais là, ces gens les posaient, ces questions, fraîches pour eux, ne lâchant pas le morceau, là où ils en étaient. Et moi, je n'avais plus besoin de les faire taire, parce que l'eau avait coulé sous les ponts. Alors j'ai décidé d'au moins créer un petit espace où elles pourraient se dire. Réponse ou non.

Est-ce que l'absence de réponse est une bonne raison pour faire taire les questions qui nous brûlent? Non, non, et non.

Mais écrire l'histoire de mon deuil ou de mon frère, ça ne m'intéressait pas. Ou du moins, c'eût été un autre livre. Ce n'est pas ce que j'ai voulu faire, en tous cas. Trop petit, trop perso.

Il faut mille voix pour dire la vérité. Les arpenteurs d'autrefois devaient situer des centaines de lieux, les uns par rapport aux autres, pour obtenir un dessin quelque peu fiable du territoire qu'ils exploraient. J'irai recueillir, donc, des récits qui se situent en des points variés et éloignés du territoire de l'épilepsie : différents niveaux de gravité, de presque rien à la mort, aux deux extrémités du spectre, et ce qu'il y a entre. Différentes façons de vivre la maladie ou le handicap, différents âges, différentes formes d'épilepsie aussi, bien sûr, même si une dizaine de témoignages est loin de documenter les quelque cinquante différents syndromes épileptiques. Différentes lunettes aussi, celles du malade, des proches, du médecin, de l'enseignant. Différentes manières d'en parler, enfin, parce qu'on a autant besoin de penser les choses un peu à fond que de les dire comme elles viennent, de les pleurer que d'en rire, de partager des connaissances que de reconnaître les mystères et leur laisser une juste place. Différents pays si possible, parce que nous sommes aussi dépendants de systèmes qui nous rendent l'expérience de la maladie radicalement différente, selon la mesure dans laquelle ils nous épaulent. Des rencontres en ont provoqué d'autres, et quand j'ai parlé de mon projet au fil de l'écriture, il a été presque systématique qu'on me réponde en me révélant être concerné, ou connaître quelqu'un qui... Mon exploration aurait bien pu ne jamais finir. L'important était, pour moi, qu'on trouve assez de diversité dans ce livre pour comprendre qu'en cherchant encore, on en trouvera davantage, et qu'en même temps, certaines choses se font entendre à chaque fois, et j'aimerais qu'on ne puisse plus, par conséquent, ne pas les entendre, ni les réduire à l'expérience individuelle. Ces choses nous lient, et, j'espère, nous obligent.

Il faut entendre les murmures des morts, mais aussi les chants des vivants. Ces voix font un concert urgent, qu'on n'entend pas du dehors.

Deuxio. Voilà que justement, alors que nous nous demandions quelles seraient les actions concrètes utiles à entreprendre, j'ai dit sans réfléchir que je savais écrire. C'est à peu près tout ce que je pouvais déclarer honnêtement savoir faire. Dessiner, un peu, pas comme une pro mais un peu. Si besoin, contactez-moi. Et tout en le disant, je réalisais bien clairement que personne, en tous cas *personne parmi celles et ceux que nous aimerions mieux informer*, ni médecins ni patients ni médias, ni grand public, ne pourrait avoir envie de lire un livre qui ne raconterait que ces histoires si violentes à entendre. Il fallait raconter toutes sortes d'histoires. Pas seulement cette somme d'histoires plus terribles les unes que les autres que nous partagions là : si nous les partagions là, c'est pour la bonne raison que personne, au dehors, n'était en mesure de vouloir les entendre toutes s'enchaîner ainsi. Que nous étions les seuls à pouvoir nous rendre les uns aux autres ce service. Nous, nous en avions besoin. Mais si nous voulions que d'autres nous entendent, il fallait leur servir un autre menu. Sans quoi, ils partiraient en courant, et sans dire merci. Ils auraient gym, ils n'auraient pas le temps, ce ne serait pas leur tasse de thé.

J'ai senti donc que j'étais la seule dans cette assemblée à être en position, à avoir envie d'entendre aussi des histoires plus joyeuses, rassurantes - ces histoires que les "endeuillés" n'en peuvent plus d'entendre, parce qu'elles soulignent leur douleur, parce qu'elles ont été mises en lumière dans la bonne et nécessaire intention de "dédiaboliser" l'épilepsie, de dédramatiser, pour ouvrir des oreilles, calmer un peu toutes les peurs irrationnelles autour de cette maladie séculaire, car ces peurs provoquaient ignorance et incompréhension, isolement et inaction. Et drames. Et freinaient des progrès humains, et scientifiques, urgents. Mais ces histoires encourageantes claquent comme des gifles aux visages de ceux à qui l'épilepsie a pris un enfant, un frère, une sœur. Ces histoires sonnent comme des mensonges, des rétentions d'information, des minimisations tragiques aux oreilles de ceux qui auraient voulu savoir qu'on pouvait aussi mourir. Ils les ont entendues en leur temps. Et ils ont l'impression qu'elles leur ont fait faire fausse route, manquer de vigilance. Toutes et tous pensent que savoir permettrait de mieux agir, d'éviter des morts précoces. Ils ont raison, me disais-je, et pourtant je me demandais comment faire. Je sais trop, pour les avoir fait taire à mes propres oreilles, combien il est naturel de fuir la violence de ces questions. Ça ne marchera pas. Et ce n'est qu'une part, cruciale certes, mais une part seulement, de ce qu'il y a à dire et à savoir.

Dans ma famille, il y a trois croix sur la carte de l'épilepsie, à des endroits bien différents : mon frère Bruno, qui n'a vécu que 38 ans, qui sentait avec une angoisse infinie venir sa propre mort et dont on a pris l'angoisse pour un délire - moi, qui suis totalement guérie depuis 37 ans grâce à la Dépakine, et un autre de mes frères, qui vit bien ou mal selon les périodes et les traitements - plutôt bien les dernières années. Je ne suis pas fâchée d'entendre que l'épilepsie n'est pas bien grave, parce que c'est vrai. Je n'ai pas peur d'entendre qu'elle est fatale, parce que c'est vrai. Je suis bien placée pour le savoir. Je n'ai plus peur, depuis mes années noires, trois morts en trois ans. Je suis devenue capable d'entendre les vivants en parler. Je sais aussi que l'épilepsie n'est parfois ni fatale, ni bénigne. Et je m'en fous un peu. Non, bien sûr. Je veux dire : ce qui m'intéresse est que tout cela est vrai, que rien de tout cela n'a à être tu. Que nous avons besoin de raconter, enfin, abondamment, ce qu'est cette maladie aux mille visages. Ton histoire, mon histoire, la tienne sera différente de la mienne, et il se peut bien que de temps en temps, elle soit différente parce que tu as entendu la mienne.

Tertio. Puisque cette fois je me tenais un peu à distance, du moins au début, j'ai entendu qu'une des choses les plus récurrentes était l'expression du sentiment d'avoir été isolé, de ne pas avoir assez su, de ne pas avoir eu de récits pour comprendre. Je me suis mise, au lieu de parler de mon frère, à parler de moi, du bouleversement que cela avait été, pour moi, de découvrir adolescente pour la première fois un récit précis - écrit pourtant à des siècles et des milliers de kilomètres de là où j'étais - de crise. Il est devenu évident que tous autour de la table avaient eu cette impression de naviguer à vue, de souffrir de silence. Nous avions en commun cette soif de récits "de l'intérieur", qui font de ce que nous vivons une réalité tangible, reconnue, partagée. Une particularité de l'épilepsie, le fait que quand elle se manifeste, les malades ne sont pas conscients de ce qui leur arrive, et qu'ils ne fabriquent pour ainsi dire plus de souvenirs même pendant un temps plus ou moins long après la crise, a pour conséquence que leur propre histoire leur échappe en partie, que même ce qu'ils peuvent raconter aux médecins est un récit troué. Parfois ce que vivent les malades n'a pas grand chose à voir avec ce que leurs proches les voient vivre. Le besoin de récits en est d'autant plus immense.

Par-dessus cette particularité, il y a des points communs à cette maladie et à d'autres : trop de tabous et de retenue, de honte anachronique et d'indifférence, trop d'invisibilité, une discrimination franchement mal mesurée, qu'on croit éviter en se cachant, alors que le silence l'aggrave, puisqu'il nourrit l'ignorance. On a accès à d'abondantes informations médicales, mais elles laissent de côté certains aspects, parce qu'ils ne sont pas immédiatement du ressort de la médecine : des aspects politiques, existentiels, sociaux. Et elles taisent, le plus souvent, pour des raisons de "pédagogie de la santé", pour préserver le délicat équilibre de la relation thérapeutique, et ne pas créer d'angoisses inutiles, la mortalité liée à l'épilepsie, dont ces « morts subites et inattendues en épilepsie » (MSIE, en anglais : SUDEP). Hélas.

L'émotion revenue, la nécessité de raconter une diversité réelle de situations, l'urgence de briser un tabou inacceptable, la position particulière qui était la mienne, un peu loin un peu proche, tout cela m'a donc décidée à m'y mettre. J'allais écrire ce livre.

J'aimerais que des médecins lisent ce livre : évidemment leur expérience et leur savoir nous sont indispensables, mais bon nombre d'entre eux désirent en retour entendre ces paroles, que le cadre des consultations ne permettent pas de susciter ou de laisser se déployer. Elles et ils le désirent parfois parce que ces récits portent des informations cliniques, même si elles ne sont pas livrées comme telles, mais aussi parce que ce sont des humains qui soignent des humains. Que les questionnements qui taraudent certains patients sont parfois aussi les leurs. Et qu'ils ont été témoins et acteurs bien souvent de drames ou de joies similaires à ceux qui sont relatés ici.

Ce livre, même s'il soulève certaines questions clivantes, et exprime clairement, à l'occasion avec une véhémence dont chacun pensera ce qu'il veut, des critiques envers certaines pratiques médicales, certaines réalités de santé publique, et de notre société, ou des revendications que je n'ai certainement pas voulu édulcorer, ne veut pas être un réquisitoire. Il veut être une chambre d'écho. Il veut être un moyen de s'entendre, au sens propre, ce qui est un bon préalable à se comprendre, n'est-ce pas ?

Maintenant, allons-y. Finalement, il ne fait pas toujours sombre. Il ne fait jamais totalement sombre, en fait. Et ce n'est pas, malgré le foisonnement et la variété incroyable des situations, un tel chaos. J'avais besoin pour la route de toutes les lumières, de tous les outils, d'être libre d'user de poésie, ou de science, ou d'autre chose que des mots.

Le plus souvent, pourtant, il a fallu surtout parler simple comme au coin d'une table, c'est sûrement ce qu'il y a de meilleur.

Ce livre parle de vie(s), mais il arrive aussi qu'il parle de mort : n'ayez pas peur. Ce n'est pas contagieux. Et comme dit ma petite voisine chérie : « ça fait partie de la vie ».

———

ÉLISABETH

Time has told me
You're a rare, rare find
A troubled cure
For a troubled mind

(...)

Time has told me
You came with the dawn
A soul with no footprint
A rose with no thorn

Nick Drake, *Time has told me*

« AVEC CE PRÉSENT QUI NE SERA PLUS DE MON PASSÉ »

Je ne me souviens pas, par définition. Je ne peux pas raconter ce dont je ne me souviens pas. Mais je peux raconter ce dont je me souviens, ce que mon cerveau a été en mesure d'encoder correctement.

Je peux tisser une trame par-dessus les trous, à partir des quelques choses qu'on m'a racontées, des quelques notes prises sur un petit carnet par ma mère, à la demande du pédiatre, quelques indi-

cations très succinctes : « Vendredi, 17 absences. Veut se jeter par la fenêtre, dit qu'elle voit des sorcières. » Des quelques souvenirs entre lesquels un lien s'est construit plus tard ; à partir d'autres histoires d'autres gens, qui parfois ont fait remonter un savoir, une sorte de mémoire inaccessible que je ne savais pas avoir, je l'ai reconnu à un écho en moi, des sensations ou des images brusquement réveillées.

Je peux raconter les traces qu'a laissées en moi ce « présent qui ne sera plus de mon passé », comme un pisteur peut, après avoir observé, appris, bénéficié des récits experts ou non des autres, reconnaître l'empreinte au sol d'une bête qu'il n'était pas là pour voir passer. Ou comme une archéologue peut reconnaître à ses marques et à ses restes fossilisés l'espèce d'une bête depuis longtemps disparue.

Cette bête, c'est moi, ou cet autre moi - cet autre état de conscience

- qui vivait les crises d'épilepsie. La petite fille dont on a pris soin, certes, mais pas, c'est certain, comme je peux le faire moi aujourd'hui. Je lui parle souvent. Je rétablis le contact avec la petite dans son incroyable solitude, puisqu'elle a vécu cela de ne pas pouvoir, pendant un certain nombre d'heures de sa vie, elle-même être avec elle-même complètement. Pour autant que ça veuille dire quelque chose. Je suis sa continuation, à 47 ans, la continuation d'une chose perdue et partielle, tissée d'un certain nombre de fibres inconnues, qui parfois tiraillent.

Faute de récits et d'images, d'explications et de reconstruction, on a fait ce qu'on a pu. Le miroir des autres m'a offert des histoires indécryptables, faussées, lacunaires.

Il y a des traces de terreur au fond de ma psyché, elles viennent de ces expériences de perte de contact, de perte de données. Elles auraient pu être moins vivaces, moins profondes, si mes parents m'avaient raconté par le menu ce qui m'arrivait, ce qu'ils avaient vu, mais ils pensaient me préserver. Ils ont eu peur eux-mêmes, sans aucun doute. Ils ont fait de leur mieux. Et pensé que c'était pour une enfant une bénédiction de ne pas se souvenir des bizarreries qui la prenaient, mouvements incontrôlés, crispations, hallucinations, absences.

Pendant certaines crises on perd conscience, on perd connaissance, on perd, comme j'ai lu sur plusieurs pages internet, « le contact avec les autres ». Je me suis étonnée de cette formule. Pas faux. Cela arrive aussi, en même temps qu'on perd le contact avec soi. Mais ces pages décrivent justement seulement ce que les autres peuvent constater, du dehors, aussi nul n'a songé à mentionner que le plus perturbant, c'est de perdre avec soi le contact. Dans certaines formes d'épilepsie, on perd le contrôle sans perdre conscience. Dans d'autres cas, on perd les deux. Et il y a aussi une amnésie post-critique, antérograde, c'est à dire que même en ayant retrouvé la capacité de répondre, par exemple, à une question posée par un proche, on n'a ni le souvenir de la crise, ni la capacité à mémoriser ce qu'on est en train de vivre. Jusqu'au retour à la normale, ces moments sont perdus pour nous-mêmes. Il nous faut le récit de témoins.

Il y a aussi une certaine manière de solitude indécrottable, que beaucoup de paroles et la recherche des mots justes n'arrivent pas tellement bien à entamer, une incrédulité - une absence d'évidence -

dans la proposition de moi-même, et une habitude prise, une propension, une capacité à me suradapter, dont je pense qu'elles viennent - entre autres - de cette expérience particulière d'épilepsie infantile : par elle se sont accumulées des circonstances dans lesquelles me manquait toute une part de la relation. Mille moments, peut-être sans importance, à l'école par exemple, se résolvent en un grand point d'interrogation flottant, sans contenu ou presque. Comment m'expliquer les réactions des autres si j'ignore ce qu'ils ont vu de moi ? *Et que j'ignore même que je l'ignore* ? Quelque chose cloche. On s'y habitue. On socialise, mais c'est souvent un peu dans le vide, un peu à côté de la plaque. C'est une façon d'être au monde. Une vigilance sans résultats, un tableau dont on cherche mordicus la cohérence, mais dont l'énigme persiste. A moins qu'on la réduise par de tristes interprétations : je ne dois pas être très facile, pas très facilement aimable, je suis bizarre, je fais peur, je ne m'exprime pas clairement, je suis un peu lourde. Distance.

Mon premier souvenir : nous sommes sur le palier devant notre appartement de la rue Émile. Maman me demande ce qui se passe, et je ne comprends pas pourquoi. Elle me dit que je viens de passer un moment toute figée, à ne pas lui répondre. Me demande comment je me sens. Je ne sais pas trop. Me demande si ça m'arrive souvent. Mais je ne sais pas, puisque je ne sais pas ce qui vient de m'arriver.

Une autre fois nous sommes sur le quai du métro, des gens autour de nous, inquiets : « Ohlala tu nous a fait peur ! » Maman me raconte qu'en sortant du wagon, je suis restée cramponnée à la poignée de la porte. Ne répondant pas. Elle - et les autres - ont eu la trouille que le métro démarre et me traîne. Je me rappelle juste une dame un peu trop insistante. Je vois la peur mêlée d'empathie dans ses yeux.

A l'école, pendant une messe (je vais à l'école chez les "bonnes  sœurs"), il se passe quelque chose. Je ne sais pas quoi. Je me revois juste dans la chapelle, avec la petite vieille gentille sœur Marie-Antoinette assise à côté de moi. Elle me dit que les autres sont partis, que je ne dois pas m'inquiéter. Que je leur ai fait un peu peur, qu'au moment de l'élévation je suis sortie des rangs, et me suis avancée au milieu devant l'autel, et ai tourné sur moi-même. Mais qu'elle leur a expliqué que j'avais « dansé pour le Seigneur ». Aïe, aïe, aïe. Quand j'y repense maintenant, je me demande ce que des enfants peuvent bien faire de ce genre de paroles, prodigieuses, fantasmatiques. J'ai une "grâce". Les adultes aiment bien dire ça. Ma mère aussi aime bien ces histoires. « Comme David devant l'arche de Dieu », me dit-elle toute fière. Et nous chantons le soir pour la prière (ma mère est une fervente catholique, elle est membre d'une communauté de "renouveau charismatique") ce chant :

R. Danse de joie, danse pour ton Dieu, Danse la ronde de sa joie. Comme David devant l'arche de Dieu, Dansons pour le Seigneur. Il est déjà au milieu de nous, Le Royaume de Dieu. /R/ Comme Marie chez Élisabeth, J'exulte de joie, Car le Seigneur habite en moi, Et chante Alléluia.

J'aime chanter la prière avec Maman, j'aime ce chant, et j'aime particulièrement le moment où j'entends mon prénom : je suis dans cette histoire, c'est un honneur. Je danse.

C'est bien intentionné, tourner le handicap en privilège. Je me souviens aussi, d'ailleurs, avoir le droit d'aller voir sœur Marie-Antoinette dans son bureau quand je veux. J'ai le droit de caresser le Saint-Bernard en céramique qui lui sert de presse-papiers. Elle est douce. Elle a un visage de petite vieille de conte de fées. On papote. On récite parfois une prière ensemble. Je me sens bien. Aujourd'hui j'ai le sentiment d'une grande arnaque... Pas la douceur, ça non : c'est une vraie douceur. Pas ce que cette vision de privilège raconte de la valeur de ma petite personne. Ça, c'est un trésor impérissable. « Merci, Seigneur, pour la merveille que je suis ! » Ça, d'accord. Mais justement, difficile de faire le tri, de prendre conscience de l'énormité de l'embobinage. On vit dans un monde un peu trop spécial, et les coordonnées qui permettent de s'orienter dans le "vrai" monde, je ne les ai pas. Je vais mettre un temps fou à les collecter. Je me souviens devoir souvent rentrer à la maison avec des pantalons moches et mal ajustés sortis des réserves que l'école fait en cas de pipi inopiné. « C'est pas grave ».

Pour ce qui est des autres enfants, alors là c'est une autre histoire. J'imagine avec le recul que la version "danse pour le Seigneur" ne leur dit rien qui vaille, et qu'ils ont en tête des images de moi que je n'ai pas. En tous cas, à la récré, c'est souvent mon tour de rester en classe avec mon copain Ryan, qui est en fauteuil roulant et ne peut pas descendre facilement dans la cour du bas où nous prenons nos récréations. Là aussi, c'est pour moi un privilège. J'aime bien Ryan. Aujourd'hui, j'interroge cette amitié enfantine : l'expérience du handicap permettait sans doute à cet enfant de ne pas avoir peur de moi. Il était drôle, très gentil. Et en bas dans la cour il arrive des choses qui *me passent par-dessus la tête*, je ne sais plus si je les raconte ou pas à ma famille. Ce sont des scènes marquantes, auxquelles je repenserai plus tard, mais je n'ai pas le souvenir des émotions qui me traversent peut-être à ces moments-là (peut-être aucune émotion ne me traversait-elle dans ces moments-là ?), quand les autres me demandent de leur montrer mes fesses, ou que je me retrouve grondée parce que je ne suis pas remontée à temps de la récré : c'est qu'en fait je suis prostrée là aux toilettes, des grands m'ont rempli la culotte de sable du bac à sable. On ne parle pas de harcèlement à l'époque. Aujourd'hui je prends mentalement dans mes bras la petite Élisabeth. Pauvre petite. Est-ce qu'avoir une grâce, ça finit avec du sable dans la culotte, au fond des toilettes à ne pas savoir quoi faire, avec la peur de se faire gronder, quand tout le monde est remonté en classe ? A propos de la valeur de ma petite personne, il semblerait que les informations que je reçois du monde soient contradictoires.

De meilleure de la classe, je finis le primaire avec « des problèmes en graphisme », une « baisse des résultats », je peux « faire mieux avec moins d'inattention ». Je me souviens d'un moment de flottement, en classe, une ouate qui m'enveloppe, et je revois la page de mon cahier - je l'ai conservé - sur laquelle les lignes précises en haut de la page se délitent et s'embrouillent, le crayon a tracé des boucles

étranges puis le trait s'affaisse, la ligne descend la page, finit avec des pâtés. « Mais qu'est-ce que j'ai fait ? ». Inattention, hum...

Reste une obligation intérieure de vigilance, des cauchemars, bien plus tard, que j'appelle des cauchemars de vigilance - toujours le même *pattern* : un danger évident, sous forme de monstre, de tueur, d'animal dangereux, de catastrophe automobile ou naturelle, et je suis la seule à me rendre compte, j'essaye de prévenir, et tout le monde reste insouciant. Une méfiance vague, une émotion intense dès qu'on met quelqu'un à l'écart, qu'on se moque, une attirance pour les gens qui ont un "pète au casque", qui marchent « moitié dans leurs godasses et moitié à côté ».

Les épilepsies de deux de mes frères se sont déclarées pour l'un, en classe de seconde, pour l'autre des années plus tard, avec des crises généralisées tonico-cloniques, auxquelles j'assisterai souvent ; elles réactiveront ces tendances, et brouilleront mes pistes, aussi : nous ne vivrons pas la même expérience, pas les mêmes types de crises, pas au même âge, pas dans la même durée, pas avec les mêmes conséquences ni sociales, ni physiques, ni psychologiques. Mais je me sens partager avec eux un mystère diffus. Aux traces laissées par le passage de la bête électrique dans mon enfance viendront se superposer d'autres traces, et je m'assiérai comme une petite fée privilégiée, guérie et intensément vigilante à leurs côtés pendant leurs absences et leurs convulsions, traversée à chaque fois par une frayeur mortelle au premier grincement-hennissement, puis par une peine profonde, comptant les secondes, suspendue à leur respiration ronflante d'après crise, déchirée par le désir de les consoler une fois que tout s'est apaisé, que c'est fini, mais qu'ils ne sont pas encore "revenus". Si j'ai alors l'impression d'une grâce, c'est celle d'avoir été si vite et définitivement guérie. Je reçois de façon anachronique en plein cœur la tendresse avec laquelle, lorsqu'une crise survient la nuit, mon père prend soin de mon frère inconscient, restant longtemps à ses côtés, lui parlant doucement, lui massant du pouce les arcades sourcilières, comme quand nous faisions des cauchemars, petits, changeant ses draps dès que c'est possible, ne se laissant jamais aller à la panique, ne brusquant rien, tout humble, présent mais impuissant à empêcher ce qui arrive. Je me lève toujours moi aussi, chantonne quelque chose, caresse le front de mon frère, prie, puis reste dans le couloir, accroupie, adossée au petit bout de mur qui sépare nos deux chambres, à regarder dans le noir et écouter le calme revenu. Point d'interrogation.

A la mort de notre père, je rappellerai à mon frère en colère, lorsqu'il me dira ne se rappeler aucun geste tendre depuis la petite enfance, tous ces gestes d'infinie douceur dont j'ai été témoin, mais qu'il a reçus sans pouvoir les percevoir ni en garder le souvenir.

Le pédiatre me prescrira des examens. Nous habitons tout près de l'hôpital Sainte-Anne à Paris où Maman m'emmène, plusieurs fois, faire EEG et scanner. Le gel dans les cheveux me dégoûte un peu, le tube du scanner fait un peu peur, mais tout ça n'est pas très dérangeant.

Au conservatoire, je dois arrêter la danse, qui me passionne, pour des raisons qui ne me convainquent pas, et aussi le violon, en deuxième ou troisième année déjà. Le professeur qui m'enseigne ne trouve pas que cela vaille la peine, et ne se sent pas de prendre cette responsabilité : il paraît que parfois, en cours, je perds connaissance, laisse tomber mon violon, plusieurs fois par cours à une époque. Je serai la seule enfant de la famille à ne pas faire vraiment de la musique.

Je crois que je suis encore en colère aujourd'hui de cela. Mes parents n'ont pas semblé mesurer ma frustration gigantesque, ni réaliser ce qu'impliquait pour moi perdre ce langage et ce monde partagé avec mes frères. Quand tout ira mieux, que je n'aurai plus fait aucune crise depuis un ou deux ans, je voudrai reprendre la musique, mais je changerai toujours de désir d'instrument et on prendra cela pour un caprice. Personne n'a compris à quel point j'étais "vexée" du violon. Dans le milieu exigeant où je grandis, il me semble à l'époque que je ne peux être désormais qu'une mu-sicienne bien médiocre, en re-commençant à *déjà* 12 ans... On en restera là, je chanterai un peu sans prendre de cours. Puis, adulte, à la mort de mon frère Bruno, j'éprouverai le besoin irrépressible de m'acheter un violon et de prendre des cours.

La petite fille dont le créneau de cours précède immédiatement le mien a autour de 10 ans et est atteinte d'une épilepsie sévère. Elle ne progresse que très lentement. Notre professeur est avec elle d'un respect et d'une patience sans fond.[4] Un jour, alors que nous partageons le même pupitre à l'orchestre, elle a une absence. Et en la

---

4 La petite fille, c'est Anh-Minh, le professeur, c'est Nicolas : vous trouverez leurs histoires plus loin dans ce livre.

voyant, des sensations incroyables de réminiscence me prennent à la gorge. Je tiens son instrument, je reste avec elle. Quand c'est fini, je dois sortir prendre l'air car les larmes me viennent : je me suis vue !

Je commence en CM2 ou en Sixième la Dépakine, qui fonctionne. Les crises s'arrêtent et ne reviendront plus. J'ai une pochette en plastique rigide de la taille d'un petit livre, où l'on glisse de petites boîtes bleutées transparentes contenant les cachets de chaque jour. Je ne dois pas les oublier. Je pars une fois en colo avec. Je me revois toute seule tout le temps pendant cette colo, bricolant je ne sais quoi avec des bouts de branches et de fleurs dans un coin de forêt. Cartes postales de maman plusieurs fois par semaine, pleines d'amour et de « j'espère que tu prends bien tes médicaments ». Je suis dispensée des cours de piscine, mais Maman me dit qu'il vaut mieux ne pas dire pourquoi aux autres. Les gens ont parfois encore une vision moyenâgeuse de l'épilepsie, qui suscite des peurs et pousse à la mise à l'écart. Cela dit, je suis de toutes façons à l'écart. Je m'y mets sans doute moi-même, un peu dans un autre monde. Ralentie par les médicaments, pas consciente de ce que je vis, interdite d'en parler si je le voulais (mais je ne sais pas si je le voulais). Très sage, avec des sortes de crises de nerfs impressionnantes de temps en temps, décalée. Mes premières années de collège se déroulent dans un flou certain. Je partage une chambre avec l'un de mes frères, et le pédiatre conseille aussi à ma mère de nous séparer. Je ne sais plus si ce conseil vient de "mon" pédiatre, ou, un ou deux ans plus tard, du médecin qui suit mon frère, lorsqu'il commence à avoir à son tour des crises. Serait-ce contagieux ? Ou s'agit-il de préserver le calme autour d'un.e malade ? Ou d'épargner à un.e enfant le traumatisant spectacle des crises, la traumatisante charge, la charge d'impuissance, de venir en aide ? Et je me demande, sincèrement et toujours sans réponse évidente - non en forme de question rhétorique comme le fait Caïn : « (ne) suis-je (pas), moi, le gardien de mon frère ? »

Ado, à distance de tout cela, je me promène souvent dans Sainte-Anne, dont on peut traverser les jardins, je me pose des questions sur cette histoire d'épilepsie, et il y une phase où je me fantasme avoir "frôlé la folie". Sainte-Anne est le lieu de la psychiatrie et de la neurologie. Là où je passais les EEG quelques années plus tôt, je marche, je croise un patient perdu soliloquant sur un banc, j'entends des cris glaçants tomber parfois du haut de certaines fenêtres protégées de barreaux. « On m'emmenait à Sainte-Anne » : tout se rejoint dans le même sac où flottent aussi mes points d'interrogation muets. Je fais une fois ou deux un petit jeu en marchant dans la rue : je me fige et je regarde le même point longtemps, en respirant vite, tâchant de me détacher de tout autour - puis je me dis : « il faut que dans 20 ans je me souvienne encore de cette minute ». Ai-je la nostalgie de la perte de moi ? Est-ce que je trouve ça "cool" d'avoir expérimenté quelque chose d'étrange et de spécial ? Est-ce que je veux sans m'en rendre compte reprendre le contrôle sur mon histoire qui m'échappe ?

Au lycée, je lis *L'Idiot*, de Dostoïevski, et je suis bouleversée par la description d'une crise épileptique du prince Mychkine. Pour la première fois, l'épilepsie n'est plus une expérience familiale et confidentielle, mais une chose qui existe dans le monde. Décrite là dans les détails physiques que je reconnais, et associée à ce sentiment d'étrangeté qui m'est familier. Le prince Mychkine est mon idole. Bien sûr, pas besoin d'avoir été épileptique ou d'avoir un frère épileptique pour cela. Mais c'est mon idole-ami. Proche, me semble-t-il. Avec, pensé-je aujourd'hui, hélas, cette même fichue mystique imbibant tout, justifiant presque les décharges électriques dont il me semble, vraiment, qu'on peut se passer sans que la vie ne perde de son charme ni de sa profondeur. Loin de ces fantasmes adolescents, mais consciente de leur empreinte, et maintenant quatorze ans après avoir perdu mon frère Bruno - D'épilepsie ? D'un sevrage brutal et fatal de son traitement, qui serait une sorte de suicide par omission ? De SUDEP (*sudden unexplained death of epileptic patient* : mort subite inexpliquée du patient épileptique) ? Nul ne saura jamais - j'ai voulu raconter sans exaltation ma propre histoire d'épilepsie infantile. Celle de Bruno, je n'ai pas le cœur de la raconter sans lui, j'aurais trop peur que mon récit soit un geste de confiscation. Un livre comme celui-ci, à coup sûr, lui aurait beaucoup plu.

———

BRUNO

All you need is love, pampadadadam

The Beatles

PRÉLUDE.
HOMMAGE À TES CONJECTURES.

2010. Fin juin. Ma petite Maud, l'une de mes quatre enfants, a huit ans. Je n'ai pas eu beaucoup de temps pour m'occuper d'elle comme je l'aurais voulu les derniers mois, entre le travail, les petits, et mon frère Bruno qui allait très mal, qui a fini par être hospitalisé en psychiatrie - plusieurs fois j'ai voulu éviter cela, il me demandait d'éviter cela et de lui venir en aide, moi - il a une frayeur intense de l'hospitalisation, des médicaments, c'est tout le contraire d'un serein "contrat thérapeutique". Mais la dernière fois, je l'ai pris chez moi, une semaine à la maison, et après quelques jours d'anxiété extrême, il ne parlait plus, il était complètement muré, et il ne s'est pas souvenu de ces jours, de rien. Un état psychotique. Donc : je ne suffis pas. J'ai un grand sentiment de danger pour lui. Je suis tiraillée, aussi. Il compte sur moi pour comprendre ce que, trouve-t-il, les médecins ne comprennent pas, n'entendent pas. C'est qu'il n'y a pas que l'épilepsie. J'en ai vu, des caisses, de ceux qui ne l'écoutent pas. Ce serait encore tout un bouquin de raconter son inadaptation sociale ou plutôt, comme dit fort justement ce cher Josef Schovanec, grande star des Asperger, l'inaptitude bête et tragique des "neurotypiques" à le comprendre (je reformule la thèse). Et je ne compte pas en être.

Mais en même temps, à tourner le dos aux médecins et à détester ses médicaments, il se met en danger. Et je ne veux pas participer à le mettre en danger. Je le dis tout de suite : je ne suis pas de taille. D'ailleurs je ne sais pas qui le serait. Bref, il finit, début 2010, à l'hôpital. A la neurologue qui le suit pour son épilepsie, il a dit, la veille de son hospitalisation, « je sens ma mort ».

Elle l'a fait admettre en urgence en psychiatrie. Ce n'est pas directement l'épilepsie qui l'y mène, donc. Mais c'est peu de dire qu'il n'en peut plus d'angoisse à cause d'elle. Elle le violente depuis plus de vingt ans, elle le maltraite, il la maltraite, je suis persuadée qu'il est aussi Asperger mais c'est une autre histoire. Bref, ça va mal. Et depuis deux ans, nous sommes orphelins. Nos deux parents sont morts en 2008, à trois semaines d'écart l'un de l'autre. L'un de nos frères vit loin, l'autre n'est pas fiable ni disponible. Il viendra une ou deux fois à l'hôpital quand même. Papa m'a dit, quelques jours avant de mourir : « Je m'inquiète pour Bruno, mais je sais que tu prendras soin de lui, je sais qui tu es ». S'il n'avait pas dit ça, ça n'aurait rien changé. Mais bon, en plus il l'a dit.

En ce début 2010, donc, je suis là, à ne plus savoir quoi faire, à savoir seulement que je ne le laisserai pas tomber. Mais au fond, qu'est-ce que ça veut dire ? A cette époque-là, j'ai encore une foi fervente et je prie régulièrement. Parfois j'écris ma prière, et j'ai encore un carnet où je lis cette phrase : « Je ne te laisserai pas tomber, petit frère. Tu as trop peur de mourir pour mourir vraiment, mais ça t'empêche de vivre. Vis ! »

J'ai signé le papier d'hospitalisation à la demande d'un tiers. Il a trouvé que je le laissais tomber. Un jour, lors d'une visite, il s'est jeté par terre dans le couloir de l'hôpital, sur ce lino moche, et il a crié « Vous me crucifiez ! ». Il dit et redit qu'on ne soigne pas son épilepsie, on la traite par-dessus la jambe en psychiatrie, comme si elle n'était, au mieux, qu'un problème annexe, une manifestation secondaire. Il aimerait qu'on reconnaisse la souffrance réelle qu'elle lui impose, et il est convaincu que les médicaments le tueront. Il a « mal aux neurones », il a « du liquide de sommeil », des picotements, il n'a, le matin, « plus de sang », « les neurones qui coulent », toutes les sensations de son corps sont dangereuses on dirait, il ne les comprend pas, on ne les comprend pas. Je lui laisse la responsabilité posthume de ses paroles.

Les médicaments vont le tuer, il dit. Je lui rends visite, il y a des

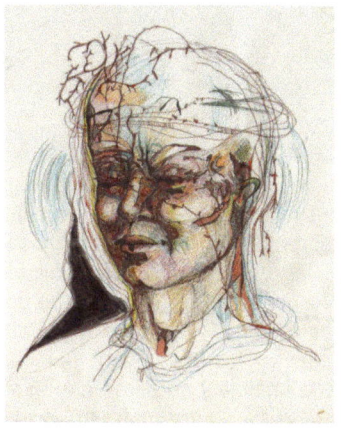

rendez-vous avec le psychiatre du service.

Lors de l'un de ces rendez-vous, quand on programme le suivant, je demande une autre date, parce que Maud a une audition de harpe, et que je me sens écartelée entre le soin que je dois prendre de Bruno, et celui que je devrais prendre de mes enfants, tout petits, 13 ans, 7 ans et demi, 6 ans, 3 ans. Docteur Cheref me dit d'un ton rude : « On ne parle pas de vos enfants, là, on parle de votre frère ». D'accord. Je me laisse recadrer, mais je promets tout de même que quoi qu'il arrive, pour son anniversaire de huit ans, j'emmènerai Maud faire un petit voyage, comme j'avais fait pour son grand frère au même âge.

La semaine précédant sa sortie de l'hôpital, quand j'arrive pour lui rendre visite, Bruno me caresse la joue tout doucement. Il me dit « merci d'être venue, c'est loin pour toi », et c'était la première fois qu'il me disait une chose aussi gentille. Puis : « Il faut que je donne. J'ai compris qu'il faut donner pour être vivant ».

Je le sens doux, apaisé. Je le sais prodigieusement soulagé de sortir. Pourtant je suis inquiète, je m'énerve auprès du docteur, lors du rendez-vous de sortie, disant qu'il faut un passage infirmier à domicile pour s'assurer que Bruno prendra ses médicaments. Le rendez-vous au CMP ne suffira pas. Bruno est dans une colère monstre et croissante, depuis des années, contre les médicaments et parfois aussi contre les médecins qui les prescrivent. Je crains qu'il ne soit pas du tout raisonnable, je sais qu'il ne sera pas raisonnable. Je veux qu'on entende aussi que je ne pourrai pas être là tout le temps. J'habite à une heure de là, je travaille, j'ai quatre enfants en bas âge. Je suis débordée et angoissée.

Ce n'est pas sérieux qu'il n'y ait pas de reconnaissance de handicap, mon frère ne peut pas, entre les crises et les traitements, faire son travail - il est mathématicien, il fait de la recherche, et n'est plus capable de publier régulièrement. Comment va-t-il vivre ? Nous avons fait ensemble des demandes, des courriers, mais cela n'aboutit pas, parce que son épilepsie est soi-disant maîtrisée. Mais il vit seul, alors qu'est-ce qu'on en sait ? Moi je l'ai retrouvé si souvent blessé violemment de partout comme quelqu'un qui se serait fait passer à tabac, se cognant contre les parois des toilettes, par exemple, qui sont bien trop petites pour contenir son corps au sol, et dont je n'arrivais pas à ouvrir la porte pour l'en sortir. Et on le laisse seul.

Dans le service ils ont eu suffisamment d'occasions ces dernières semaines de savoir qu'il donnerait un bras pour ne pas avoir à gober leurs cachets, dont il pense qu'ils le rendent malade au lieu de le soigner. Mais rien. On me parle de mon anxiété avec condescendance, on me rappelle que mon frère est un adulte libre de ses choix, qu'un bon travail thérapeutique a été fait, et voilà. L'hospitalisation a duré plusieurs mois. C'est une vraie libération pour lui de sortir. Il sort, un lundi, avec des ordonnances, la consigne de bien poursuivre le traitement costaud qui a été mis en place à l'hôpital.

Nous déjeunons dans un rade minuscule, au soleil, rue de la Tombe-Issoire (!), dans le quartier où nous avons grandi, où il habite encore dans l'immeuble de nos parents, et qui est aussi celui de l'hôpital, tous les deux, un moment doux et paisible, rare. Le dernier, en fait. Il est si heureux d'être sorti. Le mercredi, au téléphone, il me dit :

« Je me sens bien. Tu crois que c'est ça, vivre ? ». Il pose souvent ce genre de question, sur la vie, la beauté, Dieu, l'amour, je ne sais quoi, complètement sans filtre, sans mesure et sans certitude, comme si on était référent.e ès-Dieu, ès-Vie, ès-Beauté. Comme si on pouvait lui en apprendre quelque chose, dont il a très besoin et envie. Mais en nous posant la question, c'est lui qui nous apprend quelque chose dont on a très besoin, et dont on ne savait souvent pas qu'on avait envie. C'est une des *mirabilia*, des raretés, remuantes et adorables (ou admirables) qui le caractérisent. Ça me fait tellement de bien de l'entendre soulagé, surpris d'être soulagé. Et d'être son amie, à ce moment-là. C'est un honneur incomparable, d'être l'amie de quelqu'un qui ne ment jamais, et un bonheur incomparable de sentir heureux et léger quelqu'un qui souffre si souvent et si fort.

Je pars, pour la première fois depuis des années, pour ce petit voyage de trois jours avec Maud, comme j'avais promis, donc. En route pour Tübingen. J'ai laissé mon numéro au Centre médico-psychologique, où Bruno avait rendez-vous le vendredi, demandé qu'on me contacte en cas de problème, expliqué mes craintes qu'ils ne se présente pas. Le lendemain de mon arrivée en Allemagne, je reçois des coups de fil de mes frères, mais je ne réponds pas, et je dis à mon amie Judith qui nous reçoit chez elle : « Pourquoi m'appeler, alors que je suis partie, qu'ils s'occupent eux-mêmes de Bruno ! C'est trop pour moi ! J'ai le droit de souffler ! » Je suis en colère. Je protège ce moment de pause très doux que je suis en train de vivre. Nous faisons une randonnée magnifique dans les montagnes autour de la ville. Nous somnolons un moment dans l'herbe, au soleil, j'entends les petites bêtes vivre leur vie, grattouiller et vibrionner, les cloches sonner, je pense à Bruno, je souris à l'intérieur, ré-entendant son « est-ce que c'est ça vivre ? » Et s'il retrouvait la paix, goûtait la vie ? Je me sens tout proche de lui. J'ai l'espoir qu'il aille mieux, que sa vie s'adoucisse.

Le lendemain, nous sommes sur le quai de la gare. Nous avons dit au revoir à Judith, la pause est finie, alors tout en montant dans notre train retour, un pied déjà sur le marchepied, je décroche mon téléphone. Mes frères. Bruno ne répondait pas. L'ami de toujours, Jean, a utilisé un bout de radio découpé pour ouvrir la porte comme un cambrioleur, et Denis, le grand frère, est entré. Odeur saisissante. Du couloir, on voit un pied dépasser. Il était là, chez lui, au sol, mort, face contre terre, depuis peut-être trois jours. Manifestement il était tombé, puisqu'il avait bousculé un peu une bibliothèque dont quelques livres avaient chuté au sol. Denis ne veut toucher à rien, il est envahi par l'odeur terrible. Il appelle - il ne sait plus qui d'abord, les pompiers, la police. Les policiers conseillent à Denis, qui n'est vraiment pas un dégonflé, de ne pas regarder, lui répètent qu'il devrait suivre leur conseil : ils savaient de quoi ils parlaient, ils ont l'habitude des cadavres, mais là, ce n'était pas très supportable.

"Tout tombe". Tout tombe et cette chute est en tout. En moi, aussi, tout s'effondre. Nous sommes samedi 3 juillet après-midi, c'est la coupe du monde et l'Allemagne est en quart de finale. En temps normal ce genre de choses m'indiffère prodigieusement, non, pire, l'euphorie patriotique folle des fans de ballon suscite chez moi une angoisse politico-sociale, voire, allez, sois honnête, de la réprobation. L'Allemagne joue contre l'Argentine, qu'elle écrasera 4 à 0, et manifestement cela ne laisse pas les autres indifférents dans ce train. Tout le long du trajet jusqu'à la frontière, le chauffeur annonce par haut-parleur chaque but de l'Allemagne : à chaque fois, liesse généralisée, croissante de gare en gare. Moment exceptionnel. Pendant que je suis assise là, incapable de bouger, de parler, de comprendre, les yeux écarquillés, secouée de larmes par intermittence, Maud assise pour des heures là, à côté de sa maman que le coup, en un instant, a pliée en deux, tout le monde hurle de joie dans le wagon. Difficile d'être plus à part. Chœur des anges accueillant mon frère bien-aimé au ciel : inaudible. Absence de Dieu, on est bien sur terre, pas de doute. Seul un vieux monsieur de l'autre côté du couloir, calme, digne, élégant, qui m'évoque irrésistiblement mon père, remarque mon état et la violence du contraste. Il me regarde et dit je ne sais plus quelle parole gentille, pudique. Peut-être pas absence de Dieu, finalement, va savoir.

L'autopsie n'apportera aucune réponse. Pas de coups, pas de blessures, pas de traces de crise, pas non plus de trace de médicaments, donc un sevrage brutal sans doute dès la sortie d'hôpital. Mort naturelle. Ffffff. Naturelle. Bof. Je sais que les termes ont différentes acceptions selon les domaines où ils sont employés, mais bon, faut pas pousser : cette expression, là, "mort naturelle", pour parler de mon frère qui meurt à 38 ans d'une sorte de rien du tout, ça ne passe pas. Est-ce le sevrage médicamenteux qui l'a tué ? L'épileptologue qui le suit en fait l'hypothèse. Elle me dit même qu'alors, on pourrait dire que c'est une sorte de suicide, disons, par omission. Je ne suis pas sûre. Sûre, oui, qu'il était bien capable de ne volontairement pas prendre ses médicaments, sur lesquels il avait parfois des idées assez délirantes, et, pardonnons-le, pas seulement délirantes, vu ce qu'il avait eu à ingurgiter toutes ces dernières années, avec des tas d'effets secondaires que franchement personne ne souhaite à personne. Un jour il avait demandé à mon compagnon, qui a testé dans ses jeunes années toutes sortes de drogues (c'est fini, ne vous inquiétez pas), Bruno donc lui avait dit, dans une interminable plainte anti-Risperdal (un neuroleptique), toujours aussi incompris de tous, et toujours inlassablement enjoint par nous à respecter ses traitements et à ne pas jouer à l'apprenti-sorcier : « Mais prends-en un, tu verras ! » Mon compagnon avait gobé un Risperdal : annihilant, me dit-il. Impression d'avoir pris une drogue dure qui m'extrait du monde vivant, qui m'empêche complètement de réfléchir. Spectateur, ouaté, loin. Comme de l'héro, en moins fort. Bruno n'en revenait pas que quelqu'un ose faire cette expérience. « Tu vois, tu vois ?? » Enfin, quelqu'un pour lui confirmer : sacré saloperie ce truc. Mais en même temps sa peur de la mort était telle... Impossible pour moi de me l'imaginer désirer mourir. La vérité doit être encore ailleurs, entre les deux.

En tous cas, si le vendredi où il avait rendez-vous au CMP pour prendre un de ses médicaments (pas l'antiépileptique, mais un des médicaments prescrits en psychiatrie, l'Haldol, je crois), Bruno ne s'est pas présenté, c'est parce qu'il était mort. Malgré ma demande expresse, on n'a pas jugé utile de me prévenir de son absence.

Par le biais de sa neurologue, nous serons contactés pour signaler le décès de Bruno et répondre à des questionnaires : je découvre la notion de SUDEP : *sudden unexpected death of epileptic patient*. Mort subite inexpliquée du patient épileptique. Sans être sûre, ni alors ni aujourd'hui, que c'est de ça qu'il s'est agi.

Je vous épargne le reste. Bien sûr j'ai répondu à ces questionnaires. Cherché à comprendre, puis cessé, pour m'en sortir, de chercher à comprendre, et, ne me relevant pas, fini par demander de l'aide. C'était il y a quatorze ans.

Un autre de mes frères, Thomas, est épileptique. Pendant plusieurs années après la mort de Bruno, il n'avait toujours pas de traitement permettant de contrôler parfaitement ses crises. Je ne vous fais pas de dessin pour illustrer la lourdeur qu'a pour nous le sujet épilepsie. Maintenant, il a un traitement efficace, avec des effets secondaires inquiétants, du genre perte de poids, de protéines, de globules blancs et j'en passe (d'autant plus inquiétant que nous sommes tous, dans la famille, notablement maigrichons, le genre de personnes dont on ne veut pas s'imaginer qu'ils pourraient maigrir…). Mais efficace. Je suis heureuse qu'il soit vivant, je suis heureuse qu'il n'ait plus de crise. Je suis heureuse qu'il n'ait pas eu avec les médicaments et les médecins le même rapport que Bruno. Il fallait que je le dise. Il sera parfois question de lui dans ce livre.

———

AURÉLIE

Et ce n'est qu'une fleur nouvelle / Et qui s'en va vers la grêle / Comme un petit radeau frêle sur l'océan / Ce n'est rien.

Julien Clerc

Je rencontre Aurélie l'été, chez des amis. A la fin du repas, dans le jardin, nous papotons longtemps et je n'ai plus la moindre idée de ce qui nous amène à parler d'épilepsie. Je me mets à la questionner. Elle est rieuse, pétillante, donne une impression enfantine et brouillonne. Mais en fait sa parole est incroyablement fine et précise. Je lui raconte mon projet de collecter des récits d'épilepsie, pour faire apparaître la variété des situations, et aussi récupérer, par des images, les moments, les bouts de soi, que les pertes de conscience liées à la nature même des crises ont confisqués à ceux qui les ont vécues. Et je suis vite impressionnée par la joie pas banale qui imbibe son récit et sa personne, y compris ces zones d'ombre disparues, ce "rien" qui, moi, me pétrifie. « Ce n'est rien », répète-t-elle.

Et c'est joyeux comme la chanson de Julien Clerc :

Tu le sais bien, le temps passe, ce n'est rien
Tu sais bien
Elles s'en vont comme les bateaux et soudain
Ça prévient
Comme un bateau qui revient et soudain
Il y a mille sirènes de joie sur ton chemin
Qui résonnent et c'est très bien

<u>Avertissement</u> : Le témoignage d'Aurélie, ses choix, son ressenti et son vécu lui sont propres, et sont entre autres conditionnés par le type d'épilepsie, partielle, qu'elle a connu. Quelqu'un qui fait des crises généralisées ne pourrait pas en parler avec la même légèreté. Toutes les épilepsies ne répondent pas non plus aux traitements, ni ne posent les mêmes problèmes, ni ne représentent les mêmes risques.

— · —

CE N'EST RIEN

J'ai l'impression que ce que j'ai vécu est beaucoup moins douloureux que ce que racontent d'autres gens. Avec le temps et en écoutant les autres, sur le tard, je prends peu à peu conscience du "vrai truc" qu'est l'épilepsie. Peut-être que je suis dans un certain déni. Ou simplement, peut-être ai-je été si peu freinée, si bien entourée, que je ne ressens pas ce poids que j'entends dans d'autres histoires. Je ne me pose pas la question en termes de souffrance : on fait avec - comme quand mon frère a fait une fracture du crâne à cause de son hyperactivité, oui, comme un accident : on doit faire avec. On a grandi dans une sorte de sécurité, de confiance que ce n'était pas un problème d'être soi, accidents compris. à la fois faire avec, et en même temps le moins possible se laisser freiner, le moins possible empêcher, handicaper.

Mon expérience à moi c'est donc, d'abord, que ce n'était rien.

C'est toujours aussi remuant, quand on écoute les gens, qu'on se rend compte que nos perceptions d'une même chose peuvent si fortement différer. Rassembler les récits permet de tracer les contours d'un "vrai truc", c'est-à-dire de ce morceau d'expérience réellement commun, et de la vérité de chacun.e, ce que chacun.e en a fait.

« C'est comme être une femme dans un monde d'hommes » : un jour il faut prendre le temps d'en parler - faire dialoguer l'expérience commune, et ta vérité à toi.

L'épilepsie, ce n'était rien. T'es pas ailleurs, comme quand tu rêves par exemple, t'es *nulle part* : c'est un trou. Un espace qui n'existe plus. Ton corps a fait des trucs. Mais toi, t'étais nulle part.

Au-delà de la question du déni possible, c'est une bonne définition de l'épilepsie, ce "trou". Cet écart entre toi et ce que fait ton corps. Une maladie que tu n'es pas vraiment là pour recevoir quand elle te visite, et dont on sentira ce qu'elle laisse derrière elle, et ce qu'autour de nous les autres nous en renverront comme écho. Ni plus, ni moins.

D'ailleurs je ne dis jamais « Je suis épileptique », mais « Je fais de l'épilepsie ».

Aujourd'hui, je n'ai plus de traitement et ne fais plus de crises, mais on voit encore des anomalies à l'EEG. Suis-je épileptique, alors que je ne fais plus d'épilepsie ?

Mais c'est donc, aussi, une histoire de famille.

Je n'y ai pas pensé, pendant longtemps, à cette épilepsie. Chez moi, dans ma famille, ce n'était pas vraiment un sujet. C'était normal. Je me suis jamais dit « C'est grave ». Des choses *arrivent*, c'est normal, c'est la vie. Ma mère a été plusieurs fois très malade, elle a toujours continué à travailler, à tout faire. Elle disait : « Ce n'est rien ». Mon père a des problèmes psychologiques, lui a dû arrêter de travailler : « C'est comme ça, ce n'est rien ». Ma sœur a une maladie auto-immune, elle est handicapée, une de ses mains est toute petite et n'a pas poussé entièrement. Elle aussi dit : « Ce n'est rien ». Ma mère, qui est kiné et orthophoniste, l'a accompagnée dans la rééducation, et elle a fait ses études comme valide. Elle a vingt ans maintenant. En rigolant, l'autre jour, comme elle essayait, dans la voiture, d'attraper un crayon tombé par terre et n'y arrivait pas, elle a sorti d'un coup : « C'est chiant quand même d'avoir une petite main !! » On a piqué un fou rire. Parce qu'on l'oublie, ce n'est pas important. En fait : chiant, mais normal. Chez nous, c'est normal de ne pas être dans la norme. On fait plus d'efforts, c'est tout, on est donc... plus que parfaits. A côté des difficultés que les miens avaient à surmonter, je trouvais que mon épilepsie n'était vraiment pas grand chose.

Ce que je connaissais de l'épilepsie avant d'être concernée, c'était une BD, que j'ai lue en primaire, qui s'appelle *Plus de gym pour Danny*[5]. J'avais adoré. Mais déjà à l'époque je ne comprenais pas pourquoi le personnage devait arrêter la natation, la gymnastique. Mais oui, pourquoi ? Des années plus tard, j'y ai repensé : moi, je n'ai rien arrêté ! J'ai mis du temps à comprendre que c'est parce que j'avais eu de la chance.

La façon dont les gens se sont occupés de moi, toujours, autour, a permis que je ne sois pas obligée de renoncer à quoi que ce soit : ma mère trouvait des solutions, comme de prévenir les gens à la natation, d'organiser qu'une copine prenne le métro avec moi matin et soir; les encadrants au judo, à la natation, ont dû prendre soin de moi - je ne le réalisais pas. Le neurologue a veillé à me traiter avec autre chose que la Dépakine, pour éviter justement que j'aie des problèmes de concentration, puisque les premières fois que je l'ai vu, je commençais une prépa aux écoles d'ingénieurs.

C'est à nouveau, seulement des années plus tard, en entendant des garçons m'expliquer leurs difficultés scolaires, leurs problèmes de concentration, d'attention, liés évidemment au traitement, que je réaliserai que le neurologue qui m'avait suivie, en prenant en compte les exigences de la prépa, ne s'était pas contenté de soigner mon épilepsie : il avait aussi été à l'écoute de mes besoins et de mes projets. J'ai pu aller au bout.

Les crises, partielles, ont commencé en terminale. Mais personne ne s'en est vraiment rendu compte. Je serrais la main droite, perdais brièvement conscience, avais de l'incontinence. J'avais l'impression que c'était très bref. Je pensais faire des malaises vagaux, ou quelque chose dans ce genre. Pendant l'été suivant, c'est devenu plus fréquent. Puis je suis entrée en classe préparatoire. Lors du premier cours de physique, je sens que ça se passe, que ça monte. D'ailleurs j'ai toujours eu l'impression de sentir arriver la crise, une sorte de vibration différente, comme une odeur qui arrive, puis un effort pour me rattacher au monde, rester là, en fermant les yeux. Et souvent, j'ai eu l'impression

---

5 *Plus de gym pour Danny*, de Helen Young, illustré par Blake, 1984, Flammarion, collection Père Castor. ISBN 2-08-161796-X.

d'y arriver, d'avoir réussi à retenir la crise. Cette première fois, en cours, quand je reviens à moi, je vois le professeur qui me regarde - tout le reste de la classe aussi, sans doute, mais c'est surtout le regard du professeur qui m'a marquée.

Il me demande si ça va. « Oui, pourquoi ? » Comme, selon ma perception, je n'ai eu qu'un bref étourdissement, et ne suis pas tout à fait "partie", je suis touchée par ce professeur, je trouve qu'il est très attentif à ses élèves pour avoir remarqué qu'il m'arrivait quelque chose ! Il me propose d'aller me rafraîchir aux toilettes, où une fois de plus je remarque que je me suis fait pipi dessus : je noue mon pull autour de ma taille pour cacher les dégâts, me passe de l'eau sur le visage. C'est seulement quelques heures plus tard lors d'une pause qu'un de mes camarades m'interpelle : « Ouaouh, tu m'as fait vachement peur ce matin quand t'as crié !! »

« Mais j'ai pas crié ?! » « Si, tu as crié fort, deux fois. »

Surprise. Ce que j'ai vécu et ce qui s'est passé réellement, ce dont les autres ont été témoins, sont deux choses sans grand rapport entre elles. L'inquiétude de mon entourage, dans ces conditions, ne répond pas à la mienne. Et ma perception de ce qui m'arrive, manifestement, n'est pas complète. C'est sûrement vrai que j'ai crié... mais c'est vrai aussi que ce n'est pas vraiment moi qui ai crié.

A partir de là, je prendrai un traitement, adapté donc par le neurologue pour éviter de me freiner dans les performances nécessaires à la réussite des concours. Du Lamictal, au départ - je suis une des premières en France à l'expérimenter seul (il est souvent associé au Tegretol, auquel je me révèle allergique). La mise en place du traitement prend un peu de temps, mais fonctionne bien. J'ai pris ce traitement de 1997 à 2011. Je l'ai arrêté après une longue période durant laquelle j'oubliais de plus en plus fréquemment de le prendre. Ce n'était pas volontaire, pas une révolte comme chez certains patients, car j'avais parfaitement conscience de la dangerosité d'un sevrage chaotique ou brutal. Le neurologue m'a proposé, en raison de ces oublis fréquents, d'arrêter le médicament dans les règles.

J'entre à l'AGRO. Le traitement fonctionne, accompagné de mesures de prévention consistant à ne pas boire, ni fumer, à ne pas me coucher après vingt-deux heures. Ces restrictions ne m'empêchent pas de sociabiliser, et je m'amuse autant que les autres dans les fêtes auxquelles j'assiste, même si parfois mon régime "sage" questionne les gens. Tout cela me dérange à peine, ce n'est pas pesant, rien ne me manque qui m'importe vraiment.

En deuxième année d'AGRO, donc en quatrième année d'études, j'ai le projet de faire une année de césure : de partir six mois en Thaïlande et six mois au Cameroun, avec un ami, pour me spécialiser en agronomie tropicale. Ma mère est stressée à l'idée de ce voyage, elle ne le trouve pas raisonnable à cause de l'épilepsie. Je trouve ses inquiétudes excessives, et je suis déterminée à faire ce voyage. Quand je me présente à l'hôpital pour faire les vaccinations recommandées, en particulier le traitement contre le paludisme, on me dit que c'est impossible. Je n'ai jamais entendu parler de ça, les bras m'en tombent. J'apprends que le traitement est incompatible avec l'anti-épileptique, et qu'attraper le palu, donc risquer un accès de forte fièvre, serait trop dangereux aussi - potentiellement mortel - pour moi en tant qu'épileptique.

Merde alors. Je revois l'ami avec qui je devais voyager, un type grand, un peu raide, me demander en sortant de là : « Alors on fait quoi ?? »

« Eh bien, toi, je ne sais pas, mais moi je ne peux pas faire ça, c'est impossible, je ne prends pas ce risque, je ne peux pas partir… » Maman avait peut-être raison, donc. Je ne ferai pas d'agronomie tropicale.

Je partirai tout de même dans un pays très exotique, l'Aveyron… Où je me spécialiserai dans le traitement des déchets. Je n'ai pas de regrets. Oui, bien sûr, j'avais ce désir… tropical, mais j'aime ce que je fais. C'est un peu comme quand j'ai dû arrêter le judo, que je pratiquais passionnément, à un haut niveau, après une fracture des vertèbres. C'est un accident, voilà.

C'est vrai, une porte se ferme, mais d'autres sont ouvertes : alors tu passes par une de celles qui sont ouvertes ! C'est tout simple.

Tout ça me paraît anecdotique. Je n'ai pas eu l'impression

d'être malade. Enfin… je ne me sens presque pas légitime à parler d'épilepsie. Oui, j'ai vécu que parfois, les gens ne savent pas bien comment réagir. Mais j'ai été tellement bien entourée. Au travail, je n'ai pas jugé nécessaire d'en parler. Je me suis posé la question, bien sûr, car je vais parfois sur des chantiers, où une crise pourrait être dramatique. Mais je suis vigilante, je veille à ne pas être seule.

Pourtant, j'ai conscience que c'est une part de mon histoire, que ça existe. Par exemple, à chaque fois que je prends ma voiture, je m'entraîne à appuyer sur le warning, pour pouvoir m'arrêter à temps au cas où je sentirais monter une crise. Je regarde toujours s'il y a une bande d'arrêt d'urgence, et si non, je cherche des yeux comment je peux m'arrêter. Donc oui, même si je ne souffre pas c'est tout de même présent.

Une histoire m'a mise en colère : j'ai un ami qui tient un bar. A un moment où il avait besoin de recruter quelqu'un, il reçoit un jeune homme, de dix-huit ans, qui lui semble bien. Mais il ne peut pas l'embaucher, car il est épileptique. Et alors ?! Comme quand j'étais petite et lisais *Plus de gym pour Danny*, je ne comprends pas. Pourquoi ne pas l'embaucher ? Parce que, me dit-il, il ne pourrait pas le laisser seul tenir le bar, parce qu'il y a un escalier à descendre, parce qu'il faut aussi conduire, parce qu'il pourrait casser quelque chose ou faire peur aux clients. Je comprends ses arguments, mais en même temps… Toute l'année, il laisse des mecs bourrés quitter le bar et rentrer chez eux en voiture ! Finalement ce jeune homme n'a pas été embauché.

Alors à nouveau, je réalise que j'ai eu une sacrée chance d'avoir pu faire à peu près tout ce que je voulais. C'est cette chance qui vient peser à la place du "rien" sur le plateau vide de la balance, et rétablit l'équilibre. —

 Thomas me relit et me corrige. Thomas, c'est mon frère, celui-qui-n'est-pas-mort et qui cohabite avec l'épilepsie. Évidemment les histoires que je récolte et ce que je raconte, il les reçoit différemment de moi. Son sonar ne rencontre pas les mêmes aspérités, ne renvoie pas le même relief.

Thomas :

Je ne peux m'empêcher d'être un peu embarrassé en lisant ce témoignage. Ce que dit A. sur la façon de s'adapter est essentiel. Ce fameux « Ce n'est rien », parfois même ce « p'tit truc en plus ».

Mais ça peut laisser imaginer des choses fausses ou dangereuses si on lit cette description sans connaître l'épilepsie.

Le « J'ai eu de la chance parce que j'ai été bien entourée » et le contournement du « Plus de gym pour Danny » ne sont valables que dans le cas d'une épilepsie partielle ou de certaines épilepsies. Ça ne marche pas pour l'épilepsie en général.

Il y a quelques années, une crise m'a cassé l'épaule, le bras, et la clavicule : bien ou mal entouré, c'est quand même un an d'arrêt de travail. Et ce n'est pas un accident imprévisible. C'est un risque propre aux crises généralisées.

Cet événement-là, ce n'est pas toi, ni ton entourage, qui le décide. J'ai précisément voulu le faire pendant de nombreuses années : décider !

Jusqu'à il y a quelques années, lors d'un changement de traitement, quand mes crises ont changé de forme : au lieu d'être nocturnes, elles sont devenues diurnes, et assez violentes. Je ne l'avais pas encore expérimenté, alors je conduisais. J'avais l'habitude de crises nocturnes et je prétendais que je pouvais décider librement de mon attitude face à l'épilepsie.

Nous voilà en voiture sur la quatre-voies, à cent-dix km/h, moi au volant, ma femme sur la place passager, et mon fils à l'arrière. J'ai fait une crise. Mon corps de deux mètres en convulsions au volant. Ma femme - elle dit qu'elle ne comprend pas ce qui s'est passé en elle pour qu'elle ait des gestes aussi rapides et efficaces - a réussi à diriger la voiture vers la bande d'arrêt d'urgence et à la stopper. Sans elle, sans ça, j'aurais pu tuer mon fils, ma femme, sans doute d'autres *automobilistes, et je serais mort moi-même aujourd'hui.*

Seul, tu fais ce que tu veux de ta vie. C'est chouette d'être capable de le dire et de le faire. Mais quand j'ai eu un enfant, j'ai mis ce discours à la poubelle. La légèreté n'est plus de la légèreté à partir de ce moment-là. Elle n'est plus possible pour moi aujourd'hui.

Bref, le récit d'Aurélie pose des questions passionnantes, ça ouvre un débat qu'il faut avoir, ne serait-ce qu'avec soi-même.

——

BAPTISTE

Pour l'instant j'suis dans le hall, sous doré, j'réfléchis

Qui aura le sourire en coin de bouche si je flanche

Ceux qui parlent fort sont que des baltringues déguisées

Ninho, *La vie qu'on mène*

Baptiste a vingt ans. C'est un garçon que je connais depuis qu'il est minot. Quand je l'ai contacté pour lui demander s'il m'accorderait une heure pour me parler de son épilepsie, je lui ai proposé de l'appeler autrement. Je ne voulais pas qu'être identifié le bloque. Il a l'âge où le regard des autres n'est certainement pas un détail. Sensible, intelligent, pas spécialement excentrique ni expansif, il pouvait ne pas avoir trop envie, me disais-je, de se livrer. Mais il était tout à fait partant, et n'a pas trouvé nécessaire d'adopter un pseudo : il suffisait d'éviter le nom de famille. Pourtant, finalement, en lisant son propre récit, que j'avais transcrit et illustré, et dont il était très satisfait - intéressant, me dit-il, d'avoir une trace écrite de sa maladie -, il m'a demandé de changer les prénoms et de « flouter » quelques informations trop précises.

Ainsi ai-je fait, bien entendu. En sachant qu'un étudiant témoignant de son asthme ou de son diabète, vraisemblablement, n'aurait pas jugé nécessaire de rester anonyme.

Dans tous les témoignages que j'ai pu entendre, livrés dans ce livre ou non, la question du secret revient. Le dire, ou non ? A qui ? Il vaut mieux. Il vaut mieux ne pas. D'un côté…, mais en même temps… Et puis le tri, comme raconte Baptiste, aussi, entre ceux à qui on sent qu'on peut le dire, et les autres. Il y a une riche collection d'attitudes qu'on peut échelonner d'insatisfaisantes à carrément lamentables. Faisons la liste.

Ceux qui sont emprisonnés à vie dans une vision précise et étroite de ce qui est beau, cool, sexy, et correct, fréquentable, décent, qui peut être nommé. C'est pour moi la pire chose, la norme étriquée, un peu eugéniste sans se l'avouer, qui ne valide qu'un millionième du vivant et écrase le reste, dans l'oubli de sa propre cruauté, de sa propre laideur.

Ceux qui sont gênés, ceux qui sont méchants (ignorants), ceux qui ont peur, ceux que ça dégoûte, ceux qui ont pitié, ceux qui veulent être rassurés, ceux qui évitent.

Ceux qui sont adorables, mais qui ne laisseraient pas leur gamin sous notre garde pour un goûter d'anniversaire.

Ceux que ça épuise d'avance d'avoir à entrer en empathie, de chercher à comprendre, d'essayer d'aider alors qu'on ne peut pas, et se disent « au secours on va me juger si je ne fais pas ce qu'il faut, alors mieux vaut ne rien savoir ».

Ceux qui veulent bien savoir dans l'intimité, mais préfèrent qu'on ne sache pas que leur fille, leur mère, leur ami…

Tous ceux-là avec qui, le cas et l'âge échéant, on peut être sûr.e qu'il n'arrivera rien d'amoureux - a fortiori rien de sexuel - ni même de véritablement amical.

Et puis ceux qui n'en reviennent pas, alors que nous, il faut bien qu'on s'y fasse. Ceux qui ne s'en remettent pas, nous voient en porcelaine depuis la dernière fois… et ça nous isole.

Ceux qui se lancent dans des théories pas très scientifiques.

Ceux qui nous aiment parce qu'on souffre. Ceux qui cherchent une cause dans tout et n'importe quoi : le décès de l'oncle, le père pas très causant, la mère trop émotive, la chute à cheval, l'incendie dans le quartier, et peut-être bien un abus sexuel, un marabout, une résurgence de trauma d'ancêtre. Ceux qui psychologisent à outrance. Ceux qui mythologisent, qui exorcisent, qui mysticisent. Ceux qui se protègent et s'en lavent les mains - c'est la vie-, ceux qui surmédicalisent, ceux qui minimisent.

Faut-il s'occuper d'eux, prendre la peine de leur expliquer ? Ou les laisser tomber, on en trouvera d'autres, même si le choix se réduit. Se défaire de leurs griffes qui s'emparent d'une part de nous qui ne nous échappe déjà que trop.

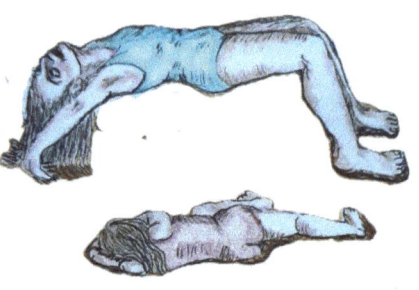

Le problème n'est pas de les comprendre, de les condamner, de leur pardonner. Le problème est : à qui fait-on suffisamment confiance pour être après coup soulagé que ce soit elle, ou lui, qui ait été là quand nous n'y étions pas ? Qui savons-nous assez sage, assez bon, assez « au-dessus de ça » pour ne réellement pas nous identifier à ce que nous étions, convulsant puis ronflant dans un lit qu'on a mouillé d'urine ? Sans pour autant oublier que c'est bien nous, cette personne à qui cela arrive ?

Les plus nombreux, je ne les ai pas encore cités : ce sont les innocents, tous ceux, la grande majorité, *à qui nous épargnons toute confrontation avec notre entière réalité*, non seulement parce que nous avons envers nous-même toute cette palette d'attitudes et d'autres encore, de l'auto-commisération à la colère envers notre corps, sur lequel nous ne pouvons pas assez compter, désobéissant et défaillant, en passant par le déni que facilitent, par nature, les absences… Qu'aller déballer tout cela, c'est livrer du trop intime. Mais aussi *pour nous épargner, à nous-mêmes, le risque de dépendre de la réaction, aléatoire, des autres*. On devrait faire l'histoire de la discrimination visible ou cachée qui pousse les malades à préférer

le silence, ou les condamne à une permanente et labo-
rieuse pédagogie avec les autres, double peine des dis-
criminés de tout poil qui décident de se battre, alors
qu'on aimerait que ces autres prennent la peine de penser tout seuls.

La discrimination reste cachée, inconsciente souvent, l'exclusion transite et s'active dans le flot des
normes que l'Histoire produit, vague après vague.

Les normes sont des représentations dans l'air que
nous respirons. Les éléments qui constituent ces représentations ne datent pas tous de la même époque, et tout
se mélange. Des molécules antiques, des définitions de
l'harmonie, de la maîtrise ou du chaos, du corps et de
l'âme, du faible et du fort, du pur et de l'impur, noble
et vil, naturel et contre-naturel, du bien et du mal, du
beau et du laid : beaucoup de choses, venues des siècles
empilés, à travers les mots, les images, les lois, l'Histoire.

Par exemple on ne croit plus - ici, maintenant, la
plupart des gens heureusement ne croient plus - à la possession diabolique, mais quand
j'étais au lycée on avait tous
vu l'*Exorciste*, le film d'horreur de Friedkin sorti en
1973, et on en mimait constamment des scènes en rigolant.
Et dans nos esprits à tous,
les yeux révulsés, le râle
inhumain et les tremblements
étaient associés à ce frisson
d'horreur qui nous avait par-
courus devant l'écran, de façon indélébile. Et peut-être
aussi un peu débile, pardon.

Ce qui fait que dans
tous nos esprits contempo-
rains raisonnables, éclairés,
et majoritairement athées, de
jeunes gens sympas, subsis-
tait une petite zone obscure,
émotionnelle, incontrôlée, de
peur, d'irrationnel. De cette
petite zone puissante est sû-
rement venu l'ordre imprononcé, mais suivi par tous, de

s'écarter soigneusement avec des « ohlala, ohlala », le jour où une de nos camarades de classe a fait une crise en classe, je me rappelle qu'elle faisait des bulles de bave avec la bouche, puis d'éviter par la suite gentiment - trop bizarre, wesh -, cette même camarade. Oui, moi, j'ai été gentille, parce que je voyais cela à la maison, je savais de quoi il s'agissait. Ce n'est pas que j'étais une meilleure personne : c'est que j'avais en stock dans ma mémoire plus d'images de mon frère en train de convulser que de l'*Exorciste*.

Par exemple encore, nous sommes - la plupart d'entre nous, ici et maintenant, voulons être - de bons humanistes dégoûtés à jamais de l'eugénisme par les horreurs nazies qui s'en réclamaient, nous connaissons plus ou moins la propagande infâme qui légitimait ces crimes[6], et pourtant, quelles sont les images qui nous font acheter, rêver, nous poussent à la salle de sport, nous font choisir nos partenaires sexuels, parfois ? Les mêmes qui servent à exclure les faiblards, les morveux, les déviants, les "pas cool", pas beaux, les, comme disent souvent les jeunes depuis quelques années, en employant le terme comme une insulte - ce qui a le don de me figer sur place - "victimes" ? Des images de corps forts, de contrôle, de puissance. Des champions, des Barbies, des Yogis, des success-stories, sexy et productivistes, partout, un bain de tout va bien et tout sent bon, et si tu vas mal c'est qu'il y a quelque chose que tu n'as pas bien géré. Devant une affiche publicitaire pour le parfum *Invictus* (rien que ce nom est fou !) de Paco Rabanne, j'ai le point Godwin qui s'allume, et je n'arrive pas à ne pas voir, en superposition, les (certes, très belles) photos prises par la grande amie d'Hitler, Leni Riefenstahl, pour *Les Dieux du Stade*. On fait le lien, non? Et pourtant ça passe crème.

La mise en scène du mensonge - plus gros qu'une maison - d'humains invincibles, ou tout simplement vainqueurs, nous fait croire que le fragile est inférieur, que les fissures sont une malfaçon. Il n'en est rien. Nous ne vivons, tous autant que nous sommes, que grâce à d'infinies chaînes de protection, de soins et de chances, et

---

6 Si ce n'est pas le cas, vous trouverez dans la sitographie, à "nazisme", des articles sur l'Aktion T4 et les crimes contre les "vies sans valeur": les épileptiques faisaient partie, sous le nazisme, des personnes à stériliser ou exterminer pour des raisons d'hygiène raciale.

parfois de privilèges injustes, fragiles comme tout le reste. Tout tombe, c'est le contrat humain. Cochon qui s'en dédit!

Toutes ces représentations que nous respirons, on ne les balayera pas d'un revers de main. Je peux bien écrire ces lignes, ça ne changera pas de si tôt. Mais quand on y réfléchit, ça aide, j'en suis certaine.

Dans le milieu professionnel, où des lois inclusives sont désormais censées recadrer et paralyser la petite zone obscure, la bonne volonté s'incline vite devant la crainte des responsabilités. On te met à l'écart pour assurer ta sécurité, ça c'est une entourloupe assez bien trouvée. Comme il faut bien manger, donc travailler, et que sociabiliser, par-dessus le marché, est un besoin primordial, dans la majorité des cas, le silence des épileptiques épargne à leurs employeurs, à leurs camarades de classe ou collègues au travail, d'avoir à affronter et à apprendre la maladie. D'autant qu'il est trop compliqué de tout expliquer : elle peut être aussi bien bénigne que mortelle, on la comprend encore assez mal, et elle prend des formes si variées qu'il faudrait en plus, pour se raconter, éviter son nom même. "Épilepsie" ne suffit pas, car "épilepsie" désigne parfois, aussi bien, une réalité qui a peu en commun avec que l'on vit.

Là, je reconnais m'être emballée, j'ai débordé, je… tout ça n'est pas la faute de Baptiste. Je voulais seulement faire un bref commentaire sur le fait qu'un jeune homme a souhaité que son récit soit anonymisé, et une tempête s'est déchaînée. Je me suis demandé si je devais effacer ces lignes amères, colères, mais j'ai décidé que non. C'est important aussi, non ?

Les épileptiques n'ont pas tous à mener cette lutte, mais cela arrive tout de même à pas mal d'entre eux. Et à beaucoup d'autres gens atteints d'autres maladies. Quand j'ai découvert il y a quelques années l'anti-validisme, c'est à dire la lutte contre le fait que la norme déterminant l'organisation de nos sociétés, nos choix politiques, esthétiques, nos organisations urbaines, notre enseignement, etc., soit celle du corps valide, que j'ai commencé à découvrir des argumentaires, des œuvres, belles et fortes, une vaste communauté, j'y ai trouvé de l'espoir. Ça a commencé avec les livres de Josef Schovanec, *Je suis à l'Est*, par exemple, et mon dernier émerveillement est venu d'une artiste anglaise atteinte d'une invraisemblablement pénible, et très rare maladie, le syndrome d'Ehlers-Danlos : Charlie Fitz. Elle explore la notion d'hétérotopie chronique, c'est-à-dire le fait d'être coincée dans une expérience de la vie qui n'est pas régie par les normes qui s'appliquent au reste de la société. Les hétérotopies sont « des lieux à l'intérieur d'une société qui obéissent à des règles qui sont autres ». Elle fait une série d'auto-portraits intitulés *Honour Vulnerability*, des collages digitaux comme *Hands up, if you're struggling* (Lève les mains si tu luttes !) ou *Disabled joy is an act of resistance* (La joie handicapée est un acte de résistance). Une vie épileptique est parfois une hétérotopie cachée.

Mais ce n'est pas comme ça que Baptiste le vit.

—

ON CONNAÎT LES CONDITIONS

Mon épilepsie survient uniquement si je suis en manque de sommeil, et en général, j'ai soit de l'alcool, soit du sucre dans le sang. C'est le matin que ça peut m'arriver. J'ai l'impression que mon corps s'est adapté au traitement, et depuis quelques semaines, ça commence à être assez intense le matin, donc je fais attention. Il me faut 8 heures de sommeil, c'est l'idéal. Si je dors 5 heures une nuit, ou deux nuits de suite, c'est une crise assurée. Là, y a pas de débat, c'est crise, et puis ça peut aller loin…

La crise qui m'a le plus marqué, c'est une fois où j'avais fait une soirée à la maison avec des copains. J'avais même fait deux soirées à la maison avec des copains, c'était en première ou en terminale, et les deux fois, ça s'était soldé par une crise le matin. Des invités, des gens du lycée, étaient restés dormir à la maison. Des gens que je connaissais bien, d'autres que je connaissais un peu moins. Dans l'ensemble, j'étais très bien entouré, c'était des gens de confiance ; mais je me réveille le matin, je fais une crise, et du coup, tout le monde est choqué.

Un bon pote de l'époque a essayé de mettre sa main dans ma bouche, il s'est blessé pour moi - j'étais très reconnaissant. C'était la deuxième crise que je faisais, donc tout le monde était en panique. Ils ont couru chercher mon père, la grosse cata, quoi. C'était la première crise que j'ai faite, disons, avec du public. J'ai eu de la chance d'être bien entouré. Une autre fois, à nouveau le lendemain d'une soirée, je me réveille, je prends ma douche, et là, tous mes potes, déjà, ils étaient un peu en tension, tous ceux qui m'avaient vu faire la première crise. Donc ils me disent : « Laisse ouvert la salle de bain au cas où, on ne sait jamais ». Donc j'ai laissé la porte de la salle de bain ouverte. Je prends une douche, et en sortant de la douche, je fais une crise. J'ai eu de la chance : j'ai eu le temps de remettre mon caleçon - coup de bol !! Et là, c'était vraiment catastrophique, parce que j'ai...

Un pote est venu me voir, et en fait, il m'a retrouvé en sang, mais vraiment dans une mare de sang, dans la douche, ma tête avait tapé contre le rebord en métal de la douche. Il a couru alerter mon père, enfin bon, encore une fois, la grosse cata. Lui, ce pote - c'est toujours le même - c'est le héros, mon héros. Là, il m'a tiré. Je n'ai plus de contacts malheureusement, mais bon, j'adorais ce mec. Il m'a tiré, il m'a enlevé de là, donc il a eu quand même le courage de soulever ma tête, qui était pleine de sang. Tu ne sais jamais à quoi tu t'attends quand tu vois le mec face contre terre, dans une mare de sang. Si ça se trouve, le mec, il est blessé au visage, tu ne sais pas, quoi. Faut du courage pour faire ça. Il m'a allongé, et mon père et mon frère sont venus. Je me suis réveillé avec mon père et mon frère autour, l'air sombre, vraiment, une tête d'enterrement. Quel plaisir de se réveiller comme ça ! Je me tourne vers le miroir, et je vois mes deux dents devant explosées. Ça m'a laissé deux belles dents pendant deux mois. A l'hôpital, j'avais eu des points de suture, c'était vraiment bien ouvert, une belle plaie. Suite à la crise je m'étais rendormi, puis on était allé à l'hôpital le soir même avec mon père.

Sauf que, comme j'ai appris plus tard, malheureusement je n'avais pas été aussi bien entouré que la première fois : un mec de la soirée, que je pensais être un pote - mais du coup ce n'en est pas un - m'a filmé. Pendant que mon pote me trouvait en sang et me mettait en sécurité, l'autre, il a fait une story privée ; quand même, une story privée, c'est quelque chose !! Voilà : une story privée de moi en sang, dans ma salle de bain, torse nu, en caleçon. Je n'ai plus aucun contact avec ce mec, et je n'ai pas jugé utile d'aller lui casser la gueule, parce que ça n'aurait absolument rien changé je pense, parce que le mal était fait. Mais donc, voilà, j'étais un peu..., un peu énervé. Je lui ai dit, c'est quoi ce foutage de gueule ? Et puis il a fait « je suis désolé », je ne sais pas quoi. Je m'en fous de tes excuses : c'est fait, t'es juste con ! Et depuis, je n'ai plus aucun contact. Ça ne m'intéresse pas d'avoir un gars comme ça dans ma vie. C'est vraiment... Je lui ai dit qu'il n'avait plus à faire ça, ni avec moi ni avec n'importe qui d'autre. Et donc voilà, c'est un con comme il y en a. Mais tu ne sais jamais à l'avance, tant que rien n'est arrivé, tu ne sais jamais si les gens sont cons ou pas. Donc on voit aussi les vrais visages des gens parfois à l'occasion de crises.

Depuis j'ai eu d'autres crises, j'en ai fait une récemment. En général, c'est quand on part en vacances. Quand je dois partir, il y a un petit stress, je ne vais pas bien dormir la nuit, parce que je me dérègle. Je vais me lever à 5 heures du matin. Là en général, il y a la crise. La dernière fois, j'ai tapé la tête, donc j'ai vomi après. Ce n'était pas un super bon moment, mais j'ai fait avec, je me suis quand même motivé à faire le trajet le jour même.

Parce que d'habitude, la crise m'épuise, je dors vraiment toute la journée. Je dors hyper mal et c'est un moment vraiment hyper désagréable parce que je suis vraiment comme sous drogue, c'est une sensation abominable. Enfin, je n'ai jamais pris de drogue, mais je pense que ça doit ressembler à ça. Tu as l'impression qu'on t'a mis dans un trou. Disons, il y a un trou dans ta vie.

Quand je me réveille d'une crise, je me dis à chaque fois qu'il me manque toute une partie de ma vie, qui est inexistante. Je n'ai plus de souvenirs. Tu as vraiment l'impression que tu as enlevé une partie de ta vie, tu as enlevé une partie de tes souvenirs, et c'est très très désagréable. Et ça se reconstruit avec ce qu'on te dit. Par exemple, moi, Juliette, l'autre fois, c'est elle qui est venue me réveiller. Et c'est elle qui m'a dit « Bon, voilà, tu as fait une crise, il s'est passé ça, ça, ça. » C'est grâce à ce qu'elle dit que tu refais ton souvenir. Alors au final, le souvenir n'existe pas, quoi. On l'a vraiment supprimé de ton cerveau. Ça, c'est quelque chose d'assez particulier.

Ça m'arrive aussi d'avoir des spasmes. En ce moment, on dirait que mes médocs ne font plus effet. Il faut que j'augmente la dose, je suppose. Ce ne sont pas des crises, mais des petits spasmes, pas agréable. En cours de maths, parfois, je suis tellement concentré que je me retrouve à avoir des petits spasmes. Ça fait peur. Quand je vois

que j'ai un spasme, je demande directement à sortir, je vais boire, je m'arrange le visage et puis je reviens. En général, ça me réveille un peu. Ou alors, je bois un petit soda, ça excite un peu, ça te permet de rester...

Je n'ai jamais fait une crise encore en journée. J'espère que ça n'arrivera jamais, mais malheureusement, en ce moment, c'est un peu mal parti. Après, je connais exactement les conditions. Mais le truc, c'est que ma classe n'est pas au courant. J'aimerais bien que ça reste entre moi et ma famille, mes proches. Il y a un prof qui est au courant, et c'est un prof de confiance. J'ai pu lui expliquer pourquoi j'ai été absent à certains cours, justement, à cause de ces spasmes le matin. Ça m'arrive à peu près tous les matins, je me lève, je fais avec, et la plupart du temps ça passe. Quand j'ai des spasmes un peu plus violents, des fois, je prends le risque, et ça passe. Mais parfois, je sens que prendre le risque, ça ne marchera pas, et je me rendors, ce qui veut dire que ce jour-là je ne vais pas en cours, ce qui peut être problématique. Heureusement ça n'arrive pas non plus souvent, ça dépend de ma dose de sommeil. Ce soir, si je me couche après 22 h, ce sera de ma faute si je ne peux pas aller en cours demain matin. Jusqu'à 6 h de sommeil, ça passe. A condition de dormir 8 heures le lendemain. Sinon, l'accumulation fait que ça va vraiment être difficile pour moi d'aller en cours. Ces spasmes me donnent envie de me ré-veiller tout de suite parce que j'ai peur, en fait, de ce qui peut arriver. Si ça ne m'est jamais arrivé, je pense que ça ne m'arrivera peut-être pas. Je vais augmenter la dose, et il ne se passera rien, je suis sûr. Quand je reste trop concentré en étant fatigué, c'est ça qui me fait des spasmes aussi. Parfois j'ai des petits spasmes devant les jeux vidéo parce que je joue un peu le soir. Donc, voilà, si je réduis ma quantité de médicaments, je pense que ça peut engendrer une crise en jour-née.

Pour le moment, je ne joue pas avec ça, je vais augmenter même s'il y a des effets secondaires. Je suis plus énervé, j'arrive moins bien à dormir, c'est un peu contre-productif. Alors je prends des somnifères assez légers pour contrer le problème. Au début, le traitement, c'était compliqué. J'étais hyper à cran tout le temps. Une année entière, j'ai été à cran tous les jours à cause du traitement. C'était ma première année d'études. Je n'aimais pas l'environnement dans lequel j'étais. Et le fait de ne pas aimer, ça me rendait deux fois plus énervé que je ne l'aurais été en temps normal. J'avais envie de prendre une hache et de couper du bois hyper fort. En pleine journée, comme ça. Sans qu'il y ait de raison. Ça ne m'arrive plus mais voilà, c'était... Et pourtant, je faisais du sport et tout.

Le sport, ça m'a bien aidé d'ailleurs. Le sport, ça m'aide beau-coup au quotidien et dans tout, en général, que ce soit bien-être men-tal, bien-être physique, ça m'aide. Je fais moins de crises quand je fais du sport la veille parce que c'est une bonne fatigue. Je suis bien fatigué, je dors bien. Je fais moins de crises quand je mange équilibré, quand je ne mange pas de sucre avant de dormir. Je fais moins de crises quand je m'endors en ayant appris des choses.

En ayant fait quelque chose de ma journée, je suis content. Je m'endors mieux. Je fais moins de crises aussi quand je ne joue pas aux jeux vidéo parce que les jeux vidéo, ça excite avant de dormir, les écrans en général. Je fais moins de crises quand je lis avant de dormir. Malheureusement, je ne lis pas beaucoup avant de dormir. Ce n'est pas quelque chose que je vis extrêmement mal, de devoir passer des soirées calmes ou avoir une vie saine.

J'aimais bien les soirées au début, avant mon épilepsie et, en fait, c'est aussi à cause ou grâce à l'épilepsie que j'aime moins les soirées. Je me suis dit : une soirée, ça me coûte cher pour mon physique - parce que la gueule de bois c'est quelque chose, mais faire une crise, c'est autre chose. C'est vraiment deux fois plus dur. Donc, je fais moins de soirées et ça me convient. Ça va bien avec mon rythme de vie en ce moment avec les études et le sport. Quoi qu'il arrive, je m'amuse, parce que tous les week-ends, je sors, je fais plein de trucs. Je ne m'ennuie jamais, en fait, et les soirées, je suis content que ça soit dédié à dormir, à discuter avec Juliette, à jouer aux jeux vidéo. Après, ça ne m'empêche pas de faire une soirée de temps en temps. Mais si j'en fais une, si je suis amené à boire, je dors, en général, sur place et je dors 8 heures. Je préviens en avance, je dis : « OK, je veux bien venir, par contre, tu me fais dormir dans un bon lit, tu me laisses dormir, tu m'assures qu'il n'y aura personne pour me déranger », et voilà. En faisant comme ça, je passe une très bonne soirée et le lendemain, tout se passe bien.

Il y a des conditions à respecter assez strictes, moyennant quoi franchement, je suis content de ma vie, je suis très heureux. Je me dis qu'il y a tellement pire. Moi, j'ai une voisine, par exemple, qui elle, s'électrise toutes les nuits et qui est atteinte au cerveau. Donc elle, vraiment, à 25 ans ça lui pose encore des problèmes au quotidien, pour trouver du travail, tu vois. Donc moi, franchement, je me vois, je me dis mais quelle vie de dingue : je suis en appart avec ma copine, je fais des études dites prestigieuses, j'aime ce que je fais.

C'est du stress, quand même, de devoir penser à ces règles et bien les respecter. J'ai quelques regrets, quelques peurs. Par exemple, faire une crise dans une situation imprévue, genre cambriolage nocturne à main armée, sous le coup du stress, et ne pas être capable de me défendre ou me protéger.

Et puis les choses que je ne pourrai pas faire. Comme pouvoir partir en camping avec ses potes, se permettre de dormir un peu mal, de faire la fête, tu te balades la nuit, tu fais des trucs simples, même sans boire, sans rien, juste te balader la nuit, aller dormir à 5 h du matin juste parce que tu as envie. Juste faire ça, ou plutôt le fait de pouvoir le faire, j'avoue que ça m'attriste un peu de devoir m'en priver, mais bon, je fais avec. Ou le métier de plongeur, qui m'est interdit. J'aurais aimé être plongeur, ça aurait été un rêve, ou même astronaute : si j'étais quelqu'un de normal, j'aurais pu me donner les moyens d'atteindre ce genre d'objectif - c'est même pas la peine, parce que c'est mort en fait. Et sinon, un truc plus simple : rien que le permis de conduire. En ce moment je passe mes heures de conduite, et de temps en temps j'ai un spasme au volant. Je me dis, je peux pas faire n'importe quoi ! Il y a ma vie, mais il y a aussi celle des autres qui est en jeu, là il faut vraiment que je fasse attention avec le permis, et que je ne sois pas irresponsable à prendre le volant n'importe comment en pleine nuit, ça, c'est non.

Et un dernier truc : c'est si un jour je suis amené à avoir des enfants, je l'espère avec Juliette, et qu'elle doive accoucher de nuit. Parce qu'elle aura deux problèmes. Un : le bébé qui arrive, deux : moi. Donc quand elle sera enceinte, elle ira dormir avec un copain ?! Non, je rigole. Mais ça pourrait être un problème ! Je serais honteux, imagine : le jour de l'accouchement de ta femme, tu peux rien faire, elle doit accoucher la nuit toute seule, moi je me dis, ça serait un cauchemar - pas pour moi, moi je dormirais du coup - mais pour elle, accoucher toute seule, quelle horreur !

Il y a un médicament que je ne peux pas prendre. Une fois j'ai essayé un autre traitement : à éviter, ouais, ouais, ouais, vraiment, je me suis senti partir. C'est le Keppra, c'est un médicament qui est efficace, et dans la notice, aux effets secondaires, il y a écrit « détachement de la peau des testicules », hahaha ! Bon, moi c'était pas ça, mais à l'hôpital les prises de sang ont montré que j'ai eu une maladie en même temps que j'ai pris le Keppra, peut-être que c'était pas le médicament, mais l'accumulation des deux. J'ai déjà été malade, je suis pas le genre de mec à vraiment abuser, quand j'ai mal en général, je supporte, mais là c'était la première fois que je me suis vraiment senti comme ça, c'était très très particulier, j'étais en vacances, vacances de merde. Donc ça, évidemment, plus question de le prendre. Ouais, voilà, je suis un peu traumatisé par ce médicament. En ce moment, je prends du Lamictal, ça marche pas forcément bien, mais ça marche, enfin, je sais pas si ça marche ou pas, parce que je sais que mon épilepsie s'est aggravée entre le temps où j'ai fait ma première crise et maintenant, mais alors, est-ce que c'est à cause du médicament, est-ce que le médicament empêche de faire des crises, en fait je le saurai jamais. Mais ce que je sais, c'est que je suis dépendant au médicament, et que si je le prends pas, là je fais des crises. Oui. En tous cas je ne testerai rien de nouveau avant la fin de mon école d'ingénieur.

———

LAURE

"Your little Mama and your Papa,

They sing lullabies for you ..."

First Aid Kit

 A la fin du dîner chez nos amis communs, Laure et moi sortons en douce griller une cigarette dans le jardin. Il fait nuit. On a descendu pas mal de bulles. Il commence à faire froid et c'est agréable de faire encore comme si l'été n'était pas terminé. On se connait sans se connaître, on ne se voit qu'à des fêtes, d'habitude on danse et on rit. Mais là c'est plus calme, c'est la rentrée. Je donne de mes nouvelles, je dis que je collecte en ce moment des histoires d'épilepsie. Laure trouve ça super intéressant, parce qu'on n'en parle jamais. Pas assez. Normal : elle trouve souvent les autres intéressants. Mais cette fois, c'est autre chose. Quelque chose à me raconter.

Vous me direz : mais elle est où l'épilepsie, dans tout ça ? Eh bien elle apparaît une fois une seule, au début de sa vie, sous forme de convulsions hyperthermiques. Rien de grave, rien de durable non plus, pas de quoi fouetter un chat ni se mettre la rate au court-bouillon. Ce qui me frappe, c'est la folie toxique qui s'empare, à l'époque, du grand-père, devant ce phénomène. Et que ses décisions ne soient pas empêchées, ni même contredites. La chose n'est pas grave, mais finalement, tout ce qui s'ensuit aura marqué et Laure, et sa mère, puissamment. Errances et drames de la médecine, et tragédie du patriarcat.

———

SÉPARATIONS

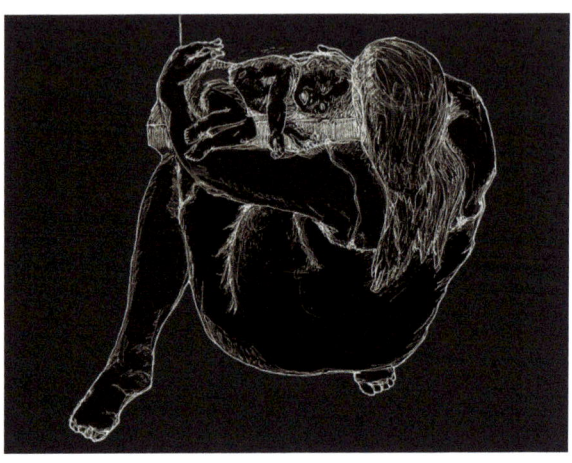

Je vais te raconter un truc, qui je pense est fondateur pour mon histoire. A 13 mois, donc j'avais un an et un mois, ma mère était enceinte, elle attendait ma petite sœur - on a juste 15 mois d'écart, et c'était août 76. Il faisait très très chaud. J'ai fait des convulsions hyperthermiques. Mon père m'a trouvée dans le lit d'enfant, dans la propriété familiale lyonnaise, en train de faire des convulsions. Donc j'ai été emmenée à l'hôpital entre la vie et la mort, j'avais... j'avais 41,7° de fièvre.

Mon oncle prêtre m'a fait l'extrême onction, parce que je n'étais pas encore baptisée, et après mon arrière-grand-père pédiatre a décrété que c'était de bon augure de me mettre en maison de repos. Donc pendant 3 mois j'étais séparée de ma famille, et juste mes

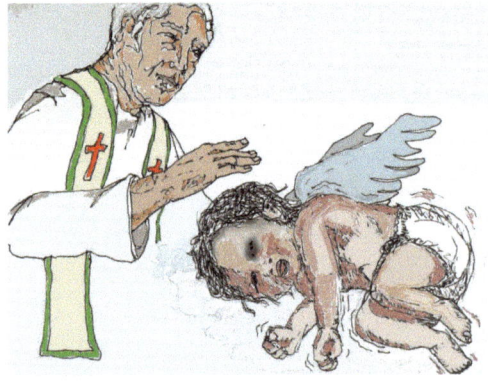

grands-mères pouvaient venir me voir le week-end ; apparemment les puéricultrices là-bas pensaient que c'était une mauvaise idée que je voie mes parents !

Je suis revenue 3 mois après. Entre-temps j'avais fait mes premiers pas dans cette maison. Je m'étais fait aussi une blessure, j'ai débarqué avec des points de suture, parce que j'étais tombée apparemment.

Et donc quand je suis revenue dans la famille, je ne connaissais plus personne. Je hurlais quand ma mère venait me voir. Mon père était le seul à pouvoir me donner à manger, et mon frère se rappelle de moi comme quelqu'un d'un peu… hystéro quoi.
Avec mon frère on a cinq ans d'écart donc il avait 6 ans. Voilà, mon histoire commence là.

Pendant un an, deux ans à la suite de ça, ma mère avait toujours une ampoule sur elle au cas où je refasse une crise, ce qui n'est jamais arrivé. Parce qu'en fait c'est un truc hyper bénin maintenant, enfin, on sait intervenir.

Et en fait ce qui est fou, c'est que ma mère - elle est née en 47- a été séparée de sa famille parce qu'elle avait un début de tuberculose, donc elle était au sanatorium, toute petite, loin de sa famille. Après quoi ma grand-mère la nourrissait beaucoup trop, avec des bananes, la nuit elle la réveillait pour la nourrir. Ça lui a fait perdre complètement le sentiment de satiété, et elle est devenue un peu obèse, ma mère. Et moi, je pense qu'il y a eu un truc un peu compliqué dans ma vie à cause de cette rupture aussi.

En fait c'est un truc que j'ai pas vécu, qu'on m'a raconté : c'est qu'en fait ma mère, chaque année à mon anniversaire, elle nous raconte cette histoire de séparation qu'on lui a imposée, des familles lyonnaises un peu bourgeoises.

Son anniversaire

Il y a eu cette puissance absolue de ce grand-père, qui m'a foutue en dehors de ma famille, quoi !

Alors que maintenant, si un enfant fait des convulsions hyperthermiques parce qu'il a beaucoup de fièvre, en fait c'est rien du tout. On arrête les convulsions, on fait baisser la fièvre, l'enfant est surveillé une journée et rentre chez lui le soir, voilà. C'est arrivé à mon petit cousin il y a peu au décours d'une varicelle.

Soi-disant j'avais des lésions au cerveau, mais qui n'avaient aucune incidence sur ce qui s'est passé.

Exclue, à l'écart de ma famille pendant 3 mois… et à mon retour, ma petite sœur, ma petite sœur Amélie était née !! Il y a eu un truc un peu particulier avec ma petite sœur. Elle est devenue ma protectrice, elle était beaucoup plus extravertie que moi, et moi j'étais une enfant très timide et tout ça. Quand on parle de ça dans ma famille, ça leur évoque beaucoup de trucs.

Moi ça ne m'évoque rien : ces souvenirs je ne les ai pas.

———

DOLMA

Calves are easily bound and slaughtered,
Never knowing the reason why.
But whoever treasures freedom,
Like the swallow has learned to fly.

How the winds are laughing ?
They laugh with all their might !
Laugh and laugh the whole day through,
And half the summer's night.[7]
Joan Baez, *Donna Donna*

---

7 On attache les veaux pour les abattre, facilement, sans qu'ils sachent pourquoi./ Mais celui qui chérit la liberté, / Comme l'hirondelle a appris à voler. / Comment les vents rient-ils ? / Ils rient de toutes leurs forces ! / Rire et rire toute la journée, / Et la moitié des nuits d'été

Samedi matin. Rendez-vous pas trop tard dans la matinée, à cause du décalage horaire, avec une vieille connaissance, euh, disons, hima- layen d'origine. Ben non. Tibétain. Il est arrivé que nous évoquions, en nous croisant, de loin en loin, sa nièce et ce qu'il pourrait faire pour elle. Il envoie des médicaments là-bas - il ne faut pas dire le nom du pays interdit, ce simple mot peut lui attirer de gros ennuis-, des mé- dicaments qu'elle ne trouve pas autrement. Il s'inquiète pour elle, à distance, dans l'impuissance et le flou, que compliquent encore tous les bâtons mis dans leurs roues. On manque de moyens, ce qui arrive hélas à beaucoup de gens sur cette planète, d'informations fiables et com- plètes, ce qui arrive particulièrement en certains en- droits de cette planète, et d'accès aux examens, aides et soins que je connais d'ici. Ils existent, mais il est difficile d'y accéder. On ne peut pas tout dire, ni tout demander. Donc une fois encore, ici tous les noms sont changés, même si personne n'a dit un mot de politique, et notre conversation aura été pleine de lacunes.

Dix fois, je me retiens de poser telle ou telle question, pour ne pas créer de problèmes. Ou de conseil- ler telle ou telle source d'information, parce que les gens à qui je parle vivent de l'autre côté de la Grande Muraille électronique. Impossible pour eux de "chatter" sur un forum de gens concernés par l'épilepsie, de rece- voir un lien vers la vidéo que j'aurais voulu leur en- voyer, même si elle ne commet que le crime de présenter le dressage d'un chien d'alerte pour épileptiques.

Après le café et les croissants, nous allons télé- phoner en visio à son frère, qui me racontera l'histoire de sa fille Dolma. C'est un peu long, le temps que mon ami traduise, aller et retour, chaque paquet de quelques phrases. Pourtant, j'aime bien l'immobilité de celui ou celle d'entre nous qui doit attendre, sans rien com- prendre, que l'un des deux autres ait parlé et l'autre traduit.

L'histoire dont je récupère ainsi des bribes tout sauf fluidement me laisse interdite. C'est bien le mot. Ce que les surveillances et la censure empêchent là, n'a rien d'idéologique. C'est la santé, c'est le corps directement, qui est entravé par une ignorance et une captivité forcées. Je le sais bien, pourtant : censure, droits de l'Homme, etc., mais cela fait un drôle d'effet de comprendre que dans un si grand nombre de situations, tellement éloignées du discours politique, comme celle dans laquelle nous sommes, là, à parler médicaments et alimentation, grossesse et sommeil, ce contrôle violent vient nous priver de ressources, rendre impossible une recherche méthodique et exhaustive de solutions.

J'ai le frisson en entendant certaines questions, ou plutôt en pensant aux conséquences possibles de l'absence de réponse à ces questions. On voudrait tout essayer, à défaut d'avoir des certitudes. Je dirais même plus : on s'en voudrait de ne pas avoir tout essayé. Oui, bien sûr. Des rumeurs circulent, des gens rapportent leur expérience ou leurs observations, et on se demande s'ils ont raison. Or, s'il est impossible de le savoir, que ferons-nous ? Quel vertige. On devient son propre cobaye, on fait de son quotidien un objet de science expérimentale ordinaire. Entreprendre quelque chose sans garanties, c'est un risque, par définition. Ne rien entreprendre, pourtant… La vie nous enseigne que c'est parfois tout aussi suicidaire, n'est-ce pas ? Tout faire de ce qui ne présente aucun danger, c'est-à-dire tout ce qui est de l'ordre de l'hygiène de vie élémentaire, voilà ce à quoi on peut toujours s'accrocher : une famille aimante, un bon sommeil, une nourriture saine. Mon oreille occidentale contemporaine, éduquée à la confiance en la science qui résout nos maux, tinte. Mon autre oreille tinte aussi, celle de la petite sœur qui a perdu son frère on ne sait comment, au vingt-et-unième siècle, dans un des pays les plus avancés du monde, où règne sur ce point malgré tout un presque total mystère. Mon oreille de féministe ordinaire - oui, bon, ça me fait, à ce stade, trois oreilles, d'accord, mais faites preuve d'imagination ! - se mettra carrément à vrombir, quand il me questionnera à propos de l'éventualité de guérir à la faveur d'une grossesse ou d'un accouchement. Du moins, notre échange me permettra de transmettre ce que je sais, sur ce sujet.

Dans un tiers des cas, la grossesse n'apporte aucun changement. Pour un autre tiers, la grossesse augmente la fréquence ou l'intensité des crises. Et pour un dernier tiers, les crises se raréfient ou disparaissent carrément. Ce qui est certain, c'est que les antiépileptiques représentent tous un danger plus ou moins grand pour le bébé, même s'ils n'ont pas tous les tragiques effets de la fameuse Dépakine.

Je vous épargne mes soupçons sur le fait que probablement, cet aspect des choses ait pu être vaguement négligé par des chercheurs majoritairement masculins, c'est bien connu, au fil des progrès de la neurologie et de la pharmacologie. Vous en avez, de la chance !

Revenons à nos moutons, à nos yaks, à notre valproate.

Petit à petit la silhouette de l'homme sur l'écran m'inspire de la tristesse, le son de sa voix régulière et calme égrène des mots totalement hermétiques pour moi, je le sens fort, doux, aguerri, serein, mais à la fin de notre entretien il se frotte de plus en plus souvent le front, se masse les tempes d'une seule main, d'un geste qu'il a dû répéter des milliers de fois, comme le faisait mon propre père aux heures de grande lassitude, et je l'imagine fatigué, fatigué d'être démuni. Emmigrainé, à force, par le courage de supporter l'impuissance. Quel parent ne connaît pas cet état de découragement, auquel on ne cédera pas, mais qui nous serre le crâne, la lutte sans armes, lorsqu'on n'a pas le pouvoir de protéger son enfant ?

Pourtant il me restera surtout de l'admiration et de l'émerveillement devant la façon dont l'expérience et l'observation attentive ont suffi à ce père - quand la petite, désormais grande, avait 2 ans, sa maman est morte - à remarquer de nombreuses choses : il en arrive, là-bas à l'autre bout du monde, pour l'essentiel, aux conclusions et aux mesures mêmes que listent, ici, les sites et les prospectus de prévention. Notre conversation pourra le soulager, le confirmer, quand ce que je sais validera ce qu'il sait. Hélas, il a aussi beaucoup de questions auxquelles je n'arriverai pas à répondre.

SODIUM VALPROATE DES SOMMETS

Pour la petite, ça a commencé quand elle avait à peu près un an. Elle pleurait, puis elle perdait conscience, mémoire. Sa respiration se bloquait. Puis elle revenait.

Après un certain temps, quand elle a grandi un peu, les crises ont changé : elle avait les yeux révulsés, la respiration coupée, la mousse aux lèvres, pendant parfois cinq minutes.

Au début, on a laissé les choses comme ça, sans médicaments, jusqu'à 7, 8 ans, où elle a commencé à voir des médecins et à prendre des médicaments.

On ne savait pas quoi faire. Elle perdait connaissance, puis revenait. Le temps a passé.

Elle n'a pas du tout conscience comment ça commence. Au début de la crise, elle crispe pieds et mains comme si elle avait une grande douleur. Mais à ce moment-là elle n'est déjà plus consciente de rien. Quand elle se détend, c'est fini, elle ne sait rien de ce qui s'est passé.

On lui a déjà raconté plusieurs fois - pas systématiquement. Mais ça ne veut rien dire pour elle. Elle n'a pas peur.

Nous n'avons pas de consignes particulières, à l'école non plus il n'y en a pas.

On ne connaissait pas cette maladie, qui n'avait touché personne jusque-là dans la famille, génétiquement. On ne connaît pas ce type de maladie. C'est le médecin qui nous a appris le nom de la maladie.

A 8 ans, elle a commencé l'école. Le médecin a demandé si ses crises la gênaient pour l'école, et comme c'était évidemment le cas, nous sommes allés en consultation à l'hôpital de l'armée. Sur la tête ils lui ont mis des trucs (pour faire un électroencéphalogramme) et ils ont dit que ce n'était rien, qu'elle pouvait aller à l'école.

En même temps, elle a eu un médecin personnel, spécialiste, et ce médecin a donné plusieurs médicaments différents qu'elle devait prendre ensemble. Pendant deux, trois ans. Le traitement a calmé un peu les choses, mais ne l'a pas guérie.

La maladie la gêne pour ses études. Voilà la situation qui s'est installée peu à peu : les professeurs étaient au courant de son épilepsie, et ils ont bien remarqué que s'ils la disputaient, la forçaient, la bousculaient, cela déclenchait des crises. Donc les profs la laissaient tranquille pour ne pas provoquer une crise. Il n'y a pas d'enseignement adapté. Résultat : elle a poursuivi sa scolarité, mais n'a pas appris grand chose.

Chez nous, voici comment on voit la maladie : du point de vue religieux, il y a l'idée d'un sort. Ce serait l'effet d'un sort lancé par quelqu'un. Nous avons aussi cherché dans ce sens, il y a eu des prières et tout ça, pour aider à guérir, mais nous n'y croyons pas vraiment, en tous cas moi, son papa, je ne pense pas que ça vienne de là.

On ne peut pas cacher cette épilepsie, ça se voit. Dans notre petite communauté, les adultes savent et comprennent, mais comme partout ailleurs, les enfants se moquent, insultent. Ils disent : « tu es folle ». Ils sont durs.

Maintenant, elle a 18 ans. Elle a arrêté ses études, elle travaille un peu, mais c'est difficile de trouver un emploi, parce que les employeurs ne prennent pas le risque. Elle est très discrète. On ne sait pas si elle parle davantage avec ses amis, mais en tous cas elle ne parle pas beaucoup avec nous, les parents. Elle semble avoir accepté sa maladie, ne s'en soucie pas.

Ce sont ses proches qui s'inquiètent, pas elle.

Quelqu'un nous a dit que l'hôpital régional avait un spécialiste pour ce genre de maladie. L'avis était qu'elle avait pris trop de médicaments, et devait arrêter. Elle a arrêté, puis recommencé un autre traitement. Elle s'est mise alors à prendre les quatre médicaments que je t'ai montrés. Ensemble, en même temps. Le même jour : un le matin, un le midi, l'autre le soir.

Sodium valproate (Dépakine chrono), Fycompa (Perampanel), Oxcarbazepine, Phenytoïne sodium.

Nous avons aussi essayé à une période l'acupuncture, pendant une semaine, mais ce n'était pas efficace. En prenant ces médicaments, nous en sommes à une crise tous les mois et demi environ. Mais si elle s'arrête de prendre les médicaments, ça relance tout de suite. Dès qu'elle réduit les doses, ça revient plus fort, jusqu'à deux, trois crises par jour. Ce n'est vraiment pas une bonne idée.

Je me pose des questions sur le lien avec l'alimentation aussi : je crois observer que le sucre, les sodas, les œufs, déclenchent des crises. J'aimerais savoir si c'est exact.

Elle fait des crises surtout la nuit, mais le jour aussi. Elle tombe par terre à chaque fois. Mais que faire de plus, à part faire attention à elle, et qu'elle puisse se reposer ?

Les crises ne sont pas régulières, nous n'arrivons pas à prévoir. Dans le village voisin du nôtre, il y a une fille qui a des crises très régulières. A tel point que tous les jours, à 18 h, on prépare un lit pour elle. On m'a dit qu'il y a plein de formes d'épilepsie différentes.

Ma fille a perdu sa maman quand elle était petite, elle dort toute seule, donc parfois on ne sait pas s'il y a eu un malaise. Et elle non plus ne sait pas. Tu me dis que ce serait bien qu'elle ne dorme pas toute seule, que quelqu'un puisse entendre si elle a une crise la nuit et rester avec elle, surveiller sa respiration... Mais comment faire ? Elle est grande, elle dort toute seule.

On m'a dit que certaines femmes guérissent quand elles sont enceintes ou à l'accouchement. Est-ce que c'est vrai ?

Tous ces médicaments ont aussi des effets secondaires, c'est beaucoup. Je me dis que parmi les quatre, deux doivent être plus indispensables, qu'il faudrait peut-être réduire le traitement à ces deux-là, mais lesquels ? Peut-être qu'il y a aussi d'autres médicaments que ceux-là, qui seraient plus efficaces pour elle. ——

MARIE ET TAURIEL

La ration des enfants

Est gobée librement (...)

La fontaine tarie, elle

Retrouvera la vie

Une fois que ses ennemis

Ne seront plus de son temps

Zaho de Sagazan, *La fontaine de sang*

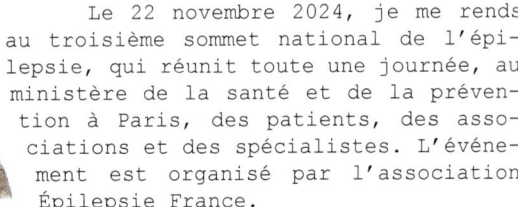 Le 22 novembre 2024, je me rends au troisième sommet national de l'épilepsie, qui réunit toute une journée, au ministère de la santé et de la prévention à Paris, des patients, des associations et des spécialistes. L'événement est organisé par l'association Épilepsie France.

A la fin de la journée, alors que j'attends une amie dehors, sur le trottoir, je remarque une jeune femme et son chien d'assistance, et décide de lui proposer de me contacter. Elle est avec deux amies, l'une d'elle la tient dans ses bras. Un reste d'éducation me retient de les embêter, mais je décide d'attendre, je suis quand même venue pour rencontrer des gens. Je me dis qu'une telle journée remue pas mal, et que peut-être elle a un coup de mou, que son amie la réconforte. Je pourrai, me dis-je, m'approcher d'elles après ce câlin… Mais je vois le chien commencer à donner des coups de museau à sa maîtresse, et alors je comprends : ce n'est pas un câlin, c'est une crise (remarquez, l'un n'empêche pas l'autre).

La jeune femme est debout contre le mur, dans les bras de son amie, et lorsque des gens s'approchent, pour proposer de l'aide, le chien les écarte, il garde un périmètre libre autour d'elles. Il - elle (j'apprends plus tard que c'est une elle) - commence à mordre le pantalon de sa maîtresse et à tirer, et j'entends l'amie dire « C'est pas bon signe ». Le monsieur qui garde l'entrée du ministère s'approche, le chien l'en empêche. « On se débrouille, merci ». Il explique qu'il n'a pas le choix et doit prévenir le responsable infirmier, c'est le ministère et il y a un protocole, il n'a pas le droit de ne pas prévenir. « Pourvu que ça ne finisse pas avec pompiers et urgences »… Oui, ça je connais. Parfois les protocoles de sécurité, rigides, ne sont pas adaptés à la réalité de la maladie : quand la crise passe sans dommages, le séjour aux urgences est une tuile, la double peine des heures perdues, des heures de stress, ce n'est pas un lieu où on peut se reposer, et quand ce n'est pas la première crise, on n'y apprend pas grand-chose.

Quand approche finalement une personne en uniforme (un gilet, une mallette rouge contenant le matériel de premiers secours), le chien la laisse approcher. Je suis soufflée : cela signifie que le chien distingue le passant lambda, qui ne sert pas à grand-chose, si ce n'est à alerter, et qu'il n'est donc pas utile de laisser approcher, du personnel de secours. Il reconnaît les uniformes.

Assez honteuse de m'immiscer dans un moment pareil, je réussis, avant que cette sorte de petite famille ne disparaisse, à glisser à l'amie, en bredouillant, un bout de papier déchiré vite fait sur lequel j'ai noté mon téléphone et mentionne que j'écris un livre, que j'aimerais beaucoup pouvoir parler à la jeune femme qui a fait une crise, en apprendre plus sur le boulot de ce chien.

Et voilà : ça marche ! La jeune femme me rappelle. Nous nous voyons 10 jours plus tard, lors d'un de ses passages à Paris.

BERGÈRE

La chienne, quand je l'ai eue, elle avait 4 mois à peu près. C'était un vieux projet. Déjà, je voulais un berger australien depuis longtemps. Ils sont bien en chiens d'assistance. Alors je l'ai prise, ELLE. Tauriel. En *owner training*[8], je pense que c'est plus simple que chez Handi'Chiens[8]. Elle, elle est juste certifiée par Handi'Chiens, mais elle est dans une autre asso. Et le week-end, moi, je préfère, parce que en gros ton chien, il est tout le temps avec toi.

Il ne fait pas les 6 mois d'accueil, ou 12 mois je crois : d'abord les 6 mois de formation, et après encore un peu de famille d'accueil, machin… Là, il est directement avec toi. Donc il s'habitue à ton comportement, il s'habitue vraiment à toi.

C'est une vraie handi-chien en soi. Mais je veux dire, chez Handi'Chiens, ça va se faire à la dernière minute : le chien est déjà éduqué quand tu le rencontres, je crois que les futurs bénéficiaires, ils ont 10 jours d'internat là-bas. Et c'est sur 10 jours que ça se fait. Et les délais sont beaucoup plus longs pour l'obtenir. Alors que là, t'as ta CMI.

La CMI, c'est la carte mobilité inclusion. C'est une condition nécessaire (liée à la reconnaissance de handicap) pour avoir le droit à un chien d'assistance. T'as des certificats, des médecins, machin. Tu te rapproches d'un élevage, tu prends un chien. Ensuite, tu lui fais faire tous les tests comportementaux et tout. Tu fais ta formation pendant 2 ans avec ton chien. T'as peut-être des séances 2 fois par semaine ou un truc comme ça.

Je crois qu'elle est bien. Ce que tu l'as vue faire, devant le ministère l'autre jour, quand j'ai fait une crise, c'était d'abord des *pokes*.

---

8 Handi'chiens (https://handichiens.org/) est une association reconnue d'utilité publique, qui éduque et remet gratuitement des chiens d'assistance à des personnes en situation de handicap ou de vulnérabilité. Certains de ces chiens sont spécialisé dans l'accompagnement de personnes épileptiques.

Les pokes, ce sont des petits coups de museau que le chien donne quand il sent la crise arriver. Il t'alerte en faisant ça pour que tu te mettes en sécurité. Il sent la crise arriver grâce à une odeur particulière que nous on ne perçoit pas, et il a appris à faire ces pokes quand il sent cette odeur.

Et puis après, à un moment donné, elle a fait plus fort. Je sais qu'elle m'a tiré le pantalon, attrapé les chevilles aussi. C'était pas très malin puisque j'étais debout ! Elle a cherché à me mettre en PLS[9]. Parce que si t'es à terre, elle va tirer ta jambe, elle te met sur le côté quoi, en PLS.

Et pendant ce temps-là, elle empêche les gens de venir m'approcher. Sauf les uniformes, les pompiers, les secours, ou quelqu'un de très proche qu'elle connaît bien.

Bah, elle fait plein d'autres trucs, mais pour moi, ça me paraît banal du coup, j'ai pas d'exemple. Bah là, elle fait des câlins quoi. Déjà.

T'es fatiguée ? T'es fatiguée. T'es fatiguée. Fatiguée. Ça, c'est son doudou de décharge. Tauriel ! Attention ! Ouais, il est un peu décapité. C'est son doudou genre post-crise, tout ça. Elle en a besoin, parce que pendant la crise elle s'est concentrée. Parfois ça les stresse. Donc c'est bien qu'ils aient un petit truc... à mâchouiller.

Dès que je sors, je suis avec elle. Tout le temps, tout le temps, tout le temps. Je ne travaille pas, non. Non, non. Mais... Déjà, je vais reprendre mes études mais je trouve ça galère un peu en ce moment. C'est chiant. C'est même pas l'épilepsie, c'est que j'ai arrêté mon bac pro, parce que j'ai eu un cancer pédia. J'avais 17 ans quand j'ai été diag[10]. Et elle, elle n'était pas encore là. Du coup, j'ai dû forcément arrêter mes cours. J'étais obligée. A mon plus grand désespoir, mais bref. Et... Et là, pour reprendre, c'est compliqué. Genre, en mode... Juste... Je vais faire ça avec le CNED. Ce serait plus simple avec l'épi[11]. Mais, avant, il faut que j'aie l'autorisation de l'oncologue. Même de l'hématologue, tout ça, tout ça. Donc, ça prend du temps. Mais c'est chiant. Parce que moi, j'ai déjà mon projet pro. Je sais déjà ce

---

9 PLS : position latérale de sécurité, c'est à dire en chien-de-fusil, une jambe et un bras repliés, de façon à ce que la personne soit stable et que les voies respiratoires soient dégagées et que la personne ne risque pas de s'étouffer, par exemple si elle vomit en étant inconsciente.
10 Diagnostiquée.
11 Épilepsie.

que je veux faire. Mais, maintenant, j'attends juste. Que les médecins certifient que je suis apte, entre guillemets. A suivre des cours.

Tiens ! Tiens ! Tiens ! Tiens, tiens !

Si je reprends, si je dois aller en cours, j'irai avec le chien. Mais… Mais je pense… En fait, j'aimerais bien faire des vrais cours. Genre, en mode… A l'école et tout. Mais en même temps, le CNED, ce serait plus simple. Je pourrais bosser plus quand je serai en forme et moins quand je serai fatiguée.

Et l'épilepsie ? En fait, je faisais des trucs, enfin, des crises, quoi, quand j'étais petite, mais on ne savait pas ce que c'était. On pense que je l'ai depuis mes 4 ans. C'est grâce à mon cancer qu'on m'a diag. De mes 4 à mes 17 ans, j'avais des absences et… En tous cas, à l'hosto, je faisais des vraies crises. Enfin, des vraies crises… Des absences et des crises, mais… genre, des généralisées, des tonico-cloniques et tout. Et du coup, ça les a inquiétés, forcément. Le service, d'onco. Au début, ils pensaient que c'était à cause des chimios. Donc, ça leur a fait peur.

Et puis, j'étais la seule enfant. Enfin, j'avais 17 ans, mais… J'étais la seule mineure, quoi. A être dans le service. C'étaient que des adultes. Donc, du coup, forcément, les IDE[12], elles étaient tout le temps avec moi. Donc, genre, quand elles rentraient dans ma chambre et qu'elles me voyaient inconsciente en train de faire wohahaarg… Forcément, ça leur faisait peur, quoi.

Tu trouves ça fou que j'ai passé de 4 à 17 ans sans… Mais après, on pense que ma génitrice cachait beaucoup de choses, tu vois. Et puis, à l'ASE[13], ils font pas forcément bien attention.

Enfin, ça partait juste sur des malaises. J'étais en famille d'accueil. Les crises devaient être moins importantes, quand même. Ouais. Je sais pas. Mais c'est comme, genre… Moi, on m'a dit, quand j'ai été diag, que mon cancer je l'avais depuis a minima mes 14 ans, puisque j'étais à stade 4. Et pourtant, j'avais fait des prises de sang et tout. Et vu que c'est un lymphome de Hodgkin[14], ça se voit. Enfin, ça

---

12 IDE = infirmier.e diplômé.e d'Etat.
13 ASE = Aide Sociale à l'Enfance. Sous l'autorité du président du Conseil Départemental, organisation qui coordonne l'aide sociale en faveur des enfants et des familles. En charge, par exemple, de placer un enfant en famille d'accueil ou en foyer suite à une ordonnance du juge des Enfants.
14 Lymphome Hodgkinien : cancer qui naît dans les lymphocytes, et qui se

se voit, forcément, mais... C'est le système immunitaire, forcément. Et... Et pourtant, je faisais des prises de sang. Et tout était normal, donc... Je sais pas trop. En vrai, vu que je m'y suis habituée, je sais pas trop. J'ai toujours vécu comme ça, je savais pas.

Tauriel, ton jouet. Tu vas l'abîmer. Qu'est-ce que t'as ? Apporte !

———

manifeste par des ganglions volumineux au cou, parfois à l'aine. D'évolution généralement favorable. Dans le stade 4, on observe le lymphome dans des régions du corps hors des ganglions lymphatiques.

INTERLUDE

Nous avons parlé de Tauriel, la chienne d'assistance, un bon moment. Mais alors que je pensais partir et avoir de quoi écrire déjà une belle histoire là-dessus, je pose encore ma question habituelle : « Est-ce qu'il y a autre chose que tu voudrais que je raconte ? Qu'est-ce que tu voudrais que les gens comprennent, en lisant ce que j'aurai écrit sur ton histoire ? Qu'est-ce qui est le plus important pour toi ? » Et là… Marie - elle s'appelle Marie, moi Élisabeth, j'ai trop fréquenté les églises, des images me viennent forcément de l'entretien sacré de la jeune Marie biblique venue trouver refuge auprès de sa vieille cousine Élisabeth - sauf que cette fois, ce ne sont pas des bébés que nous portons dans nos ventres, mais des histoires, et la sienne est incomparablement plus douloureuse que la mienne, et c'est Tauriel - avec son nom d'ange, les noms en ~el sont des noms d'anges -, qui joue le Saint-Esprit. Donc Marie me raconte, d'un ton calme, détaché, tranquille, le plus souvent tranquille, disons, son histoire ; qui mériterait un livre à part. Je la laisse ici, c'est la règle du jeu de ce livre : je ne touche pas à ce qu'on me dit, je le restitue tel quel.

Préparez-vous, c'est long. Mon compagnon me dit que ça n'a rien à voir avec l'épilepsie : bien sûr que si ! Marie dit que ça a à voir, moi ça me suffit. C'est comme ça : une personne épileptique n'est jamais seulement épileptique, d'une part. Mais en plus il se trouve, c'est vrai, j'ai eu la même impression, que cette épilepsie pourtant sévère est en effet le cadet des soucis de Marie. Ça arrive, ça : qu'il y ait d'autres problèmes qui volent la vedette. Ou que tous soient intrinsèquement liés. Ou que ce soit signifiant qu'elle me réponde de cette façon. Elle a l'air très intelligente : si elle me parle d'un tas d'autres choses, c'est que c'est ça qu'elle veut dire. Que l'épilepsie est annexe parmi beaucoup d'autres choses et que ces autres choses ont à être entendues.

Et alors que sa voix reste calme - elle m'expliquera plusieurs fois qu'on n'a que sa propre vie comme norme, qu'on est bien obligé de s'habituer à sa vie, quand on

ne connaît que ça. Que ça ne fait plus rien. Si, parfois, de la colère un peu, mais que pour le reste, on ne
sent plus : c'est le corps qui réagit, c'est qui le corps
qui a pris la charge de crier, d'alerter, le corps comme
une sirène d'urgence qui hurle, et tout ce moment est en
double, en triple couche : pendant
que nous parlons, la chienne Tau-
riel entend tout ce qui n'est pas
dit. Moi je perçois une personne
très tranquille, mais Tauriel se
lève, régulièrement, s'approche
de Marie, pose sa tête sur sa poi-
trine, ses pattes, délicatement,
sur les épaules, vraiment comme on
prendrait un enfant ou un ami dans
ses bras pour l'apaiser. Leur dia-
logue de tendresse interrompt plusieurs fois le récit.
C'est très bien comme ça d'ailleurs, on souffle un peu :
il est gratiné, ce récit. Hardcore.

En transcrivant la conversation que j'ai enregistrée, chez moi, au début je laisse de côté ces passages
où on entend juste le babil de Marie à Tauriel : ce
n'est pas du contenu, ce sont des pauses. Mais au fil de
la transcription, peu à peu, je réalise que c'est autre
chose. En réalité Tauriel s'approche aux moments les
plus durs du récit. C'est précis. C'est spontané. C'est
incroyable. Je réécoute, et je confirme : c'est ça. Tauriel corrige en quelque sorte le récit de Marie. Tauriel
entend comme une autre voix : la petite fille en Marie ?
L'émotion mise de côté ? Elle a un niveau d'empathie si-
dérant. Ça me bouleverse. Moi aussi je suis empathique,
je suis là pour ça, j'écris à partir de cela. Mais évidemment, même en m'appliquant beaucoup, je ne peux éviter - je ne cherche pas à éviter - le fait que le filtre
de mon histoire, de ma sensibilité, agisse : si l'on se
basait sur mes émotions à l'écoute des récits pour repérer ce qui, en eux, est le plus important ou intense, on
en retirerait autant d'informations sur moi que sur la
personne qui me parle. Mais là, Tauriel semble mue par un
flair pur, sûr.C'est comme si ses réactions soulignaient
les passages importants.

Et quand Marie parle de son propre détachement,
de sa difficulté à repérer ses propres émotions complètement émoussées par trop de souffrance, muettes, mises
hors-circuit par sécurité, pour pouvoir "faire avec", je

me rends compte que Tauriel pourrait réussir peu à peu, avec le temps, à la reconnecter avec la petite fille en elle qui a besoin de tant de consolation et de protection et de soin. Tauriel fait un travail de médiatrice. Elle ne fait pas seulement son travail de secouriste, grâce à sa perception d'une "signature olfactive" des crises[15], mais elle rend visibles les émotions auxquelles elle répond en apportant son soutien, et en faisant cela, elle en permet la perception, elle pourrait permettre à nous, humains, de les prendre en compte. C'est décidé : si je deviens psy un jour, je travaillerai avec un chien.

Et elle devient, pour moi, un guide de compréhension et un modèle d'attitude. Elle confirme mon intuition et mon expérience : l'idée la plus aidante, clarifiante, opérante qui me soit apparue dans la vie, c'est celle de s'orienter à notre enfant intérieur : si on accepte l'exercice qui consiste à se dédoubler de cette façon, à tendre l'oreille à cet enfant, à dialoguer avec elle ou lui, on commence à pouvoir s'accorder une aide efficace. Si on ne dialogue, dans l'introspection, qu'avec soi adulte, tout est biaisé : l'adulte abîmé se trompe beaucoup sur ses besoins, il les identifie mal, les minimise ou les exagère, il fait taire, il contient, il se suradapte, il se sclérose dans des stratégies de survie acquises qui ne sont plus toujours très pertinentes. L'adulte fait des bêtises. L'adulte est capable de se nuire, il se contra-

rie. On devient parfois adulte, hélas, sur de fort mauvaises bases, en écrasant ou en enfermant, comme d'autres l'ont fait, l'enfant qu'on était. Tauriel a instinctivement la clef. Sa réponse est purement physique, certes - oui, enfin, qu'est-ce que ça veut dire ? C'est de l'affection, de l'attachement, du soutien émotionnel - mais pour cette raison-même elle est directe et ciblée et immédiatement agissante. Je ne dis pas qu'elle suffit. Ce qui est le plus beau, dans ce moment passé toutes

15 https://www.insb.cnrs.fr/fr/cnrsinfo/des-chiens-entraines-revelent-que-les-crises-depilepsie-sont-associees-une-odeur

les trois, c'est que par cette couche de réalité supplémentaire que Tauriel rend perceptible, les mots humains prennent un autre relief, et qu'en se laissant guider par le rythme que les réactions de la chienne nous imposent, le récit, parcellaire et détaché, se complète.

Et ce n'est pas tout. Je mets beaucoup de temps, après cet entretien, à mettre le doigt sur l'impression étonnante qu'il me laisse : le récit que Marie me fait de sa vie est terrible, vraiment terrible. Je dirais même : de ces récits qu'on n'a pas envie d'entendre ; c'est-à-dire : insoutenable. Et pourtant, même si ma gorge s'est serrée plusieurs fois, je n'ai pas de mal à l'entendre, sans doute grâce au calme avec lequel Marie parle, comme si elle me racontait des choses banales. En souriant. Elle utilise de façon assez marrante, comme des évidences, des tas de termes que je ne maîtrise pas, des termes médicaux, institutionnels, tellement usuels pour elle qu'elle les abrège même, familièrement, en un drôle de langage jeune version ASE et hôpital public : « J'ai été diag », « J'étais en apla »… J'ai même l'intuition à un moment donné que ce vocabulaire est rassurant, parce que maîtrisable et maîtrisé, alors que tant de choses ont échappé à son contrôle. Une langue et univers refuge, un chez-soi. La maladie a appelé du "vrai" soin, de l'attention, qui manquaient cruellement, et il était temps. Banales, oui, pour elle ces choses le sont : on ne peut pas rester sidéré, pétrifié devant soi-même en permanence.

En revanche moi, je pourrais rester sidérée, en faisant sa connaissance, mais ce n'est pas le cas. Et c'est aussi parce que, au-delà de son je-m'en-foutisme quasi-complet devant les drames de sa vie, non, pas au-delà, mais dedans, avec, il y a quelque chose de pas du tout désespéré. Une ouverture à ce qui peut arriver en général : la mort, peut-être, mais plus le passé - il est derrière, il ne peut pas se reproduire, la porte est fermée -, et plus, non plus, rien de pire que le passé : ça n'existe pas, ou du moins, c'est très improbable. Comme si, le pire étant déjà arrivé, et la possibilité du suicide étant posée comme une échappatoire praticable, plus rien ne pouvait se produire de franchement grave. Alors laissons couler. Une ouverture à ce qui peut arriver en général, y compris le bonheur peut-être. Ma présence même, à moi qui suis inconnue au bataillon et viens proposer de me faire porte-voix, prouve cette ouverture. D'autres gens se sont méfiés, ne me connaissant pas, et n'ont pas voulu me rencontrer. Je peux les comprendre. Mais Marie n'a pas grand-chose à perdre, c'est clair aussi. N'empêche qu'elle pourrait se fermer pour se protéger, arborer une carapace, et je n'ai pas du tout cette impression. J'ai l'impression de la possibilité du bonheur, bizarrement, oui, au cœur de toute cette incroyable malchance. Ça me heurte violemment de l'entendre dire « Je m'en fous d'avoir un cancer », ça produit une énorme dissonance cognitive en moi de l'entendre dire que « ça va » alors que je découvre une vie dont le millième, me semble-t-il, m'aurait laissée terrassée, mais en même temps je la crois absolument quand elle dit « ça va ». Ce que je perçois d'heureux dans sa vie pendant cette heure de conversation, dans sa posture et sa voix calmes, dans la tendresse incroyable de Tauriel, dans la douceur et l'amour avec lesquels elle parle de sa compagne Éloïse : tout cela est bien présent, indubitable, parfaitement consistant.

Tout cela est aussi un cadeau du corps malade, c'est cela que je comprends. Je me dis que tout cela est devenu possible parce que le corps de Marie a été loyal, parlant, en tombant malade, en lançant l'alerte, et l'a amenée finalement, à force de déconner, de dérailler, haut et fort, à parler sans son accord, d'une voix indépendante, malgré elle, contournant son silence et sa résignation, vers des gens qui ont pris soin d'elle, qui ont commencé - mieux vaut tard que jamais - à la protéger. Elle dit qu'elle s'en fout de mourir, mais son désir de vivre est robuste, je le sens, je le vois, cela crève les yeux et contredit son discours. Et ce désir de vivre a des alliés, manifestement : cette chienne, cette amie, ces soignants dont elle me parle avec un grand sourire. Et Tauriel, là-dedans, restaure une sorte de trinité bienheureuse, de maillon manquant, rattrapage du maternage qui a fait défaut, mauvaise pioche, qui s'est transformée en son contraire. Marie prend soin de Tauriel qui prend soin de Marie, Tauriel aide Marie à prendre soin de Marie. J'aurais bien aimé rencontrer son amoureuse, aussi. L'histoire du soin et de la tendresse réapprise semble se reproduire, une multiplication du nécessaire, une multiplication bénéfique, à l'inverse de celle des cellules cancéreuses.

Qu'est-ce que tu voudrais que les gens comprennent, en lisant ce que j'aurai écrit sur ton histoire ?

L'ENFANCE, ÇA JOUE BEAUCOUP.
(MARIE, 2ÈME PARTIE)

Ben, je pense que... En tous cas, de mon point de vue, l'enfance, ça joue beaucoup sur... sur ton corps. Tu captes ce que je veux dire ?

En gros, nous, avec mon petit frère - moi, je suis née le 12 septembre 2003, lui, le 21 septembre 2004. Et... Et nous, bref, notre papa, il est décédé genre en 2004. Un peu avant la mort... Un peu avant la naissance de mon petit frère. Et... Notre premier placement, il était à mes deux ans. Donc, en 2005. Ouais. Et... Du coup, il y avait des maltraitances, de l'inceste, tout. De la part de notre génitrice. Et bref. Et genre, on est restés placés... deux ans, je pense. De 2005 à 2007, je crois.

Et après, on est rentrés, tu vois. Et on est restés à la maison et tout. Et pendant tout ce temps-là, ben, c'était comme avant. Enfin, genre, en mode... Elle nous frappait, elle nous enfermait dans le cagibi. Elle nous... Enfin, tu vois, elle nous privait de manger. Elle nous foutait des entonnoirs. Enfin, bref, plein de trucs divers et variés.

Tauriel, doucement ! Tes pattes ! Va te coucher.

Hum... Et... Et bref. Et... C'est qu'en 2013, quand elle a eu un accident de voiture, bref, elle s'est fait renverser. Là, on a déménagé. Là, les voisins ont prévenu le 119 et tout. Parce qu'avant, tout le monde était complice. Genre, personne disait rien. Pourtant, ça se savait. Enfin... Tu pouvais pas ne pas savoir que nous, on était les deux petits enfants... Frappés, quoi. Hum... Et bref.

Ils ont appelé le 119, machin. Et en fait, ça a juste lancé une enquête AEMO[16]. En gros, c'est des éducs qui viennent de temps à autre chez toi. Sauf que eux, ils avaient déjà accès à notre parcours. Donc eux, ils savaient déjà des trucs que nous, ben... Forcément, on savait qu'on avait été placés, mais tu vois... Enfin, bref.

---

16 Action Éducative en Milieu Ouvert : action ordonnée par le Juge en protection de l'enfance, qui consiste en l'intervention régulière d'un travailleur social au domicile. Au bout de 6 mois, un rapport est fait qui détermine si la situation évolue favorablement et si les enfants sont en sécurité. Ou non. Pour en savoir plus : https://www.actionenfance.org/protection-enfance-action-educative-en-milieu-ouvert-aemo/

Ils étaient censés plus nous protéger que ça.

Et du coup, on est restés à domicile. Et après, mon petit frère, il est mort. En 2016. Et... Moi, ils m'ont laissée chez elle, quand même. Malgré les circonstances de comment mon petit frère est mort. Donc... J'avais 12 ans. Ouais, c'est ça, j'avais 12 ans. Il s'est suicidé. A 11 ans et demi, il s'est suicidé ! Pourquoi ? Parce qu'on n'était pas protégés.

Et de base, on devait le faire ensemble. Parce que, avec mon petit frère, ben... Déjà, on n'a qu'un an d'écart. Donc forcément, on était comme ça (comme les doigts de la main). Les violences... Ben forcément, on était comme ça. On pouvait compter que l'un sur l'autre.

Et en fait, on faisait des pélés VTT. Avec notre chorale. On était petits. Mais on avait déjà conscience. Et genre... On s'était dit :

« Vas-y, à la fin du pélé... Ben... On saute, point. Et on souffre plus ».
Tu vois.

Et en fait, lui, il l'a fait... Mais un jour avant ce qu'on avait pré-vu. Et du coup, ben forcément, moi, genre... En gros, il l'a fait... Il était en vélo devant moi. Il a sauté dans une falaise. Bref. Et moi, j'étais derrière. J'ai voulu... Mais en fait, je pense que c'était même plus genre... « On se suicide ensemble ». C'est plutôt... « Mon petit frère est parti ». Genre, je voulais juste le retrouver, tu vois. C'était même plus en mode... suicide, ou je sais pas quoi. Et en fait, une anim[17] m'a rattrapée, moi. Elle m'a tirée par le Camelbak, tu sais, la petite gourde, là, pour boire sans t'arrêter. Et du coup, elle m'a sauvée. Mais elle l'a pas sauvé, lui. Bref. Et, après ça... Ben, quand il est mort... Tout le monde est venu chialer. Genre, le proc[18], il était là. Il y avait tous les services de l'ASE, machin, machin.

Tout ça a pleuré. « Il est mort », machin, machin. Mais en at-tendant, ils m'ont laissée chez elle. Alors qu'ils savaient les circons-tances. Pourquoi il s'est suicidé. C'est pas parce qu'il faisait mauvais temps ce jour-là ! Bref. Et voilà. Du coup, je suis restée chez elle pen-dant tout ce temps-là.

---

17 Animatrice.
18 Procureur.

Et à mes 16 ans, c'était trop pour moi. Et j'ai pété mon crâne. Et, moi qui disais rien, moi qui allais jamais voir les éducs, tu vois, à part quand j'avais rendez-vous, ce jour-là, j'ai appelé vingt mille fois, je crois, l'ASE. En leur disant : « Les gars, là, j'en peux plus. C'est trop chaud ». Et en fait, mon éduc, Mathilde, elle était pas là. Je suis allée à l'ASE en cachette de ma génitrice, encore en vain.

Et le soir même, Mathilde a appelé ma daronne. Pour lui dire qu'elle venait à la maison. Donc, moi, je me suis fait marave[19]. J'ai essayé de mytho[20] comme je pouvais. Je lui ai dit : « Oh mais non, mais t'inquiète ! C'est peut-être juste…Vu qu'elle a annulé hier le rendez-vous, elle veut te voir maintenant, quoi ». Mathilde est venue avec une autre éducatrice, que je ne connaissais pas. Mais c'est parce qu'ils avaient prévu de me placer. Ma daronne, elle a commencé à me taper. Devant eux ! Du coup, Angélique, l'autre éduc, m'a prise dans ma chambre. Elle m'a dit : « Fais ta valise, on se casse ». J'ai fait ma valise. Et par exemple, le truc trop débile : j'ai pris mon diplôme de secouriste. Je l'ai mis dans la poche avant de mon ancienne valise. Ma daronne, elle a ouvert ma valise. Moi, j'étais vers l'entrée. Elle a

19 Marav : frapper (vient du romani).
20 Mytho : broder, mentir.

ouvert, elle a pris le diplôme, elle l'a jeté sur mon lit. Du coup, moi, je vais pour re-rentrer dans ma chambre, pour le récupérer. Et là, elle me pousse et tout. En fait, moi, ça m'a fait péter mon crâne ! Et je dis : « Vas-y, il y a des témoins. Vas-y, maintenant, c'est bon : tout le monde est là. Tout le monde voit. Merde !! » Et du coup, Mathilde, elle a mis sa main. Elle a dit : « Laisse tomber, Marie. Ça ne sert à rien, de toutes façons ». Et je suis partie sans mon diplôme. Je suis partie. J'ai été placée.

De mes 16 ans à… 2019 : Covid. Du coup… au milieu du Covid, ils m'ont re-déplacée dans une autre famille d'accueil, puis encore une autre. Et ensuite, ils m'ont mise en placement à domicile. Donc, ils m'ont remise chez elle. Mais en placement. Ça veut dire que j'étais renvoyée au domicile et des éducs sont censés venir aider, surveiller, et que si ça se passe mal tu peux revenir en famille d'accueil. Mais c'est complètement teubé !! Au pire, placement familial, tu me places chez ma marraine, j'en sais rien. Tu me places chez quelqu'un de ma famille. Mais pas chez mon bourreau, tu vois ?! Bref.

Et… et un jour, je ne sais pas trop pourquoi.

Qu'est-ce qu'il y a, mon bébé ? Viens. Viens. Viens.

Et, je ne sais pas trop pourquoi, mais j'ai été voir le docteur (mon tonton, mon médecin). En fait, il m'a touché le cou. Je crois que j'avais mal, de base. Parce qu'en gros, c'était super gonflé. Et, de là, j'ai fait des examens. J'ai commencé par… une échographie sous-clavière gauche. Qui a révélé que j'avais 28 masses. Dont un gros gros gros. Et après, j'ai fait… comment ça s'appelle, l'échographie ? Écho… Je crois que j'ai fait un scanner normal, après. Du coup, là, on a vu que j'en avais à d'autres endroits.

Allez, chope !

Que j'en avais à d'autres endroits. Après, j'ai fait… Après, j'ai fait une biopsie.

Tauriel, tes pattes ! Va te poser. Tes pattes, chouchou.

Après, j'ai fait une biopsie, du coup. Et après…

Toto, va te coucher. Allez.

Et après, j'ai fait… Un TEP scan. Et je me suis fait diag… En avril. Genre, je pense que mes examens, c'était de mars à avril. C'était super vite.

Pose-toi. Allez.

Et là, forcément, en onco[21]… Ils ont rassemblé tous les professionnels autour de moi, pour annoncer le diag et tout le machin. Et en fait, je leur ai dit : « Ben, c'est simple. Si y a ma daronne, c'est mort. Moi, je me fais pas soigner. Genre, si je vis chez elle, c'est mort. Autant crever. Je m'en fous. Qu'est-ce que vous me faites chier ? » Et ils ont eu peur. Parce que je pense qu'ils me pensaient sincère. Et j'étais sincère. J'étais là en mode : « Ben, ça va, si je l'ai depuis longtemps, j'suis pas morte, là. C'est bon, laissez-moi tranquille ! » Bref. Ils ont eu peur. Donc, ils m'ont mise en appartement. Et… et voilà. Et après, bon, j'ai dû aller en psy.

Parce que c'était trop chaud avec l'épi. Je faisais des aplasies[22], donc forcément, ça déclenchait de l'épi. L'aplasie, en gros, c'est après chimio, à J+10, normalement, tu peux tomber en aplasie, donc tu perds toutes tes défenses immunitaires. Et forcément, ça joue, t'as de la fièvre, etc., donc plein de facteurs épis[23]. Et du coup, ça devenait trop dangereux. Donc ils m'ont mise en psy ouvert[24]. Comme ça, j'étais H24 surveillée. Si j'avais un problème, ben, ils me balançaient en onco. Ça allait plus vite, quoi.

Ça, ça a été décidé parce qu'ils ont eu très peur, parce que, de base, ils m'avaient supprimé mon vélo. Moi, je voulais faire du vélo, sauf qu'ils disaient que j'étais trop faible pour ça. Je suis restée une semaine sans. Ils l'avaient cadenassé en bas de mon appartement. Je le voyais tout le temps, ça me saoulait ! Et au bout d'une semaine, je crois…

Tauriel, pose-toi.

---

21 Oncologie.
22 La chimiothérapie bloque temporairement l'activité de la moelle osseuse, donc la production de cellules sanguines : c'est l'aplasie.
23 Des facteurs déclenchant des crises d'épilepsie.
24 Service d'hospitalisation libre en psychiatrie, pour des patients consentant aux soins.

Au bout d'une semaine, j'ai cassé mon cadenas. Et je suis partie à vélo. Et je me dis, si j'avais pas fait ça, si ça se trouve, on n'aurait pas vu. Au bout de vingt minutes de vélo, je suis rentrée à mon appartement à l'ASE. Et je leur ai dit : « Putain, les gars, j'en peux plus ! Je suis au bout de ma vie ! » Ils m'ont prise hyper au sérieux, parce que normalement, je pars du matin au soir. Ils m'ont dit : « Ok, ben, monte dans ton appart, on passe des coups de fil, on arrive ». Et ils ont demandé à l'IDE de venir faire ma prise de sang pour voir si j'étais en aplasie. Quand il est venu, je me rappelle que j'étais comme ça sur la table, en mode : « Pique-moi, j'en ai marre, j'en peux plus ! » Et en fait, genre, j'ai eu une crise d'épi. Il voulait m'emmener de la chaise au canapé. Il a eu le temps de m'emmener comme ça, de prendre la couverture qui était sur le canapé, de la jeter par terre. Et je suis tombée. Et voilà. Je suis allée en réa. Et en fait, genre, j'avais 4 d'hémoglobine[25]. Et je me dis : si j'avais pas pris le vélo, on l'aurait vu quelques jours après, avec ma prise de sang. Et si j'étais déjà à 4, et je crois que ma prise de sang n'était que trois jours après : il se serait passé quoi ? Enfin, genre... T'as pas d'hémoglobine, tu meurs. Ouais. Donc donc ouais. Donc du coup, après, ils m'ont mise en HP[26].

J'ai d'abord eu des transfusions, je suis restée en réa[27], une semaine, je crois. Puis en onco pour être plus surveillée. Enfin, moins surveillée qu'en réa, mais plus surveillée qu'en psy, en soi. Je suis restée une semaine aussi. Après, ils m'ont transférée en psy.

Au début, je l'ai super mal vécu, parce que pour moi, la psy... Mon regard d'enfant, c'était : c'est ceux qui font du mal aux gens, c'est vraiment les fous, enfin, je sais pas, ceux qui tuent des gens. Vraiment, pour moi, c'était ça. Donc ça m'a fait peur, ça m'a saoulée et tout. Mais au final, ça s'est bien passé. Mais je pense que, tu vois, le vécu fait que... Genre, toi, tu parles pas, ok, mais ton corps, au bout d'un moment, il te dit stop. Et moi, c'est ce que les médecins m'ont dit.

Pour eux, mon lymphome, c'est dû à tout ça. Genre, c'est comme si... En gros, mon corps, il a voulu exprimer... Vu que c'est les défenses immunitaires, c'est... comme si ça disait : « Tu peux plus te défendre ». En gros, on t'attaque trop. Mais en vrai, ça se tient. Ton corps a ses limites. Donc, en soi, c'est vraiment ça. Ça date depuis que je suis petite. Donc, forcément, ton corps, il dit merde, au bout

---

25 Anémie critique.
26 Hospitalisée en psychiatrie.
27 Service de réanimation.

d'un moment, si toi, tu ne dis rien.

Moi, quand j'étais en onco, j'étais super bien. Les filles étaient incroyables avec moi. Tout le monde était au courant de mon histoire. Quand ma daronne se ramenait pour me frapper - elle se ramenait à l'hosto pour me taper, bref. Je trouvais ça trop mignon, mais c'est juste normal : tout le monde faisait bloc, la cadre de santé de l'HDJ et la cadre de santé de l'HDS[28]. Tout le monde faisait bloc, mais sans me mettre en porte-à-faux.

Une fois, elle a trouvé comme excuse de m'emmener des affaires. Elle m'avait envoyé un message genre un dimanche soir. Et moi, je fumais une clope avec les IDE. Et… attends, c'était qui ? Je sais plus. Comment ça je sais plus ? J'arrive plus à trouver son blaze. Pourtant, j'ai vraiment encore la scène… Je lui dis : « Putain, ma génitrice elle vient demain ! ». « Comment ça elle vient demain ? Non, elle vient pas, elle veut quoi, elle ? Elle a pas le droit ! » Je lui dis : « Est-ce que tu peux dire aux filles demain de faire genre je suis en aplasie ? » Et bingo, le lendemain en fait j'étais réellement en aplasie. De base, on tombe à J10 mais moi je tombais à J4, et les derniers temps à J2, tu vois ? Après chimio. Donc je tombais extrêmement vite en apla. Et du coup elle me dit : « Oui, oui, t'inquiète on s'en fout nous, on dit ça » et tout, et pour le coup j'étais réellement en aplasie. Et ce jour-là, quand elle vient,

---

28 HDJ : hospitalisation de jour. HDS : hospitalisation à la semaine.

genre le lundi, j'ai trois IDE dans ma chambre.

J'ai vue sur la rue, donc je vois qu'elle arrive. Et là je pleure dans les bras des filles et tout, et tout le monde faisait bloc. Tout le monde faisait plein de passages, tac tac tac, et, bref, c'est passé, tu vois.

Mais... plein de fois elle était en bas, moi je ne la voyais pas de ma fenêtre, du coup je sortais fumer et elle m'attrapait. Elle était là et elle me tapait. Alors les filles intervenaient.

Et en fait... même si, genre, je m'en fous d'avoir un cancer, je m'en fous, je m'en tape, non, vraiment, je m'en tape, mais je me dis que tout ça, ça aurait pu être évité si - même, la mort de mon p'tit frère, si on nous avait laissés en protection. Genre : vous aviez tous les éléments pour. Ou au pire, vous lui donnez une chance, genre deux ans après, ok, mais là vous revoyez qu'y a des... enfin en fait je comprends pas que... y a eu plein de signalements de diverses personnes : pourquoi vous nous avez pas replacés ? Tu vois ? Pour moi, c'est plus à ça que j'en veux. C'est même pas à ma génitrice, parce que elle, elle est conne, elle est conne, écoute. Elle assumera jamais. Même devant nous elle assumait pas. Je sais pas mais... c'est pas comme, genre toi qui es énervée d'un coup et tu vas plus contrôler ce que tu fais. C'est possible. Mais pour moi, elle, elle est pas comme ça. Elle sait très bien ce qu'elle fait. Elle est vraiment dans la manipulation, dans, tu vois, tout ça. Et je me dis, ben, si vous nous aviez protégés, déjà mon p'tit frère il serait encore là, et moi, j'aurais peut-être pas eu ce cancer, ou pas maintenant. Peut-être que je m'en serais chopé un plus tard.

Quand on a été placés quand on était petits, elle a été envoyée en psy. Mais voilà. Après j'ai lu des trucs dans mon dossier ASE. Genre qu'elle était suivie par un psychiatre, qu'elle avait arrêté quand on est nés. Et pour moi, même si t'as un suivi psychiatrique, ça veut pas dire que tu te rends pas compte de ce que tu fais.

A l'école j'avais des bonnes notes, petite. Après, au collège, ben tu sais : harcèlement, tout ça tout ça, euh... et après j'ai été en internat, et je suis passée littéralement de 2 de moyenne à 19,5. Mais je suis restée en pro. Ça me convenait. Moi l'école ça me saoule. Je vais capter très vite ce que tu dis. Donc, une fois que j'ai capté, pourquoi je reste ? Je m'ennuie, moi ! » Tu vois, genre TDAH[29] quoi. Du coup en

---

29 Trouble Deficit de l'Attention avec ou sans Hyperactivité.

pro ça m'allait très bien. Et puis j'étais en MFR[30], ils se font vraiment à toi, c'est pas comme un lycée "normal". En gros c'est des formateurs, et c'est vraiment une famille, et moi ils savaient mes difficultés, ils savaient mon histoire, et en fait tant que j'ai des bonnes notes, tant que j'écoute en cours, tant que tout ça, ils en avaient rien à foutre : des fois eux-même voyaient que je ne faisais plus attention à rien, mes profs ils me disaient : « Vas-y, Marie, sors, va fumer une clope, sors et reviens après ». Donc je sortais, je faisais mon petit train-train, et je rentrais.

Quand j'ai été hospitalisée, j'ai dû tout arrêter, mon apprentissage.

Là, je suis en pré-rémission. Je suis pas en vraie rémission parce que j'ai jamais fini mes protocoles. Mais, écoute, ça va.

Je m'en fous d'avoir un cancer. Le pire c'est que c'est sincère ! Je suis tellement habituée depuis petite, à pas avoir une vie comme les autres, je ne sais pas ce que c'est, moi j'ai toujours vécu dans la merde entre guillemets, que en fait naturellement je m'en fous de tout. Tu vois ma psy des fois elle me demande : « C'est quoi tes émotions ? » Ben... j'en sais rien. Je sais pas ! Genre : « Sur quoi tu veux qu'on bosse ? » Je sais pas !!

Parce que, en vrai, je sais que ça me met mal, mais pour moi, tout ce que je connais, c'est normal. Normal pour moi en tous cas. Genre si je vois ça sur quelqu'un d'autre : non. Mais pour moi... je vais bien. Ok, il m'est arrivé tout ça, mais je ne vais pas m'apitoyer sur mon sort non plus. Oui, ça me met mal, oui je pense que je pourrais tuer la terre entière, enfin tous ceux qui sont responsables de la mort de mon petit frère. Encore, je peux vraiment péter des câbles, surtout à propos de mon frère je pense. Mais ouais, quand ma psy me demande : « Tu veux qu'on bosse sur quoi ? », ben je sais pas. Je sais que j'ai besoin de toi, hein. On a trop été habitués à être comme ça et à ne pouvoir compter que l'un sur l'autre. Une fois qu'il est mort tu voulais que je compte sur qui ?

Tauriel, viens !

Y a plein de TSA[31] différents. Moi et Elo, on n'a pas le même TSA. Un exemple : elle, elle ne supporte pas si j'ai les cheveux mouil-

---

30 MFR = maison familiale rurale.
31 TSA : Trouble du Spectre Autistique.

lés, elle ne peut pas me toucher. Alors que moi, ça ne me fait rien. Par contre, la pluie, ça va me gêner.

Pour l'épilepsie, normalement je suis censée prendre des traitements : mais je les prends pas. Parce qu'en gros j'ai une pharmaco-résistance. Donc ils sont bien mignons ! Je suis diag comme ça : « épilepsie sévère non stabilisée avec pharmaco-résistance ». Les traitements, ils me font rien. Donc je les prends plus. Le seul qui a un effet sur moi, c'est le Buccolam, le médicament vraiment d'urgence. Et ça, je peux pas en prendre tous les jours. Sinon je fais gnèèèè ...

Mon seul médicament, c'est elle (Tauriel) !

J'ai du Keppra en 1000 normalement, j'ai du Tegretol, j'ai de l'Urbanyl, du Briviact, et du Buccolam.

Et puis même... à un moment, en gros, moi j'ai des gros troubles pour dormir. Trauma, quoi, donc forcément. Au tout début où je me suis mise avec Elo, j'ai fait une surdose de mes antiépileptiques. Mais pas en mode suicide, en mode juste dormir. Si je dors pas, Elo elle dort pas. Elle est hyper là pour moi, elle est trop mignonne. Elle est incroyable. Et moi ça me faisait chier : elle le matin elle taffe, moi je taffe pas, on s'en fout, tu vois.

Et en fait je voulais juste prendre des traitements pour dormir, comme je pouvais faire avant. Et je sais pas ce qui s'est passé, ça a été plus fort que moi, j'en ai parlé avec ma psy. Comme si quelqu'un avait pris possession de mon corps, enfin pas ça, mais... J'ai pris des médocs, à un moment ça m'a dégoûté, tu vois, j'aurais dû m'arrêter : genre ça me débecte, ben stop ! C'est juste pour dormir, tu veux pas mourir. Sauf que j'ai continué à en prendre. Je suis allée à l'évier et j'ai bu, alors que ça me débectait. J'étais à deux doigts de gerber. Je me suis endormie dans le canapé. Je crois que j'avais mis un message à Elo pour lui dire ce que j'avais fait. Et le matin - je crois que j'ai fait ça vers quatre heures du mat', le mercredi. Le matin donc elle se réveille, et elle arrive à m'emmener, moi à moitié consciente, du canapé au lit. Elle va taffer. Moi je restais plus ou moins inconsciente. Je répondais juste comme ça : « Nan... » quand elle me disait : « J'appelle les ugences ! » Le mercredi, elle avait rendez-vous chez sa psy en plus, je suis restée inconsciente. Le jeudi, pareil. Mais j'ai commencé à vomir. De 9 h à je sais pas quelle heure. Je bougeais pas du lit donc je vomissais comme ça (sur moi). Tauriel elle était en PLS, elle en pouvait plus. Elo en PLS aussi. Les urgences je voulais pas. Bon, en soi : comme je vomissais... Et le vendredi je me suis levée à un moment, avant de me recoucher. Quand elle a vu que le vendredi je me suis levée, elle a dit : « Vas-y, j'appelle pas ». Mais elle a dit que si j'avais passé encore une journée comme ça, sûr : elle appelait. Elle avait déjà passé 48 h de merde, au bout de sa vie. J'avais trop le seum. Je m'étais pissé dessus, tout ça. Ça m'a fait bugger. Parce que vraiment, en première intention ce n'était vraiment pas ce que je voulais faire. Eloïse, sa psy m'a posé la question, ma psy aussi, et non : si j'avais voulu me suicider je vous l'aurais dit. Ça m'est déjà arrivé, avant. J'avais l'idée de dormir. Mais… j'ai fait ça le lendemain de l'anniversaire de ma génitrice. Mais inconsciemment, tu vois. Peut-être que ça a joué. J'ai fait ça le 12 juin, et… ouais. C'est sa psy à elle (Elo) qui m'a fait bugger, elle insistait :« C'est vraiment pas ce que tu voulais faire ? ». « Ben non ! Je m'en bats les couilles, de te dire je veux crever ! Je t'aurais pas menti, je te l'aurais dit ! » Non, je voulais juste aller dormir, pour laisser tranquille Elo.

J'ai pas l'habitude qu'on prenne soin de moi. Elo, ça fait huit mois qu'on est ensemble et je commence tout juste à voir que… les gens comme elle c'est juste normal. Pour moi c'est exceptionnel. On s'est bien trouvées je pense.

———

EMMANUEL

Faut tenir le terrain pour le lendemain

S'assurer que les siens aillent bien

Éviter les coups de surin

Afin de garder son bien intact

Son équipe compacte, soudée

Écoute de scanner pour garder le contact..

Suprême NTM, *Laisse pas traîner ton fils*

Emmanuel a 14 ans. Il a grandi avec un papa épileptique, sans trop en parler, ni trop en voir d'ailleurs, les crises ayant été surtout nocturnes. Je pense qu'il a aussi mis de côté, refoulé pour se protéger, certains souvenirs, ou qu'il n'avait pas les billes pour les classer dans le thème "épilepsie" sur lequel je l'interroge aujourd'hui. Je pense en particulier à un accident de voiture qui leur a fait frôler la mort, il y a quelques années. Ses parents lui ont donné le mot, il sait : maladie, crises, médicaments, mais sans plus. Je me rends compte qu'il a été épargné, ou en tous cas, pas chargé mentalement d'interpréter, par exemple, les probables fatigues, inattentions ou bizarreries des matins d'après-crise de son père qui était forcément dans le cirage, ou les tensions d'avant-crise. Mais tout de même, il sait. Notre entretien me donne une impression de solide confiance en ses parents, et le sentiment que s'il a pu faire un peu l'autruche, c'est aussi parce qu'il les sent capables de porter leurs propres fardeaux, de faire le nécessaire pour naviguer en sûreté, et lui permettre de vivre sa vie à lui.

Mais il sait aussi - je le lui rappelle avant notre conversation - que son oncle est mort, on ne sait trop comment, mais sans doute de quelque chose en lien avec l'épilepsie, d'une SUDEP ou d'un brusque sevrage de son traitement. Je m'en veux un peu d'évoquer cela, pendant un instant je me rends compte que j'ai, moi, apprivoisé plus ou moins cette pensée en en parlant, en en sachant, en y pensant beaucoup, que je possède mille autres données qui me permettent de manipuler cette histoire, et que je ne devrais pas lui balancer ça comme ça, blam. Mais, comme souvent, je me dis que de toutes façons je suis là pour parler et permettre de parler, et puis c'est trop tard. Et finalement très vite quelque chose me dit qu'il la connaît, cette pensée. Il la connaît, il fait lui-même le lien, et je sais, de témoignage en témoignage, que la figure de la mort rôde de toutes façons.

Dans les réunions de familles endeuillées, les gens sont nombreux à être en colère de n'avoir pas été informés du risque de SUDEP. Certains disent qu'on ne peut pas bien vivre en ayant cette épée de Damoclès au-dessus de la tête, d'autres disent que la mort, on y pense de toutes façons, alors tant qu'à faire, mieux vaut en parler, savoir un peu.

Emmanuel est encore un enfant, et il ne s'agit pas, pour lui, d'avoir ou non cette information, ni de faire quoi que ce soit pour éviter, empêcher, réduire les risques : ce n'est pas son rôle, heureusement. Pourtant, pendant tout ce précieux moment où nous parlons tous les deux, je sens bien que coexistent : le refoulement nécessaire d'une angoisse, une légèreté de son âge, la confiance en la force de ceux qui le portent, et le besoin tout de même, maintenant qu'il a grandi, d'en savoir plus - il voudra, à la fin de notre conversation, savoir mieux quoi faire, et il voudra rester un peu nous écouter quand j'intervieweai sa mère.

Alors nous sommes là pour apprivoiser, en picorant quelques noisettes, une partie des souvenirs, non-souvenirs, émotions qui circulent dans ce salon tranquille, à la fin d'un beau week-end. Ses larmes à la fin de notre conversation me disent une inquiétude pleine d'amour, me bouleversent. Et je sais alors aussi que ce n'est pas moi qui ai semé dans sa tête la pensée, manifestement pas née de la dernière pluie, de la mort possible.

PAS GRAND-CHOSE ET BEAUCOUP SONT DANS UN BATEAU. QUE PERSONNE NE TOMBE A L'EAU.

Je ne me souviens pas de grand-chose, en fait. J'étais petit. Peut-être que ça se passait quand je dormais, la nuit. Je n'ai pas vu. Je me souviens d'une ou deux fois. Quand j'étais petit, papa avait fait une crise d'épilepsie, un grand malaise.

J'étais avec un ami, je crois, on était partis à l'avance et quand on est revenus, j'avais vu plein d'ambulances arriver derrière. Du coup, j'avais un peu peur - quand j'étais petit. On était quelque part en vacances, je ne sais plus où c'était. Vu que je ne savais pas ce que c'était, j'ai pensé que c'était peut-être un truc plus grave. Quelque chose. Peut-être que papa était mort, ou autre chose.

Après, je n'ai pas vécu d'autres crises à part dans notre ancienne maison. Il y a un ou deux ans, il n'y a pas très longtemps, c'était une toute petite pendant la nuit. Il faisait des convulsions pendant la nuit. Du coup, ça m'avait réveillé. Le bruit. Et, bah, vu qu'on était en pleine nuit, et que je ne savais pas vraiment ce que c'était, je me suis dit que ça devait être quelque chose d'autre. Je me suis rendormi. Je n'ai pas bougé, je suis resté dans ma chambre. Mais après, ça a continué. J'ai voulu voir ce qui se passait. Je suis allé dans sa chambre.

C'était la première fois que je le voyais vraiment faire une crise. Mais je ne savais pas, alors du coup, je n'ai rien fait. Et ça s'est arrêté au bout d'un quart d'heure après. C'était assez perturbant. C'était une situation différente de tous les jours. On n'est pas habitué à voir ça. C'était pendant la nuit en plus. Un peu flippant quand même. Mais je savais que c'était l'épilepsie, donc j'étais moins inquiété. En plus, il dormait. De toute façon, si ça allait trop loin, j'allais appeler quelqu'un. Quand j'ai compris ce que c'était, je savais que s'il y avait - ou dès qu'il y aurait quelque chose plus grave, j'allais appeler Maman.

Je verrai si je ne peux pas faire quelque chose. Mais sinon, je vais appeler quelqu'un quand même.

En fait, je ne sais pas exactement quoi faire.

A mes copains, je leur ai dit qu'il était épileptique, mais je ne leur ai pas dit ce qu'il s'est passé et tout, à côté. C'est pas... ça me fait peur.

Pour lui, oui, et aussi un peu pour nous. Je sais que ça va. Je sais que Papa fait attention, prend ses médicaments. Je sais qu'il n'a plus de crises. Mais j'ai peur pour nous quand même. C'est plutôt sentimental. C'est un sentiment.

Larmes.

(Tu aurais peur de le perdre ? Tu aurais peur de... Là, tu as envie de pleurer. Tu as le droit.)

Oui. Oui.

(Ça t'inquiète quand même.)

Oui.

(Là, tu sais qu'il va bien avec ses médicaments ? Et qu'il ne prend pas de risques ?)

Oui, je sais.

(C'est une souffrance que tu sens malgré tout, en fait, c'est ça ?)

Oui.

———

NICOLAS

Du holde Kunst, in wieviel grauen Stunden,

Wo mich des Lebens wilder Kreis umstrickt,

Hast du mein Herz zu warmer Lieb' entzunden,

Hast mich in eine beßre Welt entrückt![32]

Fr.v.Schober & Fr. Schubert, *An die Musik*

---

32 *À la musique* : "Art noble! Combien de fois, aux heures grises, quand le cercle fou de la vie m'oppressait, tu as réchauffé mon coeur qui s'est remis à aimer, combien de fois tu m'as transporté en un monde meilleur!"

Nicolas est altiste. Il enseigne l'alto et le violon dans différents conservatoires. C'est auprès de lui que j'ai pu reprendre des leçons, adulte, pour panser mes plaies musicales et récupérer quelques clefs perdues, surtout la clef de sol en fait, et retrouver ainsi un accès à la musique qu'on fait, surmonter mon état d'auditrice transie. J'ai pu, toute honte bue et le deuil fait de toute virtuosité, cesser enfin d'être une "n'y-touche" contrainte et forcée, et laisser derrière moi un peu de cette douleur, de ma passivité musicale contre-nature.

Un altiste, donc, qui élève généreusement aussi les autres, accompagne la marche de degré en degré vers une certaine altitude, par la grâce d'une attitude noble - mais attention, ironie de la chose, tout sauf altière, sans quoi elle nous rabaisserait au lieu de nous ouvrir les joies de l'ascension.

J'ai donc pu mesurer moi-même sa patience, et sa curiosité pour ce que fait son élève. Jamais un « non, c'est pas ça », mais toujours, à la place un « tiens, qu'est-ce qui se passe ? ». Une observation précise et délicate des gestes et des blocages, par les yeux et par l'écoute, à partir de laquelle il inventait, ensuite, une proposition, une tentative, une façon de s'y prendre autrement qui permettrait d'y arriver, après avoir minutieusement décomposé le gros blocage en petites bouchées, en petits éléments isolés surmontables à améliorer.

Moi qui suis professeure aussi, j'étais bien placée pour admirer cette alliance merveilleuse d'humanité et de technicité dans la pédagogie. Et je peux vous dire que j'étais un cas fragile, prête à me décourager à chaque instant et éloignée de toute l'intelligence musicale naturelle qu'ont les enfants : eux puisent dans les ressources de l'histoire de l'espèce des réflexes et une joie de faire qui les fait imiter et enregistrer sans obstacles les gestes simples. Ils jouent, quoi. Moi, non : l'ego blessé et le manque de confiance, le rapport compliqué au corps, les interventions parasites de mon intellect, mon rapport particulier de lectrice et de grammairienne à la partition, qui vient encombrer, entraver le jeu des vrais acteurs (oreille, mains, dos, pieds, bras, poumons, instrument, tête, muscles, équilibre), et des couches de représentations complexes et souvent fausses de ce qui est de la musique, de la bonne musique, de ce qu'il faut faire. Plus toutes les courbatures scolaires de bonne élève qui veut seulement réaliser parfaitement un modèle et s'en trouve incapable de chercher. Un calvaire de non-spontanéité. Que, donc, cet incroyable professeur a su transformer en cheminement joyeux, lent sans doute, mais peu importe : joyeux, surtout.

La pédagogie ici a les qualités d'une grande cuisine : foncièrement créative, et en même temps, elle rencontre sa réussite à la pincée près.

C'est Anh-Minh qui avait le créneau de cours suivant le mien. Nous nous croisions donc quelques minutes chaque semaine, le temps que je range mes affaires et qu'elle déballe les siennes, le plus souvent en faisant une blague, parfois en me disant « c'est à moi ! » : j'avais intérêt à lui laisser "son" Nicolas, que manifestement elle adorait.

Anh-Minh est atteinte d'une épilepsie sévère et elle a, depuis un accident de naissance catastrophique, un retard de développement.

Comment n'aurais-je pas été touchée par sa joie quand elle arrivait dans la petite salle de cours, moi à qui on a fait arrêter le violon au même âge, en raison de crises partielles interrompant parfois le cours et me laissant sans doute dans l'incapacité d'apprendre - et alors ? - à une époque où on ne parlait certainement pas d'inclusion, dans un conservatoire parisien se prenant pour une fabrique d'élites musicales, et qu'on a ainsi privée d'un des trésors les plus précieux ?

Bon an, mal an, Anh-Minh, elle, a pu continuer sa route avec Nicolas jusqu'à l'année dernière.

Nicolas a accepté de me revoir, de me raconter comment il s'y prenait pour lui enseigner le violon, et comment il vivait ces cours, particuliers à tous les sens du terme. ———

PIZZICATO, PIZZAIOLO

Malheureusement je ne vois plus Anh-Minh cette année : elle venait depuis peu à pied au conservatoire, et comme elle perdait parfois l'équilibre, en route, son père à juste titre a eu peur qu'il ne lui arrive un jour un accident sur le chemin. Elle doit avoir maintenant 16, 17 ans[33].

Ses parents m'ont expliqué dès le début qu'elle était épileptique, qu'elle prenait des médicaments, qu'elle pouvait être fatiguée, qu'elle avait eu toute petite un accident, qui lui avait causé un retard de développement, et qu'elle fréquentait de ce fait un établissement scolaire spécialisé.

A part ça, je n'y connaissais rien, n'avais ni formation à une pédagogie tenant compte de ces besoins particuliers, ni de consignes précises à suivre en cas de crise ou autre. Je ne me suis d'ailleurs pas tellement inquiété, pas posé de questions. Nous avons commencé, et cherché petit à petit, à tâtons, comment faire pour progresser et profiter.

Pendant les cours, elle avait souvent des micro absences : sa tête tombait, lourde, elle fermait les yeux, quelques secondes. Puis elle revenait à elle très vite, mais très fatiguée. La fatigabilité, c'est une des particularités à prendre vraiment en compte. Tous les élèves ne payent pas au même prix l'effort fourni pour lire, comprendre, jouer. Ils ne peuvent pas tous se permettre les mêmes dépenses, et la balance entre effort et plaisir est par conséquent bien propre à ce qui se produit, pour chacun.e, lors d'un entraînement ou au cours d'un apprentissage. Mais la fatigue peut aussi être un effet secondaire des traitements, qui induisent parfois un ralentissement, des difficultés à mémoriser ou à se concentrer. Et les absences, elles-mêmes, laissent leur "proie" après coup dans un brouillard et un certain épuisement qui ne permettent plus de reproduire des gestes précis, d'écouter attentivement, ou d'enregistrer de nouvelles données. A ces moments-là, il faut savoir s'arrêter.

Nous nous sommes assez vite rendus compte qu'elle avait du mal à savoir sur quelle corde il fallait jouer les notes. Et avec quel

---

33 En fait, elle a 22 ans ! Mais j'ai laissé l'erreur de Nicolas, qui est parlante.

doigt. Alors nous avons bricolé un code : une couleur différente pour chaque corde. Je préparais les partitions, en coloriant chaque note selon la couleur de la corde sur laquelle elle devait la jouer. Et on ajoutait un numéro correspondant au doigt à utiliser. Et de cette façon, cela fonctionnait. Parfois, les dernières années, j'ai essayé ni vu ni connu d'enlever quelques-unes de ces indications, pensant qu'elle avait peut-être mémorisé, à force... mais elle en avait tout de même besoin, et me rappelait à l'ordre.

Dans un système trop élitiste, on se trompe : on écrème, en gardant les enfants qui ont progressé brillamment au début. Mais parfois, ils stagnent ensuite rapidement, alors que d'autres, qui vont

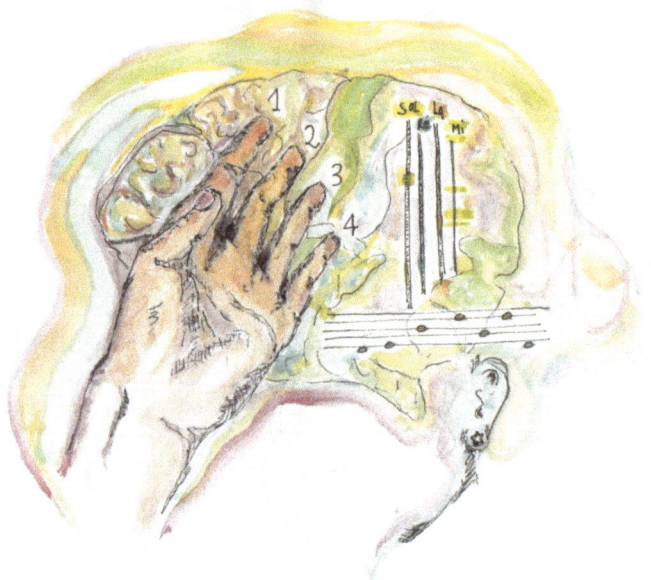

plus lentement, développent leurs qualités dans la durée. Dans les conservatoires où j'enseigne, il n'est pas question de ce tri, habituel et comme allant, hélas, de soi dans les conservatoires prestigieux. De toutes façons, je considère que mon métier, de service public, exige de proposer à tout le monde la même qualité d'enseignement : cela implique de s'adapter. C'est une évidence de principe.

Les pratiques sont en train de changer, heureusement : il doit y avoir maintenant obligatoirement dans les conservatoires un référent handicap. Mais il faut que nous nous y intéressions, pour découvrir des méthodes, comprendre nos élèves. Avec Anh-Minh, ou d'autres, nous avons dû tout inventer nous-mêmes.

Elle est consciente de son trouble. C'est une frustration à apprivoiser avec délicatesse. Elle a progressé, en allant tout doucement. Jusqu'à un certain stade. A ce point de stagnation, il faut évaluer l'intérêt pour l'élève de continuer, le plaisir qu'il y trouve. Pour ne pas être contre-productif en s'obstinant dans quelque chose qui demande des efforts épuisants - pour l'élève, j'entends, même si le professeur atteint aussi ses propres limites parfois -, ne pas se cogner toujours au même mur. Il faut sentir si ça construit ou si ça abîme.

Dans le cas d'Anh-Minh, je regrette qu'elle ait dû arrêter cette année. Même si elle ne progressait plus tellement, les cours étaient un moment précieux. Elle aime la musique, son instrument, la possibilité de jouer et d'apprendre sans pression, dans une relation stable et ancienne, familière, sympathique, c'est une porte fermée de moins. Une aération, un espace accessible, qui pour une fois n'est pas dédié, voué, orienté au handicap, un lieu où tout tourne autour d'un objet complètement différent. C'est bon pour l'image de soi, pour le sentiment global de la vie, quand on est marqué par l'expérience d'accès bloqués. C'est aussi un lieu commun partagé avec les autres enfants, jeunes, et adultes, avec qui, encore une fois, la relation n'est pas indexée sur le handicap, mais nourrie par du plaisir, la découverte de belles œuvres. Ann-Minh avait sa place au sein de l'orchestre des "petits".

Il est aussi largement démontré aujourd'hui que la pratique musicale apporte énormément sur le plan cognitif, mobilise et stimule différentes zones du cerveau. Je ne suis pas spécialiste, je n'ai aucune idée sur ce que les cours de ce point de vue-là ont pu apporter à Anh-Minh, mais il n'est pas impossible qu'elle en ait aussi retiré de bonnes choses sur le plan de sa santé et de son développement, en plus de l'intérêt humain, existentiel, évident de la musique, et du partage qui est le mode de sa transmission.

C'est aussi le format du cours particulier qui permet de s'adapter. Ce que j'ai pu faire avec Anh-Minh, ma compagne, qui enseigne au collège à des classes entières, ne peut pas l'offrir à ceux de ses élèves qui en auraient besoin, même avec des techniques adaptées, toute l'intelligence pédagogique et la bonne volonté du monde. C'est d'ailleurs une source de souffrance, pour les élèves concernés comme pour les professeurs.

Ces cours étaient, aussi, tout simplement - et c'est fondamental - de bons moments. Je ne sais pas si c'est lié à la maladie, aux lésions, au traitement, mais elle a un côté désinhibé assez comique, une forme de franchise totale, surprenante et bien agréable ! Nous avons beaucoup ri, elle adorait que je fasse des blagues, réclamées si j'oubliais de les faire, comme celle des fameux (incontournables) « pizz' quatre fromages » pour les passages à jouer pizzicato. Elle arrivait en cours souvent l'air rigolard, avec un numéro de clown rituel, en gardant ses lunettes de soleil et en faisant la maline. Et quand elle en avait assez, ou que l'exercice lui devenait trop pénible, elle me le faisait savoir sans fausse politesse, en déclarant d'un coup : « là, c'est bon ! », « allez, ça suffit ! ». Ou me faisait taire par un « stop ! » direct si mes explications l'ennuyaient. Elle me parlait comme à un copain.

———

ANH-MINH

Là-bas, rien n'est comme ici

Là-bas, tout est différent

Pourtant, les chats aussi sont gris

Et les lilas blancs sont blancs

Mais l'amour, s'il est l'amour

N'a ni de pourquoi, ni de comment

Barbara, *Là-bas*

Je vous l'ai déjà présentée : je connais Anh-Minh pour avoir eu longtemps le même professeur de violon qu'elle. Un dimanche matin, je débarque avec des chouquettes devant le joli petit pavillon, entouré d'une courette bordée de fleurs, où son père a accepté de me recevoir. Sa mère est absente, elle est de service bénévole comme tous les dimanches. Pendant que j'attends après avoir appuyé sur la sonnette, un chat file entre mes jambes. Le papa sort m'ouvrir avec un grand sourire. Anh-Minh est sur le seuil. Je suis toute joyeuse de la revoir après des années, je la salue hilare. Elle me sourit, comme contaminée par ma joie, comme un réflexe d'entrer dans un jeu, mais j'ai bien l'impression qu'elle ne me reconnaît pas. D'ailleurs elle se détourne vite. Son père s'affaire un petit moment, il sort pour Anh-Minh d'une des boîtes de médicaments posée là, un petit sachet de poudre. Leurs gestes sont parfaitement automatisés, les deux ont leurs habitudes : son père ouvre le sachet, elle ouvre la bouche, il y verse la poudre directement, elle avale le médicament, il lui essuie le coin de la bouche. Comme elle est parcourue d'un petit frisson, je demande s'il est mauvais : mais non, heureusement le médicament n'a pas de goût. Les gestes d'Anh-Minh sont tremblants, son regard très direct, d'une curiosité désinhibée - celui d'une petite enfant - se voile par moments. Il nous sert de l'eau dans un verre qu'il pose sur de jolies coupelles, fait asseoir sa fille avec nous à la table. La pièce est très propre, baignée de soleil, décorée de tableaux vifs. J'ai en visu une petite assemblée de plantes vertes qui attirent mon regard régulièrement ; elles incarnent bien l'impression générale de soin minutieux et de douceur que me donne cette maison. Quelque chose de maîtrisé et d'ascétique - nous ne toucherons pas aux chouquettes disposées pourtant dans un petit plat devant nous - est contrebalancé par ces plantes, les indices de la présence des chats, le piano à demi-queue qui trône dans la pièce à côté, les sourires.

Tout du long, Anh-Minh nous écoutera sagement, sans que je puisse dire si elle est vraiment là, ne répondant rien, ou alors d'un seul mot ou d'un haussement d'épaules, quand je m'adresserai à elle directement. Le regard interminablement levé et rivé sur son père, avec cette tête un peu en arrière qui lui donne l'air d'admirer de trop près et d'attendre quelque chose, un sourire flottant aux lèvres. Parfois son regard lâche le visage de son père, et reste perdu, ou concentré sur une serviette en papier qu'elle va au fil de notre entretien transformer laborieusement - ses mains tremblent, vraiment -, discrètement, obstinément, en cocotte à quatre rabats, vous savez : celles dans lesquelles on glisse, sous chacune des quatre ailes, les pouces et les index, puis qu'on ouvre en comptant jusqu'au chiffre que l'autre a donné au hasard, un coup en pinçant les index ensemble, un coup en pinçant le pouce avec l'index (vous me suivez ?) : une fois arrivés, on fait choisir un des rabats au joueur, on le déplie et on y trouve un des mots gentils (ou méchants, selon les versions) qu'on y avait inscrits. « Tu es belle », par exemple. Je n'arrive pas à déterminer si le mutisme d'Anh-Minh tient au retard de développement, à une difficulté à parler, ou à une sorte de détachement. En tous cas, cette cocotte qui l'absorbe - si loin si proche - est un exploit discret de motricité fine. Essayez de faire ça avec une serviette en papier, vous verrez. Si ça ne tenait qu'à moi, il y aurait écrit « Tu es belle » sous chacun des quatre rabats.

Exactement comme à l'époque où je la côtoyais au conservatoire, la présence d'Anh-Minh me fascine et me remue : il émane d'elle une difficulté, une incertitude, mais une détermination, la bizarrerie absente de quelqu'un qui a loupé un train et n'y comprend goutte, mais sans panique, habituée à cette situation inexplicable, une question sous-jacente permanente qui ressuscite en moi un sentiment extrêmement familier.

Le père d'Anh-Minh a gardé un accent fort, mais choisit un vocabulaire précis, il parle assez lentement, cherche les mots justes sans renoncer, sa voix est fatiguée mais endurante. Il prend aussi le temps de me parler de lui, de l'histoire de la famille. Il est curieux, surtout, en réalité, quand je parle une ou deux fois de moi enfant ; comme si les quelques souvenirs très flous, pourtant, de sensations que j'évoque posaient des mots sur ce que sa fille n'est pas capable de formuler.

L'histoire qu'il me raconte ce matin-là, Anh-Minh l'entend-elle ? Pas de réaction apparente. Pourtant, à certains moments elle écoute son père si intensément avec les yeux. Je n'arrive pas à savoir si les mots sont une berceuse sans contenu distinct, comme on écoute le vent. Mais tout de même, il raconte sa naissance. L'injustice, l'amour, l'inquiétude, le soin pour toujours, la colère domptée, parce que vaine, mais là, comme une énorme chose au milieu de toute la vie, au milieu de toutes leurs vies. Je lui demande : « Est-ce que tu connais cette histoire ? Est-ce que tes parents te l'ont déjà racontée ? » « Non ». Dans le bref silence qui s'étale entre nous, à ce moment-là, une lourde tristesse et l'incroyable légèreté de la perception d'Anh-Minh, de son brouillard un peu amnésique, indéchiffrable, se mélangent et pèsent ensemble le même poids. Tout cela vient se poser au creux du nid tissé entre eux par la tendresse, le respect et la dépendance prolongée, et moi qui suis venue écouter, j'ai l'impression de loger un microscopique brin dans le tissage dense et complexe de ce nid.

Au moment de se quitter, une fois levés de table, je me fais raconter d'où viennent les tableaux au mur, des rappels du Vietnam, des tableaux d'artistes amis ou parents. L'un d'eux représente des fleurs incroyablement chatoyantes, je reste bouche bée quand je comprends que c'est en fait une broderie, si fine qu'on ne distingue quasiment pas les fils. Voilà, c'est ça, cette impression pénétrante que j'ai depuis le début : rien n'entame chez ces gens, dont je sens pourtant indubitablement la fatigue dans l'épreuve, la propension à la beauté, l'intimité avec le vivant et son éclectisme, minutieusement entretenue. Bigarré, riche, le récit de ce père, avec ses détours dans le Vietnam des années quatre-vingt ou les boîtes de nuit parisiennes où il travaille comme technicien du son. Ils se marrent en se rappelant Anh-Minh s'éclatant au bowling du Duplex, mis à sa princière disposition. Dans la courette, en repartant, je croise d'autres chats que celui qui m'avait accueillie.

Il fait toujours aussi beau, un magnifique soleil d'octobre, et la vie, en cet instant en tous cas, même quand elle a commencé par une pareille tragédie, est résolument, légitimement, très élégamment riante. Nonobstant.

DEUX HEURES PLUS TÔT

Je vous sers un verre d'eau. Et puis, moi je prends un verre d'eau aussi. Tu veux boire quelque chose, Anh-Minh ? Non ? On va prendre notre temps. En fait, je suis arrivé en France après la guerre du Vietnam.

La guerre du Vietnam, ça s'est terminé en 1975. A cette époque, mon père travaillait, il était docteur. Et comme tous les citoyens, il a fait le service militaire pendant deux ans. A l'armée, il avait déjà un grade assez élevé, en tant que médecin. Après le service de deux ans, il a quitté l'armée. Il travaillait à l'hôpital, dans un petit village. Il avait gardé encore son grade, et, au bout de cinq ans, obtenu un grade supérieur même s'il avait quitté l'armée. Et quand le communisme a attaqué le sud, pris le sud, tous les gens qui avaient travaillé avec l'ancien gouvernement ont été convoqués. Ils ont été envoyés dans un centre. Ils appelaient ça « Centre de rééducation ». C'était une sorte de prison. Mon père a donc été arrêté et incarcéré pendant trois ans. Malgré cela, à sa sortie, il n'a pas voulu quitter le pays.

Quand il est sorti, moi, je venais de passer mon baccalauréat. Je passais des concours pour entrer à l'université. Dans la famille, il y a mon frère aussi. Il est un an plus âgé que moi. Il a réussi à rentrer à l'université parce qu'il a choisi une formation pas très prestigieuse. Un diplôme pour être professeur au lycée ou au collège. Alors qu'à l'époque, si vous vouliez entrer à l'école industrielle, le gouvernement se renseignait sur la famille, et si des membres de votre famille étaient fichés pour eux, ils ne vous laissaient pas passer. C'est ce qui m'est arrivé. Une fois, puis une deuxième fois : alors, mon père a compris ce qui se passait. Il a dit qu'on ne pouvait pas rester dans ces conditions. C'est pour ça qu'il a envoyé... Ma mère a pu venir en France en 1983 : elle y avait déjà des sœurs, une pédiatre et une artiste, qui ont fait les démarches nécessaires pour la faire venir. Elle avait besoin d'être opérée.

Et cinq ans plus tard, ma mère a fait des papiers pour que mon père, moi et mon frère venions nous aussi. Quand j'ai quitté le pays, j'avais une fiancée. C'est la mère d'Anh-Minh.

Un an après mon arrivée en France en 1988, j'ai trouvé un boulot. A l'époque, je ne parlais même pas français, pas un mot de français, parce qu'à l'école, j'ai appris l'anglais. Mais comme on ne pratiquait pas, j'ai presque tout oublié. Quand je suis arrivé en France, j'ai été hébergé dans un foyer pendant six mois, où j'ai appris le français. Et puis un an plus tard, j'ai trouvé un petit boulot. Le titre, c'est aide-technicien. Mais à l'époque, en 1989, c'était facile de trouver un boulot. Il y a eu la crise économique en 1990 ou 1992. Avant cela, ce n'était pas comme aujourd'hui.

Et puis sept ans après, j'ai eu la nationalité française. Et je suis retourné au Vietnam faire venir la mère d'Anh-Minh. Elle est venue en 1993. Notre première enfant, c'est sa sœur. Elle est née en 1997. Entre les deux, il y a 5 ans d'écart. Anh-Minh, elle est née en 2002.

On a découvert la maladie d'Anh-Minh quand elle avait six ans.

En fait, on était en vacances. On était en vacances et puis, au petit-déjeuner, j'ai vu qu'à table, elle piquait de la tête. Comme si elle s'endormait. C'était une petite absence. Et puis, quand on est revenu des vacances, on est allé voir le docteur et on a découvert sa maladie.

Il y avait eu des symptômes avant, quand elle était plus petite, mais on n'a pas fait attention. Par exemple, elle a parlé très tard. Et puis je me rappelle, elle a commencé à marcher au bout de deux ans seulement. Les autres, à un an, se tiennent debout, ils peuvent marcher déjà. Et quand elle était en maternelle, elle tombait souvent. Une fois, elle est tombée, elle avait une plaie au genou, assez ouverte, et l'école a appelé les pompiers pour qu'on l'emmène à l'hôpital. Pour la soigner. Mais tout ça, on n'a pas fait attention, ça ne paraissait pas bien grave.

On s'est mis à faire attention à ces signes quand elle a eu six ans. Que sa tête tombait, comme ça, elle piquait du nez. Et le lendemain, même chose. Et c'est arrivé souvent. Là, on a réalisé que c'était bizarre.

Mais moi, je pense... Tout ça arrive à Anh-Minh, parce qu'en fait... Je ne veux pas accuser l'hôpital où elle est née. De toute façon, c'est déjà passé, ça ne sert à rien. Mais je vois, entre les confrères... Les médecins, ils se protègent parfois. Un jour, j'ai posé la question au docteur. Le docteur qui s'occupe de l'épilepsie d'Anh-Minh.

Parce que quand elle est née, à l'hôpital, ça a été difficile. Elle est sortie un peu tard. En fait, la première, sa sœur, elle est née... Ma femme avait accouché par césarienne. C'est le même hôpital. Pourtant, c'est le même hôpital, donc quand elle est arrivée accoucher pour Anh-Minh, ils avaient déjà le dossier de ma femme ! Malgré ça, ils ont attendu très longtemps. Ma femme, elle n'a rien senti, elle était sous péridurale. Quand Anh-Minh a fait caca dans son ventre, ils se sont aperçus que le bébé était en souffrance. Ça peut être une réponse à un stress. Là, elles ont été embarquées tout de suite au bloc opératoire.

Mais c'était déjà trop tard. Quand elle est née, on croyait qu'elle était morte. Elle ne respirait pas. Parce qu'elle avait avalé de la saleté[34]. Elle est restée à l'hôpital pendant un mois. Je pense qu'elle a déjà souffert à la naissance. On ne voit pas de lésions à l'EEG. Je pense que le cerveau, quand il y a absence d'oxygène, il y a des cellules atteintes. Je ne suis pas médecin, mais imaginez ! Quand il y a une absence d'oxygène, il y a des cellules, une partie, qui est abîmée

---

34 *Syndrome d'inhalation méconiale*, in Manuel MSD version pour le grand public, https://www.msdmanuals.com/ : « Si un fœtus est soumis à un stress juste avant la naissance, il peut déféquer du méconium dans le liquide amniotique. Le syndrome d'inhalation méconiale se produit lorsqu'un fœtus inhale du liquide amniotique contenant du méconium. L'inhalation de liquide amniotique pur n'est pas dangereuse. Mais si le liquide contient du méconium, ce dernier peut obstruer les voies de passage de l'air du bébé et irriter les poumons ».

ou complètement morte. Si, à l'hôpital, elle avait été sortie du ventre de sa mère une ou deux heures plus tôt, quand ils ont vu qu'elle ne pouvait pas naître par la voie normale, oui, s'ils l'avaient emmenée au bloc deux heures plus tôt, je crois qu'Anh-Minh n'aurait pas eu ce problème.

Elle a souffert, voilà. Et maintenant elle est comme ça. Depuis la naissance.

Ce n'est pas grave pour nous. Quand on a une enfant comme ça, on s'en occupe. Elle sait qu'on s'occupe d'elle. Elle est plus attachée à nous que sa sœur.

Quand on a découvert sa maladie à 6 ans, elle avait l'âge d'entrer à l'école élémentaire.

Madame la directrice nous a convoqués plusieurs fois. Au bout de deux, trois ans. Parce qu'il n'y a qu'eux qui voient si une élève peut progresser dans l'étude ou pas. Quand vous donnez le cours aux enfants, vous voyez qu'ils n'apprennent rien du tout, alors vous posez des questions, parce que ce n'est pas normal. C'est pour ça que quand elle était petite, la directrice de l'école nous a convoqués plusieurs fois. Elle m'a dit qu'elle ne pouvait pas rester à l'école, que ça ne servait à rien. Il fallait chercher un établissement spécialisé.

J'en ai trouvé un, plus ou moins. Je ne sais pas si vous connaissez : la fondation Léopold Bellan. C'est loin, mais comme elle est couverte par la sécu, l'école organise un taxi, qui vient la chercher le matin et la déposer le soir. Tout est pris en charge. Dans cette école, il n'y a que des enfants épileptiques. Ils ne sont pas mélangés avec des enfants qui ont d'autres problèmes. Je trouve ça mieux. A mon avis, c'est le meilleur des établissements, il ne s'occupe que d'épileptiques. Vous devriez aller les voir, pour votre livre.

Bon, il n'y a pas que cette école-là, on a déjà visité plus d'établissements. Mais moi et ma femme, on a choisi celui-là. Dans les autres, il y a un mélange, ils ont tout le monde, ils ont les enfants qui ont des problèmes psychologiques. C'est pourtant bien de ne pas avoir à porter les problèmes des autres aussi, quand on en a déjà beaucoup soi-même. Dans certains établissements, qui prennent aussi des élèves avec de gros problèmes de comportement, c'est pénible. J'ai visité et vu moi-même un endroit comme ça : les enfants restent enfermés, parce que certains ont un problème psychologique, et qu'on veut ou doit les isoler. Mais alors on laisse enfermés tous les enfants en même temps, pour répondre à un besoin qui ne concerne que quelques-uns d'entre eux ! Aujourd'hui, Anh-Minh, ça ne correspond pas à ses besoins, elle ne peut pas rentrer dans cet établissement : si elle rentre là-dedans, elle va devenir folle aussi à force, comme les autres. C'est trop dur, ce n'est pas adapté en fait.

Et maintenant, Anh-Minh a 22 ans. Depuis un an, elle a changé d'établissement. On nous a présenté l'hôpital de jour. Ce n'est pas vraiment l'hôpital, c'est… Il y a des ateliers, des choses comme ça, pendant la journée, puis elle rentre à la maison. Mais finalement c'est le même rôle que l'école. En fait, ils s'occupent des épileptiques. Anh-Minh dit qu'elle y fait des puzzles, des coloriages.

Elle a arrêté la musique l'année dernière. Moi au début j'ai un peu forcé pour qu'elle aille prendre des cours de musique, parce que je pensais que la musique pouvait aider pour sa maladie. Mais ces derniers temps, elle est très fatiguée. Elle ne peut plus y aller. Il a eu du courage, Monsieur Nicolas ! Il était triste quand Anh-Minh a arrêté.

Sa grande sœur a arrêté le piano aussi, elle était forte, mais elle n'a plus de temps à cause des études. Elle a 5 ans de plus qu'Anh-Minh, donc vingt-sept ans maintenant. Elle fait de la recherche médicale. Elle fait une thèse. Une société allemande a financé son projet, elle a une bourse de doctorat. Ses recherches n'ont pas de rapport avec la maladie d'Anh-Minh. Il s'agit de monter des protocoles pour tester et aider les pilotes psychologiquement : il y a des pilotes d'avion qui se suicident, et ce n'est pas dangereux que pour eux !!

A l'hôpital de jour, Anh-Minh a des copines et copains. Elle sait qu'elle a une maladie. Elle se rend bien compte. Est-ce vrai que vous ne vous souveniez pas du tout des crises que vous faisiez, quand vous étiez enfant ?

Vous me dites que vous étiez plusieurs épileptiques dans votre fratrie : je ne sais pas s'il y a d'autres épileptiques dans ma famille. Enfin si, ma mère a eu ça aussi, quand elle était jeune. Elle est née en 1938, elle est décédée il y a deux ans, mais en 1956 - c'était la guerre - on avait été colonisés par la France, avant la guerre d'Indochine, et ma mère et sa sœur sont parties en France pour leurs études. Les Français, en Indochine, ont bâti beaucoup d'écoles, d'hôpitaux. Il n'y avait pas, à l'époque, les moyens à l'hôpital de réaliser les opérations les plus complexes. Donc mon grand-père a envoyé ma mère en France se faire opérer de la tête. Puis elle est rentrée. Je me rappelle, quand j'avais dix ans, voir ma mère comme ça tomber d'un seul coup. Une fois et une seule, dans mes souvenirs. Elle a pris de la Dépakine, je ne sais pas jusqu'à quel âge, puisque les dernières années, comme toutes les personnes âgées elle avait toute une collection de médicaments.

Je ne sais pas s'il y a quelque chose de génétique. Une fois pour Anh-Minh, un médecin a demandé une recherche génétique pour voir s'il y avait quelque chose d'anormal, mais rien n'a été trouvé.

Pour travailler, ça sera compliqué. Anh-Minh n'arrive pas à se souvenir d'un trajet. Elle ne peut pas se déplacer toute seule, prendre un métro, s'orienter correctement. Elle peut nous appeler bien sûr, maintenant qu'il y a les téléphones. Mais c'est quand même dangereux et difficile. C'est dangereux, si elle prend un escalier, tombe, ou fait une crise en traversant une rue. On ne peut pas prendre ce risque.

Anh-Minh prend de la Micropakine et du Lamictal 75 mg. Je ne sais pas si ça marche vraiment. Elle a quand même des absences, je ne suis pas tout le temps là mais juste d'après ce que je vois, c'est assez souvent.

Je me pose des questions sur les effets secondaires : elle n'a pas beaucoup d'appétit, a du mal à manger, elle est très fatiguée. Je me demande s'il n'y aurait pas un autre médicament efficace avec moins d'effets secondaires. J'ai entendu parler d'un médicament, pas commercialisé ici, mais aux États-Unis, j'ai entendu des familles qui l'avaient testé dire que c'était efficace. Un médicament à base de cannabis. C'est une huile de CBD, on en prend une goutte.[35]

Je fais la sono pour les boîtes de nuit. Mon premier patron a déposé le bilan, alors j'ai travaillé avec un autre, et puis profité d'une formation, rejoint un technicien du son. J'ai été embauché dans une petite société qui a fermé. Mais entre-temps, j'étais devenu connu ! Je travaille pour le propriétaire du Metropolis, du Pacha Club, du Duplex, des Pyramides… Lors de la dernière fête du personnel, ça se passait au Duplex, réquisitionné pour l'occasion. J'ai dit : « Je ne viens pas tout seul, j'emmène de nouvelles clientes ! », et je suis venu avec mes filles. On a bien rigolé, on avait le bowling pour nous tout seuls, Anh-Minh a joué tant qu'elle voulait.

Et à la maison, Anh Minh, tu fais quoi ?

Je joue.

A quoi ?

A la Switch.

Et tu fais quoi avec la Switch ?

Un jeu de sport. La danse !

Bon. Si vous voulez savoir autre chose, appelez-nous, ou si vous voulez rencontrer la maman d'Anh-Minh. Je pense que ma femme, elle est d'accord avec moi : si vous voulez écrire le bouquin, vous pouvez garder son nom. Pour nous ce n'est pas un problème.

———

---

35 Rappel de L'ANSM en 2019 puis 2020 aux patients épileptiques : attention aux médicaments illégalement commercialisés sur internet et contenant du cannabidiol! L'Epidyolex, à base de CBD, est autorisé sur prescription temporaire et nominative, dans certains cas sévères, en France depuis 2018. Ne pas sous-estimer les risques hépatiques, entre autres, liés à la prise d'Epidyolex. Liens dans la sitographie.

NANOU

Combat baby, come back baby

Fight off the lethargy

Don't go quietly

Combat baby

Said you would never give up easy

Metric, *Combat Baby*[36]

---

36 Ma battante, reviens BB, défonce la léthargie, n'y va pas tout calmement, la battante, tu disais que tu ne laisserais pas tomber facilement...

Nanou a été la compagne, pendant presque 15 ans, d'un homme souffrant d'épilepsie. Ils ont un enfant. Aujourd'hui ils sont séparés depuis plusieurs années. Tous les deux savent pertinemment qu'elle a dû lui sauver la vie plus d'une fois. Malgré le divorce et le reste, elle est sans doute la personne en qui il a le plus confiance. Moi, je me suis toujours dit, fascinée, que l'épilepsie n'était pas au cœur de leur affaire, mais en même temps qu'elle était tellement là, à produire des tas de choses avant, pendant, après les crises, et les traitements aussi d'ailleurs : les angoisses et les dénis, la reconnaissance, l'entraide, les rôles que cela induit, les "casquettes" qu'on arbore ou qu'on met sur la tête de l'autre, qui a besoin de se soigner, de soigner qui, qu'est-ce que tu payes comme péage, ça vient de loin parfois, chez tout le monde. Quel est le deal, conscient, inconscient ? Oui, tellement là, même si ce n'est pas elle qui détermine les personnalités ni les relations, que ça en devient bien impossible à démêler. « Ça fait partie de la vie », comme on dit. Ça n'est ni grave ni pas grave, mais un ingrédient sûrement pas secondaire de leur histoire.

On ne peut certes pas lui faire porter le chapeau, ni le chapeau de la tendresse et de l'amitié, ni celui des peines, des colères et des incompréhensions, mais il y a un peu d'elle qui s'immisce dans les fibres de tous ces chapeaux. Quand j'écoute ce qu'on me raconte ici, une nouvelle fois, je rêverais d'avoir pour les cœurs qui se confient des onguents de sorcière, des herbes magiques de guérisseuse. Mais y a pas. On peut seulement faire un livre.

———

ET TOUT LE MONDE S'EN FOUT.

Je ne sais pas trop ce que je trouve le plus important à dire, pendant longtemps ce n'était pas un sujet : moi je l'ai connu comme ça. Je le savais avant, et puis j'avais 25 ans quand on s'est rencontrés, et l'épilepsie ce n'est qu'une chose parmi d'autres. On ne pense pas aux médicaments, ou à l'épilepsie quand on se met avec quelqu'un, c'est quelque chose qui est déjà là, et on l'a choisi pour autre chose de toutes façons. Depuis, j'ai vécu pas mal de crises. On apprend à réagir, plus ou moins bien.

Jusqu'à ce qu'il prenne un autre traitement, il y a quelques années, mais justement ça a causé autre chose. Une séparation. Alors ça, ça a fonctionné, mais ça l'a rendu... C'est écrit sur le traitement d'ailleurs que ça rend... agressif ? Ouais. Irritable, ils mettent généralement.

Il y a des choses que je n'ai pas reconnues après ce traitement, je crois que c'est l'Epitomax.

Donc voilà, je reprends dans l'ordre. Au début, c'est surprenant. Mais au bout d'un certain temps quand même, tu apprends à savoir gérer le truc.

Tout simplement, tu te lèves, déjà, pour éviter de prendre des coups. Parce que c'est brusque. Parce que c'était la nuit, ses crises. Tu prends tous les coussins que tu trouves et puis tu le protèges, t'en mets par terre, sur le côté, là où il pourrait se blesser. Et t'attends.

Que ça se passe. Il a toujours fait beaucoup plus de crises la nuit qu'en journée. Les crises de jour ça a été quand même assez rare. La nuit, quand la personne est allongée, c'est un peu plus simple à gérer. C'est arrivé en tout, je pense, pas plus de dix fois en journée.

Il y a eu l'accident dans la voiture. Et une fois où il était devant son ordinateur, j'ai fini par appeler le samu parce qu'il s'était ouvert l'arcade. Ça, c'était la plus grave.

Et il a eu une petite période, je me souviens, on était partis, à Belle-Île, se reposer parce que ça n'allait pas, justement, et il en faisait même de jour. Je ne sais pas ce qu'il s'était passé.

On a vécu ensemble, un peu moins de 15 ans : des crises nocturnes, j'en ai vu des centaines quoi, pas des dizaines.

Ce n'est pas la crise pour moi qui est la plus impressionnante, je trouve : c'est l'après. C'est l'après qui est beaucoup plus difficile à gérer. Parce que justement, savoir à quel moment ça vient, mettre des coussins, machin, c'est facile. Parfois, c'est des petites crises, donc il n'y en a même pas besoin. Les crises ne sont pas toutes pareilles. Il y a des grosses, il y a des petites. On s'y fait.

Mais les grosses crises, elles sont souvent accompagnées, ensuite, de ce... somnambulisme, on va appeler ça comme ça. Donc il faut le protéger après, et là, ça, c'est dix fois plus difficile. Il est réveillé, mais pas conscient. Inconscient, mais pas endormi.

Il doit aller tout de suite pisser, se vider, c'est de l'eau, c'est des quantités, c'est particulier.

Mais c'est savoir aussi gérer parce qu'il fait n'importe quoi. Et qu'il n'est absolument pas conscient. Il parle, mais il est comme s'il était ailleurs, dans un autre monde. Et ça, arriver à ce qu'il ne fasse pas n'importe quoi, après les plus grosses crises, ça c'est le plus difficile. Il se lève, mais il n'est conscient de rien. C'est très étrange. Et on ne sait pas ce qu'il va faire.

Il faut le suivre, et puis il faut passer derrière. Même les escaliers, quand t'as des escaliers, tu stresses parce que tu sais pas s'il va arriver à les descendre. Il ne faut pas qu'il se blesse. C'est vraiment dur. En plus, ça peut durer longtemps.

Et c'est ce qui s'était passé dans la voiture, d'ailleurs. Il a cette crise, au volant, je ne sais pas comment j'ai fait mais j'ai réussi à diriger la voiture vers la bande d'arrêt d'urgence et à freiner. Puis lui, dans le brouillard, il commence à sortir de la voiture sur la voie rapide, côté route !! Il peut être en train de courir, comment je l'arrête ? Le petit est dans la voiture à l'arrière. Il n'y a pas eu qu'à gérer la voiture, il y a eu la suite ! Il ne voulait pas comprendre qu'il ne pouvait pas reprendre le volant, alors qu'il va commencer à se mettre à... C'est vraiment un moment où il n'a pas confiance, dans rien. Il ne comprend pas ce que je lui veux, ça l'énerve même.

Il me dit : « Mais ça va, qu'est-ce que t'as ? » Et moi : « Tu viens juste de sortir sur la voie rapide. Là, tu vois, on est sur la voie rapide. Regarde, il y a des camions, des voitures qui roulent à 110 km/h ! Déjà, tu vas aller de l'autre côté, siège passager. Et puis, je vais prendre le volant. On est sur une bande d'arrêt d'urgence ».

Ouah, mais non, c'est vraiment de l'incohérence totale. Ça, c'est dangereux. Ça, c'est vraiment compliqué à vivre.

Ce n'est pas les crises où il reste dans son lit, où il suffit de le dégager après, etc. Là, il se rendort. Et puis, le lendemain, il ne sera pas bien, c'est sûr. Ça va durer deux ou trois jours. Mais ce n'est pas le plus... Ça, ça se gère, tu sais à peu près quoi faire.

Mais il faut que tu improvises à chaque fois, en fait, quand il y a ce somnambulisme après les grosses crises. Tu suis, parce que tu n'as pas le choix. Tu ne sais pas ce qui va se passer. Je ne sais pas, voilà. Donc, oui, tu gères en fonction de ce qu'il dit, de ce qu'il fait. Tu passes devant, dans les escaliers, au cas où il se casse la figure. Il fait presque deux mètres...

Tu essaies de parler, parler, parler, en disant : « Tu viens de faire une crise ». Il faut lui dire tout le temps, parce qu'à un moment donné, il va quand même prendre conscience, en fait. Donc, il faut le répéter : « Tu as fait une crise, il faut que tu t'allonges ».

Répéter, répéter, jusqu'à ce qu'il y ait le réveil, qu'il revienne.

Sinon, moi, quelque chose qui m'a impressionnée, c'est qu'en fait, il y a des fois où je ne me prenais même plus de coups, tu sais pourquoi ? Parce que je le sentais ! Je le sentais, je me levais, je mettais des coussins, et hop, ça arrivait. Il doit y avoir un truc, avant, que je n'ai jamais reconnu, qui me "prévenait". J'y arrivais, les dernières années. A me réveiller. A sentir le truc.

Déjà, on voit des signes, parce que le soir avant une crise, c'est une grosse fatigue, etc. Donc ça doit mettre, à force, la puce à l'oreille. Il y avait des moments où je me disais : « Là, ça ne va pas ». Il est très fatigué. Il a un comportement bizarre. Des choses... Une espèce de tension, des réactions que je ne trouvais pas... qui ne lui ressemblaient pas vraiment. Et où je me disais : « Aïe, là, il n'est pas bien ». Je trouvais que ça exacerbait certains défauts de communication. Il était très excité avant aussi, les jours où il allait avoir des crises. Il était excité et à la fois très fatigué ces jours-là.

Mais parfois tu ne vois pas de signes avant-coureurs. Cette crise violente qu'il avait eue devant l'ordinateur, franchement, on avait passé une bonne soirée la veille, bien mangé, rien fait de spécial.

Voilà. Il y a des choses qui échappent.

Le rôle que ça a joué dans notre relation... Pour dire la vérité, en fait, on s'est séparés peu de temps après le début du traitement qui fonctionnait.

Et j'ai l'impression d'avoir géré un peu ça pendant 15 ans, et puis au moment où ça fonctionne... En même temps, ça l'a changé. Ça l'a changé, ce médicament. C'est... Il n'y a pas de reconnaissance. Je ne sais pas comment expliquer ça. Mais en même temps, on ne peut pas lui en vouloir, parce qu'il ne s'en souvient pas !! Il ne peut pas mesurer !

Donc, c'est compliqué. Mais j'ai quand même joué un rôle pendant 15 ans et je n'ai jamais eu de retour, en fait. Tu vois ? Et puis, tu ne peux pas demander un retour, non plus : tu sais très bien que tu te mets avec quelqu'un qui est épileptique. Tu gères. Il n'y a pas de retour à avoir. Mais il m'a dit merci pour plein de choses, récemment. Ça fait profondément du bien.

En même temps, quand son traitement a arrêté les crises, en dehors du fait que ça l'a rendu particulièrement désagréable, il n'avait plus de crises, alors c'est comme si je n'avais plus d'utilité.

Ce nouveau traitement qu'il a pris à l 'époque, l'Epitomax, il faut en parler, il lui faisait un drôle d'effet. Je suis même allée voir une amie généraliste, pour lui demander. C'est elle qui a regardé bien la notice, qui a bien lu le truc. Elle m'a dit qu'en effet, ça pouvait fortement jouer sur son comportement.

La notice fait peur, ouhlala. « Effets très fréquents (pouvant affecter plus d'une personne sur 10) : dépression (nouvelle ou aggravée).Fréquents (pouvant affecter jusqu'à une personne sur 10) : convulsions (crises épileptiques) - le pompon !! -, anxiété, irritabilité, changement de l'humeur, confusion, désorientation, problèmes de concentration, ralentissement de la pensée, perte de mémoire, des problèmes de mémoire (nouvelle apparition, changement soudain ou sévérité accrue), calculs rénaux, uriner de façon fréquente ou douloureuse ». Miam miam miam. Bon, avec les effets secondaires de ces médicaments, on pourrait faire un film d'horreur ou d'humour noir, ça fait carrément farce quand on lit tout.

Actuellement, le traitement qu'il prend, le Keppra, je sais que ça fonctionne certes, mais ça lui crée d'autres problèmes de santé qui l'inquiètent énormément aussi. Il n'est pas gros naturellement, mais ça l'a fait maigrir encore. Avoir froid tout le temps. C'est une fatigue.

Les globules blancs disparus ou presque, ça c'est plus ancien, mais le médicament n'arrange rien. On ne comprend pas. C'est flippant quand même.

Donc je comprends qu'il ait envie d'essayer autre chose. Je ne le laisserai pas tomber là-dessus. Mais s'il décide ça, ça sera compliqué : pour notre fils, qui est en garde alternée, de toutes façons aussi. Il faut prendre 2 mois, en gros, de transition pour changer de traitement. Et pendant ces deux mois, il peut y avoir de nouveau des crises, peut-être même pendant la journée, il ne pourra pas conduire, ce qui pose un problème dans son travail, et ça veut dire que pour le reste il faut le conduire partout. C'est parce que ça lui crée des problèmes de santé, qu'il a envie de tenter du nouveau. Il en a essayé beaucoup, des traitements, et avec le Keppra c'est la première fois que les crises disparaissent vraiment, mais la question c'est : à quel prix ?

Et d'un autre côté, il n'a clairement pas envie de jouer avec ça. Il ne veut prendre aucun risque. Il a l'expérience des changements de traitement périlleux. Et plus on fait de crises, plus on risque la mort, tout bêtement.

La preuve en est, pendant le déménagement, récemment, il avait manqué de temps pour passer à la pharmacie, il me dit : « J'ai plus de médicaments, il faut absolument que j'aille en chercher ». Il était en panique, parce qu'il n'avait plus de médicaments pour le soir. J'ai fini par lui dire : « Je te laisse avec ton camion, je vais à la pharmacie, tu me donnes ta carte vitale, je vais te chercher tes médicaments ».

Il sait très bien que s'il loupe une prise, il peut se passer un drame, comme la fois où on a eu l'accident de voiture. Pas question, voilà.

Parfois, c'est vrai, comme je l'ai dit, je n'ai pas forcément bien géré le truc, parce que je lui ai fait mal aussi. On n'est pas parfait, même au bout d'un certain temps, on n'apprend pas toujours bien. Par exemple on sait qu'il faut absolument le dégager dans certains cas, donc on le bouge, et en faisant ça on lui crée des torsions au cou. Les muscles contractés à bloc par les convulsions se froissent, se déchirent facilement. Mais il faut faire des choix. On en parlait, après une crise.

Il me demandait, il me posait des questions, il voulait savoir si c'était une grosse, une petite, etc. A la fin, on comprenait ce que ça voulait dire, petite et grosse.

Mais il en a eu quand même plus de petites que de grosses. Les grosses, c'est aussi faire pipi par terre, il faut nettoyer - c'est pas pipi d'ailleurs, c'est très particulier. C'est des litres d'eau qui sont évacués par là, mais il ne sent même pas la pisse, il pourrait remplir dix seaux ! Je rigole, c'est que j'exagère, je ne sais pas si toi tu as vu ça ?

Oui, en effet, parfois tu fais des choses dont il n'a pas conscience, parce que tu as nettoyé, le lendemain, c'est fini, tu as

déjà tout fait. Tu ne peux pas laisser ça juste pour lui montrer. En même temps, peut-être que j'aurais dû prendre une photo ou faire une vidéo, peut-être, pour qu'il se rende compte, mais pour lui, pas pour autre chose. Je ne l'ai jamais fait, je ne sais pas si ça aurait été utile. C'est des litres d'eau, tu ne sais pas pourquoi. D'où ça sort ? C'est impressionnant, en plus, on ne sait pas d'où ça sort. On n'a toujours pas la réponse.

Je n'ai jamais vu le médecin. Il m'a jamais demandé d'y aller. J'aurais voulu pouvoir poser mes questions à part... C'est-à-dire d'abord lui, qu'il choisisse ce qu'il a à dire, mais qu'ensuite on soit vus à deux, et encore ensuite moi toute seule.

Je ne comprends pas pourquoi on ne m'a jamais demandé, parce que c'est quand même moi qui l'ai vécu, vu, tout ça ! J'aurais pu dire, apprendre des choses au médecin, plus d'informations, et on ne m'a jamais demandé quoi que ce soit.

Et j'ai appris petit à petit. Ça aurait été quand même rassurant d'être sûre de faire ce qu'il fallait. Il m'a dit qu'il ne fallait pas le toucher, par exemple, parce qu'on se racontait ce qui s'était passé, mais le reste je l'ai appris toute seule.

Ça me paraît énorme. Je trouve ça dingue. Parce que si tu ne fais pas bien... Il peut y avoir un truc où il faut gérer autrement, et tu n'en sais rien, tu ne sais pas, quoi. Jusque-là, il est vivant, donc j'ai plutôt bien géré. Mais un médecin ne m'a jamais demandé, ne m'a jamais interviewée, ne m'a jamais posé de questions, ni laissée poser les miennes, j'ai plein de questions... Personne n'a jamais demandé à Thomas de venir avec sa femme pour expliquer ce qu'elle voyait.

Parce que lui, il ne se souvient pas. La personne qui l'a vu, c'est... mais c'est quand même important !! Là-dessus, il y a quelques lacunes. Même son neurologue, il aurait pu demander : « Est-ce que vous avez vu une différence quand il prend tel ou tel traitement ? » Pas que les crises. Oui, le comportement. Justement, « Est-ce que vous voyez quelque chose de différent de d'habitude ? » Comme avec ce changement de traitement dont je parlais tout à l'heure. Oui, c'était pas vivable, il est devenu super agressif. Depuis qu'il prenait ce truc-là, il avait toujours été un peu excité, mais il n'a jamais été aussi violent. C'était de la violence. Donc... Oui. Oui. Et tout le monde s'en fout. Tu restes avec tes questions, ce que tu vis.

C'est fini, ça. Au début de ce traitement, il avait des trucs d'inconscience, de mise en danger, que je trouvais totalement sidérants - et il avait pris Emmanuel une fois, une promenade, dans les rochers... Donc là, par contre, c'est moi qui avait été d'une violence... pour qu'il ne l'emmène plus. Maintenant, il a compris, je crois que ça va.

Mais sur des trucs où ils auraient pu mourir, quoi. Je ne sais pas comment fonctionnent les traitements, etc., s'il y a une phase de... D'ailleurs, au début, il avait des antidépresseurs en même temps. Il y en a eu, hein. Ça aussi ça peut rendre imprudent.

Tu vois, plein de trucs comme ça, c'est pour ça que j'étais allée voir notre amie généraliste. C'est pas possible, quoi. Il est violent, agressif, inconscient sur des choses, je ne le reconnaissais pas.

Enfin, ça n'allait pas, forcément... Il y avait d'autres raisons, parce que ça n'allait pas entre nous non plus, je ne dis pas le contraire. Mais tout de même, c'était incroyable, je me disais : « Il a quoi, quoi ? » Je me disais : « C'est depuis qu'il a pris ce truc-là, c'est de pire en pire ». L'amie généraliste, elle avait lu le truc, elle a regardé, etc., mais elle n'est pas neurologue.

Il faudrait vraiment que ça change, qu'on écoute mieux, qu'on explique mieux, qu'on reçoive systématiquement les proches aussi. Pas nous laisser deviner et inventer, nous exposer à la possibilité de mal faire, de mal interpréter, de vivre des trucs trop durs aussi, qu'on n'est pas forcément capable de digérer. Même les questions qui n'ont pas encore de réponse médicale, on devrait avoir le droit de les poser, par exemple je me suis toujours demandé pourquoi son épilepsie avait commencé à cet âge-là. C'est peut-être pas important, mais à la fin ta tête est farcie de questions. Et tu peux avoir besoin d'aide. Et de reconnaissance.

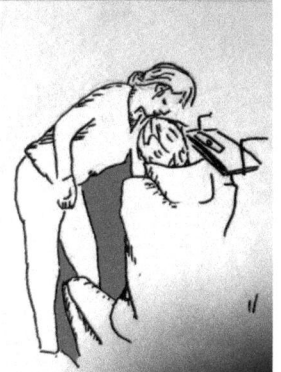

———

DILOU

"Quand on n'a que l'amour

Pour tracer un chemin

Et forcer le destin

A chaque carrefour..."

Jacques Brel

 Je croise Odile une ou deux fois par an, à des fêtes de famille. C'est une femme chaleureuse, vive, douce. Elle a des yeux noirs, brillants, et des façons libres qui me racontent qu'elle a fini de s'emm… avec ce qui pèse dans la vie, qu'elle a fait ses choix, ceux qui importent en tous cas, une bonne fois pour toutes. Elle me donne l'impression, bien agréable, d'être joyeuse par décision mûrie de longue date. Se connecter avec elle se fait nature, sans lourdeur, sans encombrement, simple et rapide. Nous n'avions jamais parlé d'épilepsie, nous n'avions aucune raison de le faire.

Là, pendant le réveillon, alors que nous avons tous déjà un petit coup de crémant dans le nez et qu'elle et moi fumons devant la grande cheminée de mon beau-père, au milieu des braillements des gars de la tribu enjaillée, des piaillements de la petite nièce qui pianote sur un clavier, de la musique comme toujours un peu trop forte, je lui demande de me raconter : mon beau-père, son compagnon, m'a appris l'autre jour qu'Odile avait longtemps été épileptique. Ah bon ? Je ne savais pas. Une fois de plus (je commence à être habituée), il suffit d'en parler pour tomber encore sur une personne dans la vie de qui l'épilepsie a joué un rôle majeur… Mais qui n'en avait rien dit.

 Ce n'est pas comme un secret, un tabou, car les gens, quand je les "lance", n'ont pas de mal à me raconter leur histoire. C'est juste un évitement ordinaire. Ce ne sont pas des récits interdits, juste des histoires dans le rayon « ça ne vous regarde pas », entre « on ne sait pas quoi en dire », et « pénible à expliquer à qui n'y connaît rien ». Peut-être bien aussi que c'est avant tout la catégorie des choses qu'on croit ne pas intéresser les autres. Et puis, en l'occurrence, c'est pour Odile un passé déjà bien lointain. Bref, je me concentre et j'enregistre. Sur mon fichier son j'entendrai, de retour chez

moi, la voix d'Odile basculer entre les années, gaie mais efficace, de temps en temps recouverte par le brouhaha de la fête, me raconter sa drôle de jeunesse, son besoin de pénombre, et comment, il y a quarante ans, la maladie s'en est allée comme elle était venue. Laissant derrière elle des cailloux, des tonnes de moments perdus, et peut-être cette détermination que je lui sens à profiter de la vie sans compliquer les choses ?

———

IL RESTE UN BESOIN DE PÉNOMBRE.

Petite, toutes les nuits, je remuais mes poupées dans tous les sens etcaetera. Jusqu'au jour où je suis tombée pour de bon. En fait, j'étais en crise d'épilepsie. Et maman, elle avait un peu l'habitude, elle avait vu sa propre mère épileptique.

Je te parle de ça, donc il y a... J'ai 65 ans, donc il y a plus de 55 ans. A l'époque, on allait à l'hôpital psychiatrique. Il n'y avait des neurologues que là-bas, si tu veux.

Et au début, on m'avait donné du Gardénal en... Je me le rappelle comme si c'était hier, en granulé. C'était tellement infâme que maman, elle essayait de mélanger ça, avec du lait, tous les soirs.

Elle restait assise en face de la table de la cuisine pendant une demi-heure, trois quarts d'heure, jusqu'à ce que je puisse avaler le truc. Après, j'ai eu un sirop... qui avait un goût de cerise, c'était du Valium, en fait. Je me rappelle que je mangeais chez mes parents le midi, puis avant de repartir à l'école, je suis toute petite, je dis à maman : « Mes pattes me portent plus, je suis fatiguée... » Le Valium, le midi, ou au petit-déjeuner, je ne sais plus. C'était strong, hein. Le sirop de cerise, c'était avant les putains de granulés.

Souvent, j'allais voir ce fameux neurologue qui était à l'hôpital psychiatrique. On remontait toute une allée de platanes, on croyait jamais arriver au bout.

Et puis après, j'ai commencé à faire vraiment des crises d'épilepsie. Avec le côté complètement, comment dire : trou noir, je ne sais plus ce qui s'est passé, mal aux mâchoires, tout le tralala. Et après, j'ai commencé à avoir une adolescence et une préadolescence où j'étais même pas capable d'aller à l'école.

J'avais des cheveux longs. Et... On m'avait fait couper les cheveux tellement j'étais... Parce que tous les matins, je faisais tomber la brosse. Je faisais tomber ma brosse à cheveux dix fois par jour quoi, tu vois. J'avais des myoclonies, je lâchais tout.

Je me rappelle, le matin où j'ai passé mon brevet, ce qu'on appelait le BEPC à l'époque, maman était très inquiète parce que j'avais fait tomber sans m'en rendre compte trois ou quatre bols.

Quand je faisais tomber des bols le matin, maman me disait d'habitude : « Écoute ma chérie, tu es peut-être fatiguée, va te recoucher ce sera mieux ».

Moi, j'allais à l'école à temps très, très partiel. Et ça a duré jusqu'à mon bac. Je ne pouvais me concentrer que par bribes. A l'époque, si tu veux, on ne disait pas vraiment pourquoi.

Mais j'ai eu des sales concours de circonstances aussi. Parce que je faisais des crises d'épilepsie, d'accord. En seconde, je fais une hépatite virale. Déjà, ça n'aide pas. Je rentre en première. Au mois d'octobre, je me fais renverser par une voiture, fracture ouverte de la jambe. Donc, à l'hôpital pour me mettre des plaques et tout, tu penses bien qu'ils m'ont endormie, bien sérieusement. En plus, toujours l'épilepsie. Et terminale : je fais une allergie à la plaque que j'ai dans la jambe. Donc, il faut l'enlever.

Et à chaque fois qu'on m'opère, je fais des crises d'épilepsie. Donc, j'étais un petit peu… un peu secouée. C'est à cette époque-là que je me suis fait couper les cheveux à cause de cette brosse qui tombait tous les matins. J'avais les cheveux longs, si tu veux, comme souvent les ados. Et tous les matins… Elle est où, la brosse ? Je me ramasse. C'est les myoclonies, c'est où tu lâches tout sans t'en rendre compte.

C'est là que j'ai décidé de me faire couper les cheveux pour ne pas avoir ce traumatisme de la brosse qui tombe des bras. En plus, dans la salle de bain chez les parents, il y avait du carrelage. Et cette

brosse, elle était en bois et ça claquait sur le sol à chaque fois. Ah ! Je supportais plus ce truc-là. C'est très bizarre. On a des réflexes… Je me suis fait couper les cheveux tout court à cette période-là. En me disant que si je ne me coiffe pas, ce n'est pas grave. Tu vois, juste des trucs… Mais c'est très handicapant quand tu es jeune. C'est sûr.

Et encore, j'ai eu beaucoup de chance, si tu veux, que ce soit une épilepsie pubertaire et pas si violente que ça.

Donc j'ai fait mes années de lycée en allant en cours trois, quatre mois par an, tout simplement. J'ai voulu passer mon permis de conduire. Le neurologue m'a dit : « Mais ma cocotte, c'est pas possible ! ». Donc, j'étais hyper frustrée.

Et puis, en moyenne, je dormais dix-huit heures par jour. Toujours couchée, dans la pénombre.

Parce que j'étais sous Gardenal. J'étais sous Gardénal… jusqu'à ce que je sois enceinte.

Le jour où j'ai appris que j'étais enceinte, je suis allée voir mon

neurologue. Et il m'a dit : « Là, on va être obligés d'arrêter ». Le neurologue m'a interdit, bien sûr, de prendre mon Gardenal. Et en fait, j'ai eu… Le premier mois, c'était l'enfer, parce que tous les soirs, je cherchais mes comprimés, tu vois. Je me serrais les bras.

Ben oui, j'étais shootée depuis l'âge de 7 ans ! Je suis tombée enceinte, j'avais 26 ans, tu peux t'imaginer. C'était vraiment comme un sevrage, quoi. Un vrai sevrage. Et je suis restée pendant des années à ne pas supporter le plein soleil au réveil et des trucs comme ça. Je vivais comme une petite taupe.

Parce qu'en fait, j'avais fait des crises d'épilepsie à chaque fois qu'il y avait des stimuli lumineux. Tu vois, quand ils me passaient les électroencéphalogrammes, ils mettaient, juste devant toi, des écrans, avec des stimuli lumineux, t'avais l'impression de tomber dans le vide. C'était l'enfer.

Et j'ai un peu paniqué. En fait, comme ça devait être une épilepsie dite pubertaire, à l'époque, du jour où j'étais enceinte, je n'ai plus jamais rien eu.

Incroyable. Et ma grand-mère, elle, elle a fait des crises d'épilepsie toute sa vie, même quand elle était très âgée, au point de se casser les omoplates sous les spasmes, etc. Elle s'est cassée une omoplate, ma grand-mère, à peut-être 87 ou 88 ans, sous la force d'une crise d'épilepsie.

Et pour me rassurer, quand j'ai eu 50 ans, par là, je suis allée passer un scanner qui était tout à fait normal. Mais je l'ai fait quand même par souci de savoir s'il n'y avait vraiment plus rien. Et par contre avant ça, j'ai vécu pendant des années… J'avais ma meilleure amie qui habitait à côté de chez mes parents, elle venait me voir, elle disait à maman : « Ben Marie-Rose, elle est où, Biquette ? » « Elle dort ». Je faisais que dormir. Dans la pénombre. L'enfer. Très compliqué, hein, d'être épileptique. J'avais pas une épilepsie gravidique, euh, gravissime, mais quand même.

Et je me rappelle la dernière fois où j'ai fait une crise d'épilepsie. On était dans la maison avec mon frère, on avait fait une fête la veille, et le lendemain midi, j'arrive avec une casserole avec des petits pois, source lumineuse sous la véranda : piouffff, je pars. Ils m'ont emmenée chez une amie qui habitait à 4 km. Pendant 24 heures, je me rappelle rien : tu sais, le trou noir. Qu'est-ce qui s'est passé ? Infernal.

C'est très complexe, l'épilepsie. Très, très compliqué.

Et tu sais pas ce qui s'est passé. La seule chose qui te donne une indication, c'est que t'as mal à la mâchoire. Malheureusement, comme ça arrive à chaque fois, tu te dis : si je me rappelle de rien, c'est que j'ai dû faire une crise. Alors là, le moral... Blam. Ça tombe. Même sous traitement, tu vois.

A l'époque, ils donnaient pas quand même dans la délicatesse. Comme je te disais, le Valium, le Gardénal... On était bien dosés, dis donc. Pour pas bouger, quoi. Mais il arrivait quand même des fois où ça bougeait, tu vois. Et socialement ? J'avais la chance d'avoir maman qui était hyper attentive et douce. Combien de fois elle me disait : « Va te recoucher, va te recoucher, t'es un peu fatiguée ce matin, etc. ».

Ce que je trouvais très dur, socialement, c'est quand t'as 18 ans, et qu'on te dit, tu peux pas passer ton permis de conduire. Ça, c'était... Pour moi, c'était... A l'époque, il fallait prévenir une commission particulière. Et mon neurologue m'avait dit, non, on va quand même attendre un peu. Là, j'ai eu un trou de... Au moral. Mais autrement, tu vois. Autrement, j'avais l'habitude, si tu veux, d'aller à l'école, de ne pas y aller, d'y aller, de pas y aller...

Mais par contre, je suis restée avec un besoin de sommeil énorme. Ah ouais. Si tu me fais faire des trop petites nuits, au bout d'un moment, je sens que ça va pas. J'ai pas de signe d'épilepsie, mais j'ai mes neurones qui fatiguent puissance grand V quand même. C'est très étrange. Donc, je dors beaucoup. J'ai toujours beaucoup dormi. Mais alors, à cette époque-là, c'était 20 heures par jour.

Avant mes 7 ans, j'avais des désordres nocturnes. Mais en fait, personne ne savait si j'avais fait des crises d'épilepsie ou pas. Ma maman me récupérait, si tu veux, en mode somnambule, je me promenais la nuit. Et tu vois, j'ai 65 ans. Donc, j'avais, mettons, 6-7 ans. A l'époque, là, on me donnait le sirop ou le Valium. En disant : « Il faut qu'elle arrête de se promener la nuit ». Mais est-ce que j'avais déjà fait des crises ou pas ? Va savoir. Personne ne pouvait le savoir.

Quand j'ai été enceinte à 26 ans, en fait, ça a enrayé tout. Parce que du jour où j'étais enceinte, bien sûr, j'étais hyper surveillée. Plus de médicaments, plus rien. Et je n'ai eu aucun problème après. Et plus non plus pendant les grossesses suivantes. Terminé.

Alors que pour ma grand-mère, ce n'était pas le cas. Ma grand-mère a toujours été épileptique. Oui, elle a eu quatre enfants. Elle tombait dans les magasins. C'était très courant, etc. Les voisins la ramenaient et tout ça. Et quand elle avait plus de 80-90 ans, elle faisait encore des crises d'épilepsie. Elle est morte quand elle avait 96 ans. Et elle avait toujours des crises. Oui, oh tu sais, à l'époque… Maman, elle, elle se rappelle qu'elle voyait sa mère des fois qui tombait et puis elle s'occupait de ses frères et sœurs. Tu sais, famille d'immigrés italiens, vivant dans deux pièces. Je ne sais pas s'il y avait beaucoup d'attention portée à la chose.

Par contre, on s'est toujours méfiés chez nous d'une lignée féminine quand même. Donc quand j'ai eu une fille, je peux t'assurer que si elle se réveillait la nuit, j'étais à côté du lit. J'ai deux cousines qui n'ont rien eu. Tu vois ? Donc tu vois, certaines lignées… Tu sais, à l'époque, on ne cherchait pas trop. Voilà.

Donc grande source de lumière, ça, jamais. Volets mi-clos tout le temps. Moins, mais… C'est bien d'avoir… C'est psychologique d'avoir des volets un peu entrouverts. Toute ma vie, j'ai été comme ça. Tout le temps.

SYLVIE ET ADRIEN

Même s'il me faut lâcher ta main
Sans pouvoir te dire «À demain»
Rien ne défera jamais nos liens
Même s'il me faut aller plus loin
Couper les ponts, changer de train
L'amour est plus fort que le chagrin
L'amour qui fait battre nos cœurs, va sublimer cette douleur,
Transformer le plomb en or…

Françoise Hardy, *Tant de belles choses*

Je n'ai pas rencontré Sylvie. Elle habite à l'autre bout de la France. Ce livre avançant, j'avais sollicité les familles endeuillées dont j'avais le contact. Il n'était pas question qu'il n'accueille que des vivants. Parmi elles, il y avait des gens plus proches géographiquement, et avec qui j'aurais pu avoir un entretien face à face. Mais je savais que c'était beaucoup demander : lors de ces réunions de familles endeuillées auxquelles j'avais assisté, tous étaient éprouvés par l'effort de faire à nouveau un récit qu'ils avaient fait mille fois, de raviver des images et des questions qui à la fois les hantent, et qu'ils ont le besoin vital de ne plus remuer, car elles menacent de les engloutir. Ces gens ont perdu un enfant, de trois, huit, treize, dix-huit, ou trente ans, il y a quelques mois, ou quelques années seulement.

Si on scannait l'assemblée avec un appareil mesurant les intensités de douleur, on verrait sur chaque chaise autour de la table une forme incandescente. Et quand ils ouvriraient la bouche pour parler, ils flamboieraient plus fort, et on verrait comment certaines paroles dans certains témoignages déclenchent ici et là une nouvelle inflammation de la peine. On visualiserait la résonance des mots. Quand ils sortent des bouches pour livrer un récit à des inconnus, ils franchissent deux cent sas d'intimité, ça arrache au passage des tissus mal cicatrisés, les bandages et les baumes et les attelles, et quand ils arrivent à destination, ils réveillent au-dedans des autres un nœud, un noyau de tristesse dur. On sort de là certain qu'il était bon de partager, mais épuisé par toutes ces vibrations. On n'a pas trop envie de remettre le couvert, croyez-moi.

C'est pourquoi je ne pouvais me résoudre à relancer lourdement les uns ou les autres. A déclencher le feu froid de leur manque, de leur sidération douloureuse.

Les morts dont je parle sont morts de SUDEP : Sudden Unexpected Death of Epileptic Patient, en français on dit MSIE : Mort Subite Inattendue et Inexpliquée du patient Epileptique. Le M et le S font très mal, mais ce sont surtout tous ces I qui rendent toute cicatrisation des plaies quasi impossible : I pour « inexpliquée », parce qu'on ne compte pas comme SUDEP les morts par accident lié à une crise, par chute, noyade, étouffement, accident de la route, que sais-je. Et I comme inattendue, à double titre : inattendue car subite, car préparée par rien, par aucune dégradation cliniquement notable de l'état de santé, mais aussi inattendue parce que l'immense majorité des familles que ces morts subites vont bouleverser n'avaient jamais auparavant entendu parler de SUDEP.

Quand on a un cancer, quelle que soit la transparence et le niveau de certitude des médecins à qui on a affaire, on a forcément entendu dire qu'on pouvait mourir ou guérir, à moins de vivre reclus dans un univers parallèle. Ce n'est pas un secret. Mais là, non. Donc I comme Injustice, Incompréhension, Impréparation, Impossible et Insupportable, et j'arrête car le petit jeu des I et des points qu'on a oublié de mettre dessus pourrait durer longtemps.

C'est très paradoxal : les choses que disent les familles lors de ces réunions de familles endeuillées sont constamment présentes à leur esprit, serrent leurs gorges à toute heure, mais en même temps, parler vraiment fait une douleur nouvelle. Ce n'est pas seulement que certaines émotions gardent leur intensité première, mais que les questions sans réponses, la colère ou la culpabilité ne nous habitent pas, ne nous travaillent pas, de la même façon que le fait la tristesse. Le deuil rogne les forces, le deuil a ses nécessités ; il oblige à s'éloigner régulièrement du bord d'une eau noire, à laquelle nous revenons, aimantés, même si et parce que ses reflets ne nous disent rien que le mystère. Quand un peu de force nous revient, il faut en profiter pour toucher à tout ce que nous avons laissé de côté, vivre, travailler, dormir, tout ce qui était évident et naturel jadis, et que la perte traumatisante nous a désappris.

Je le sais bien : j'ai vécu cela. Pour redevenir capable d'accomplir les tâches banales et urgentes des vivants, j'ai eu besoin de me concentrer sur la tendresse à cultiver, de désencombrer et restaurer mon dialogue intérieur avec mon frère perdu, de reconstituer son identité complexe et foisonnante, qui ne m'appartient pas plus aujourd'hui qu'elle ne m'appartenait quand il était des nôtres, qui ne peut se réduire à l'expérience de la maladie et d'une mort précoce, adopter les contours de mon traumatisme de l'avoir perdu : en somme, il me fallait récupérer tout ce que la révolte, le sentiment d'injustice, la culpabilité, et la terreur vive qui m'avaient balayée au moment de sa mort-et revenait dans mes cauchemars récurrents-, me confisquaient.

Certains ont besoin de garder au calme, au chaud, dans l'intime, leur peine terrible, de la circonscrire et de la tenir à distance respectable. D'autant qu'on sait, très bien, que les autres ne peuvent pas comprendre. L'espace de l'affection que nous portions à nos morts, ce n'est pas celui du lobbying. Mais d'autres s'obstinent à essayer de comprendre, ils ne peuvent pas ne pas, voudraient qu'un jour on comprenne, et s'engagent. Je comprends ces différentes postures. Ce sont d'ailleurs à peine des choix.

Sylvie, elle, se bat. On dit « se bat » mais je voudrais qu'il y ait un vocabulaire moins guerrier. On dit « se battre » parce qu'il y a en effet un, des ennemis. Et qu'il y a une débauche d'énergie intense, un investissement hors du commun, un sentiment d'urgence. Les ennemis que sont l'ignorance, les tabous, les lenteurs de la recherche, la médiocrité humaine, parfois, d'un système qui perd le cap de l'empathie, qui ne respecte pas toujours le commandement de bientraitance ni celui de transparence. Mais si j'aimerais trouver un autre mot, c'est que ce combat est l'inverse d'une guerre. C'est de la consolation, du soutien aux vivants, de la douceur supplémentaire qui répond à la rudesse folle de ce qui a frappé, du sens et du goût de la vie en réponse au mur épais et muet de la mort.

Donc Sylvie s'est engagée auprès d'Épilepsie France. Elle est leur correspondante locale en Pyrénées Atlantiques. Elle est contactée plusieurs fois par semaine par des gens ayant perdu un proche de SUDEP. Et découvrant hélas pratiquement toujours le terme avec la chose. Qui lancent la machine à questions, la moissonneuse-batteuse, la tempête, je ne sais comment appeler ça. Et quand Sylvie reçoit, m'a-t-elle dit au téléphone, un jeune épileptique à qui elle raconte l'histoire de son fils, à qui elle fait comprendre qu'il peut faire des choix qui lui restitueront un peu de contrôle sur sa vie, elle dit : que, par exemple, chercher à éviter les crises au maximum en prenant bien son traitement et en prenant au sérieux la question de l'hygiène de vie, bien dormir, ne pas trop boire, ne pas tirer sur la corde, mesurer ses défis, s'entourer de vigilance, ce n'est pas « vivre comme un moine », ce n'est pas juste « pas marrant », c'est plutôt se donner la chance de profiter de sa vie, en prendre précieusement soin. Quand ce jeune repart décidé à prendre au sérieux et les risques, et sa propre vie, encouragé, elle se sent utile. On ne saura jamais, dit-elle, mais peut-être que son écoute et son témoignage auront éloigné un peu la mort de certains chemins tout neufs.

Elle avait déjà écrit à d'autres fins le témoignage que vous allez lire, et a accepté de me le transmettre. Elle m'a dit : ce n'est pas un discours, ce n'est pas de la littérature, j'ai écrit avec mon cœur de mère.

Elle m'a parlé de ses autres enfants, et cela bien sûr... eh bien ils ont, comme moi, perdu leur frère. J'ai eu la "chance", me disais-je en l'écoutant – c'est vraiment fou de dire une chose pareille – d'avoir perdu mes parents deux ans avant la mort de mon frère, c'est à dire : de ne pas avoir à assister à leur souffrance, de ne pas avoir à les soutenir. Dans cette famille-là, c'est autre chose : les enfants s'inquiètent pour leurs parents, les parents souffrent en quadruple de la souffrance de chacun de leurs enfants vivants. La peine se multiplie. L'amour aussi, il ne faut pas oublier de le dire. Les peines d'amour, si lourdes, sont tout de même moins impossibles à vivre que la colère, les questions sans réponse, le sentiment de ne pas avoir pu faire plus, ou mieux, ou autrement, parce qu'on ne savait pas.

Sylvie est une inconnue, et pourtant j'écris spontanément « je t'embrasse » à la fin du sms que je lui écris pour la remercier, après avoir lu son témoignage. J'efface, me rendant bien compte que c'est déplacé d'écrire ça à une inconnue, je cherche une autre formule pour dire au revoir, mais ce que trouve sonne faux, c'est nul, alors je réécris « je t'embrasse ». Bon. C'est comme ça : les étrangers qui connaissent certains territoires, si intimes, ce ne sont plus de complets étrangers.

Pour m'approcher, je regarde la photo de son fils Adrien qu'elle a jointe à son message. Je le dessine, je décide de prendre le temps avec ces fleurs roses sur sa chemise de fête violette. Incroyable, cette chemise. Je n'ai presque rien pour rencontrer ce jeune homme qui n'est plus. Une chemise de fête, la barbe pas trop taillée, les lunettes de soleil. Elles m'empêchent de voir son regard, tant pis. Ce sont les fleurs sur la chemise qui me parlent. Elles sont incroyablement anti-mort : impossible de mourir avec une chemise pareille, un verre à la main. Manifestement, c'est l'été sur cette photo. Quelle bouille il a ce type : on l'entend rire, presque. Je google le nom du restaurant d'Adrien pour m'approcher encore un peu. Et là, au milieu des photos de bidoche, de camembert rôti et de verres de vin, ce slogan : « Le repaire des Bons Vivants ». J'en reste bouche bée. Quelle ironie. Ça me claque à la figure. Ce n'est pas que ce soit moins triste, la mort de celles et ceux qui ont du mal à vivre, mais on peut se dire de temps en temps, fugitivement, comme m'avait écrit à la mort de mon frère un ami cher : « Fini, les éclisses ». Finis, la douleur les échardes les écorchures les migraines les courbatures de l'anxiété, fini les angles où tu te cognais. Mais là… Bienvenue au Repaire des Bons Vivants. Eh bien oui, c'est un beau programme, et ces mots vont bien sur le combat de Sylvie.

DORÉNAVANT TU AURAS UNE VIE DE MOINE.

Adrien était le deuxième enfant d'une fratrie de cinq. Il est né le 10 septembre 1986, a grandi à la campagne sans problème de santé. Il est peut-être important de le préciser, nous habitions dans un petit village non loin du Bassin de Lacq, Pyrénées-Atlantiques, zone reconnue Seveso. Petit détail qui aura peut-être son importance un jour. Adrien a fait sa première crise à l'âge de 23 ans. Il finissait son stage de deuxième année de Master « Aménagement du territoire », un parcours scolaire et d'études supérieures sans faille.

Cette maladie est entrée dans notre vie sans préavis, aussi violente que peut l'être une crise tonico-clonique. Notre médecin traitant de l'époque, bienveillant, a très vite orienté Adrien vers un neurologue afin de confirmer l'épilepsie. Aucune empathie du spécialiste du centre hospitalier de PAU, aucun respect du jeune en face, le neurologue a prononcé des mots qui résonnent encore aujourd'hui : « Dorénavant tu auras une vie de moine... ». Comment peut-on annoncer une telle maladie de la sorte ? Aucune explication sur la maladie, juste une ordonnance avec un traitement de Dépakine, 15 minutes de consultation sur une pathologie qui va bouleverser la vie entière de notre enfant et de toute la famille.

Nous avons entrepris des recherches sur internet (ha... merci internet), la maladie, les traitements, nous avons tout découvert grâce à nos seules recherches. Adrien a été privé de son permis de conduire, il s'est retrouvé dans des commissions au même titre que les alcooliques, pour nous parents nous avons eu le sentiment qu'il était maltraité. Nous étions tellement démunis devant ces médecins sans compassion pour ce jeune homme dont l'épilepsie était en train de voler la jeunesse. Adrien était un battant, il faisait environ trois, quatre crises par an, une régularité dans ses crises toujours généralisées, un cycle répétitif qui n'a jamais intrigué ou questionné les médecins. Adrien raisonnait ainsi : « La crise est passée, ouf, je vais être tranquille pendant trois ou quatre mois ». Lors d'une consultation, le neurologue, me trouvant un peu inquiète, m'a annoncé, agacé par mes interrogations : « Madame, sachez qu'on ne meurt pas d'une crise, mais seulement de chute, de noyade... » Adrien a rencontré le service spécialisé épilepsie de Bordeaux. Son EEG était normal, ponction lombaire normale, bref tout allait bien, mais ses crises continuaient à rythmer sa vie, notre vie. A aucun moment, son traitement Dépakine n'a laissé place à un autre traitement, il a pris de la Dépakine du premier jour au dernier jour de son épilepsie. Malgré les demandes d'Adrien, aucune équipe médicale ne lui aura proposé une autre molécule.

Les années ont passé. Adrien a quitté son premier emploi pour monter son propre business dans la restauration avec son meilleur ami. Quel défi... Comme ils étaient très jeunes, les banquiers ne voulaient pas les suivre, et la maladie d'Adrien n'arrangeait pas les choses. Nous soutenions Adrien dans ce magnifique projet, n'étant absolument pas du métier de la restauration, les partenariats furent compliqués, mais les deux jeunes se sont accrochés. Malgré toutes ces inquiétudes, les crises n'étaient pas plus nombreuses, toujours son petit rythme de 3/4 crises annuelles. Le Gueuleton, restaurant atypique, a vu le jour. Quelle fierté, quel défi ! Une nouvelle vie semblait se profiler, Adrien débordait d'enthousiasme. L'entreprise Le Gueuleton se portait bien, voire très bien. Adrien s'occupait de la partie communication de l'entreprise, il travaillait très tard le soir, beaucoup d'heures devant les écrans. L'entreprise grandissait trop vite, Le Gueuleton Pau était le lieu de formation pour tous les futurs Gueuleton de France, à ce jour 15 établissements Gueuleton ont vu le jour. La pression était de plus en plus grande, les enjeux plus conséquents, Adrien avait peur de faire de mauvais choix, le succès de l'entreprise était inattendu, mais avec tous les soucis que cela pouvait comporter. Les crises d'épilepsie faisaient partie des inquiétudes : comment gérer autant de stress sans pour autant augmenter les crises ? Rien n'allait sans l'autre malheureusement. Au mois d'août 2022, Adrien est venu passer quelques jours auprès de nous - nous habitons au bord de l'océan. Nous avons très vite ressenti une sorte de tristesse chez Adrien. Il venait de rompre avec sa compagne, prétextant que sa vie était trop compliquée pour la partager, cette rupture était très douloureuse pour lui et pourtant c'était lui qui en avait décidé ainsi. Il nous a annoncé qu'il ne voulait pas d'enfant, car il était conscient que toute la Dépakine qu'il ingurgitait chaque jour ne serait pas bonne pour concevoir un bébé, et que tout compte fait, la société dans laquelle nous vivions en 2022 serait incompatible avec l'épanouissement d'un enfant. Durant ces quelques jours, nous avons trouvé Adrien plutôt triste, lui qui aimait tellement la vie.

Début septembre, Adrien est admis aux urgences de Pau, il vient de faire une crise, nous décidons avec mon mari d'aller le chercher pour le rassurer. Nous essayons avec beaucoup de délicatesse de lui dire de lâcher un peu son travail, de prendre du temps pour lui, de faire des projets personnels. La discussion n'est pas ouverte, Adrien est triste, nous avons le sentiment qu'il baisse les bras. Je suis malheureuse en tant que maman, j'aurais tellement aimé prendre cette maladie pour qu'Adrien puisse vivre sa vie pleinement, quelle impuissance en tant que parents, quelle douleur de voir son enfant ainsi ! Adrien a été mieux les jours suivants, il a fêté son anniversaire avec ses frères et sœurs. Le repas familial est prévu à la fin du mois, car comme chaque année nous fêtons les anniversaires de nos enfants, Julie et Adrien ensemble, car l'un est du 10 septembre et l'autre du 23 septembre. Le 29 septembre, notre fille aînée nous appelle pour nous prévenir qu'Adrien est introuvable. Le stress, la peur, la crainte, le pire…. 18 h : le coup de téléphone que personne ne voudrait avoir : « Maman… Adrien est décédé… » Notre vie s'effondre… en quelques secondes, l'insoutenable, l'horreur. Adrien a été retrouvé par les pompiers et la police dans son appartement, seul, allongé face au sol, à 18 heures.

C'est sa sœur qui a alerté les secours, mes deux enfants aînés ont affronté tous ces premiers moments de la découverte de leur frère. Aucun soutien à leur égard de la part des intervenants, ils ont été confrontés à une douleur sans calque, l'annonce brutale, des mots sans ménagement, des bruits insoutenables. Comment peut-on se reconstruire après de tels moments ? Ils ont passé des heures au commissariat, c'est eux deux, qui ont eu la lourde tâche de nous annoncer, en nous protégeant au mieux, cette terrible nouvelle. Ils ont tout porté, ils ont assuré notre survie, ils ont été exemplaires. Quelle force, quel dévouement ! Les jours qui ont suivi ont été entre parenthèses, nous n'étions pas nous, nous étions dans un autre monde. Les démarches administratives, le corps d'Adrien qu'on nous a refusé de voir (!), les médecins experts, les avis, les contre-avis… Un jeune de 36 ans qui décède, pose question aux experts, aux médecins légistes… L'insoutenable continuait pour nous, parents, frères et sœurs, grands-parents. Nous avons pu enterrer notre enfant 10 jours après son décès, des milliers de personnes furent auprès de nous, l'église était tapissée de fleurs blanches… La présence de toutes ces personnes fut un témoignage de l'amour qu'Adrien avait pu apporter autour de lui.

Aujourd'hui mon engagement auprès d'Épilepsie France représente la bataille de ma vie. Pour moi, dire toute la vérité sur l'épilepsie est primordial. La perte d'Adrien ne doit pas être une fatalité. La plupart des familles touchées par la SUDEP partagent le même discours : informer à un stade précoce du parcours de soins sur l'existence de la SUDEP pourrait changer bien des choses. Nos comportements pourraient évoluer, la prise en charge serait plus adaptée, la surveillance après une crise plus rapprochée, la médication plus ponctuelle, et l'hygiène de vie plus ajustée. Nos enfants voulaient vivre, mais un simple décalage dans la prise de médicament, une exposition prolongée aux écrans, le manque de sommeil, un état de stress accru, et la vie bascule. Pourquoi ce manque d'information ? Par peur d'effrayer ? Cependant, être informé permet de se préparer inconsciemment à la douleur, sans que celle-ci soit moins intense lors de la perte d'un être cher.

———

LA GALETTE

Je désespère de trouver les trois témoignages indispensables qui manquent à ce livre : je voudrais qu'on me parle de sexualité et de vie amoureuse, parce que c'est un sujet central, tout le monde en convient, mais la pudeur retient les langues. Je voudrais qu'on me raconte comment on se débrouille pendant une grossesse et pour élever des enfants, je voudrais rencontrer quelqu'un qui a tenté la chirurgie.

Je ne trouve pas facilement, le temps commence à me presser, alors je décide de m'inscrire - comme une espionne infiltrée - à une "après-midi galette" organisée au siège de l'Alliance Maladies Rares à Paris, rue Didot, par l'association Épilepsie France. Sous couverture, mais bon, après tout, j'ai payé ma cotisation, je suis adhérente. Tenez, d'ailleurs : ils ont besoin d'adhérent.e.s, sachez-le, pour être entendus comme porte-parole du plus possible de gens, pour être une voix qui compte. Voilà, c'est dit. Les progrès n'arrivent pas tout seuls, hein.

En dix minutes j'aurai trouvé Laurène, Sophie et I. Et d'autres encore.

Laissez-moi vous raconter ça. Et rendre un hommage fervent à tous ces bénévoles de toutes sortes d'associations qui organisent et multiplient ce genre de rencontres, loin du marketing des événements culturels payants et sexy qui excluent une bonne partie de la population. Elles et eux font que ce monde n'est pas complètement un désert, et qu'on a sa place dans de petites communautés, même lorsqu'on a du mal à la trouver dans la société. Petit bain, grand bain.

Créer des lieux refuges : ça devient une obsession chez moi, la priorité des priorités politiques. A mesure, aussi, que je désespère du reste, c'est-à-dire de la possibilité de changer le monde à plus grande échelle. De toute façon, c'est botanique : il faut bien que l'humanité germe quelque part à l'abri des grosses rafales.

Moi qui ne mets plus les pieds, depuis des années, à la messe, ça me rappelle que les églises avaient au moins ça de bien : des chocolats chauds du dimanche, des moments d'accueil réguliers, où on pouvait se mélanger à toutes sortes de bras cassés que pour une fois, on ne définirait pas comme tels, mais comme des membres d'une communauté à critères d'appartenance simples : être un humain d'accord pour être là. Petites gens et bourgeois, rigolards et gueules cassées, vieilles biques et petits morveux. Bien sûr il fallait se fader en retour, dans l'air ambiant, une dose de bondieuserie, pas forcément sans effet toxique secondaire, mais d'après mes souvenirs, sur le versant chocolat chaud de l'affaire c'était très supportable : ce n'était pas un moment de culte. On y venait juste pour exercer une humanité large, sans autre objectif particulier, parce que ça découlait du credo ânonné de dimanche en dimanche, et qu'à un moment donné, il faut mettre les choses (la fraternité) en pratique. Filtre large. Voilà : il faut vraiment multiplier les occasions de se défaire des filtres étroits, des affinités électives, de la grégarité de classe, parce que notre société nous les réimpose, les filtres étroits, les réactive en permanence.

J'ai acquis la conviction que le filtre étroit est LA source la plus sûre de la connerie. Je vois avec l'âge des gens très ouverts, bons et intelligents, devenir cons, *piano e certo*, doucement mais sûrement : quand on cesse de se forcer à élargir sa tente (on a trouvé sa place, son cercle, on n'a plus besoin de s'adapter en permanence, de supporter la différence, de faire le grand écart), bingo, ça ne loupe jamais, un beau matin on se réveille con.ne sans s'être aperçu.e de rien. Sans avoir rien fait de mal, juste comme ça, par omission et sous le coup d'une loi naturelle.

Quand j'arrive là, on est dimanche et rien évidemment n'est donc prévu dans l'activité normale du lieu pour l'accueil du public. Je suis un peu paumée, ne connais pas l'endroit, mais comme je suis sociable j'interpelle un jeune homme qui semble chercher lui aussi quelque chose. En fait, il est en arrêt devant une porte fermée. Il n'est pas causant, causant. Pas fluide, fluide. Je reconnais quelque chose, là. Une raideur, avec une intensité. Une intensité dans le regard et la présence, qui me prouve qu'il m'a perçue, mais avec la certitude immédiate que ce n'est pas lui qui cherchera le contact. Ni la solution pour trouver où nous devons aller. Un non-agir. Peut-être provoqué par ma présence, qui le fige en mode observation, peut-être par le fait de ne pas savoir par où entrer, comme une poule devant un couteau. J'essaye de formuler ce que je reconnais, c'est difficile. Ce qui fait que je n'ai aucun doute qu'il va lui aussi à cette rencontre entre épileptiques, et que même hors contexte, je me serais dit : « Lui, il est épileptique. Ou autiste. Ou les deux. Ou il prend des médicaments ». C'est fou, ça. J'ai vaguement honte d'être aussi sûre.

Ensauvagé par la douleur, la nécessité de concentrer ses forces, des expériences impartageables.

Est-ce qu'on se pose assez la question de savoir ce qui, précisément, suscite en nous ce genre de catégorisation ? On devrait. On devrait pour affiner nos jugements, les défaire, les préciser, éviter les généralisations inconscientes et souvent infondées. Tout ce que j'arrive à dire, c'est que ça m'évoque la rencontre fortuite entre deux animaux d'espèces différentes : pas le rituel habituel, une absence d'évidence a priori à propos des intentions de l'autre, pas de connivence. A moi d'incarner la familiarité que je ressens, et que lui ne ressent pas, de l'incarner par un ton léger, de surjouer l'évidence. Sa différence m'est familière, justement, et elle ne me heurte pas, au contraire. « J'aime les gens qui doutent »[37], etc. Mais lui ne le sait pas. Et il n'est pas obligé d'être consentant à la tendresse que j'éprouve pour l'expression particulière de son être, et qu'il n'a rien fait de volontaire pour susciter. C'est mon historique, ça. Bref. Il me dira, plus tard dans l'après-midi, qu'il est épileptique depuis la naissance, depuis le double tour que formait le cordon ombilical autour de son cou. L'ai-je déjà dit ? C'est beau, la nature. Il suffit de pas grand chose. Et puis un jour il s'est fait opérer, et au lieu de guérir, tout va pour lui de mal en pis, depuis. N'empêche qu'il est là, ses intenses yeux noirs sont là. Je ressens une joie inexplicable, je pense : « Savoir que vous êtes des survivants, ça réchauffe »[38]. Et : « La force a sa demeure dans le visage de l'autre»[39].

D'ailleurs ce jour-là j'en rencontrerai un autre, de jeune homme, pour qui les choses ne s'arrangent pas avec le temps.

Je mets en sourdine mes leçons de morale et d'humanité, et reconnais que se pointer dans ce type d'assemblée et de lieu-refuge n'est pas qu'une partie de plaisir. On y trouve, même si pas que, des gens qui vont si mal, qu'ils n'ont sans doute que ces communautés-là pour sociabiliser. Des qui débordent. La souffrance, l'amertume, la révolte, débordent. Qui est là pour être gentil.le, sera bien attrapé.e : car on ne pourra pas aider d'un simple sourire (c'est mieux que rien, mais ça ne suffit pas, arrête avec tes mièvreries !). Et puis les gens qui souffrent, les gens qu'on n'écoute pas assez, quand tu ouvres ton oreille, ils y vont parfois franco.

La peine de ce garçon ne semble pas avoir de bornes. Il est maltraité. Il s'est complètement désocialisé, me dit-il. Ses parents se sont opposés à ce qu'il accepte un travail qui lui convenait, le lieu ne leur inspirait pas confiance. Ils ne le laissent pas rester boire un coup après la messe avec des jeunes de son âge. Ils l'ont privé de participer à un rassemblement de jeunes qui avait pour lui la plus grande importance. En lui promettant que la prochaine fois, il pourrait. Mais la prochaine fois, ce fut non, à nouveau. Le nouveau curé ne le laisse plus

37 Titre d'une fameuse chanson d'Anne Sylvestre.
38 Peter Handke. *Par les villages*, monologue final de Nova.
39 Ibid.

participer aux maraudes où il avait l'habitude d'aller les dernières années, et qui lui apportaient tant de joie. Il n'a plus que sa chambre, me dit-il. Bon, il est là, mais ça n'a pas l'air de changer son sentiment d'abandon et de désespoir. Il est majeur, pourtant. Je ne peux pas empêcher la colère de monter en moi aussi. J'ai carrément des insultes dans la tête. C'est pas malin, mais c'est réel. Qui sont ces gens ? Pourquoi est-ce qu'on en est encore là ? Pourquoi les parents ne se font pas soigner, accompagner, pour prendre des décisions moins destructrices ? Comment se fait-il que des familles puissent avoir une telle emprise ? Pourquoi ces gens ne sont-ils pas convoqués chez le médecin, pour qu'il leur explique quels sont les besoins de leur enfant, quels sont les risques de cet enfermement, qu'ils entendent parler de dépression, de son rôle dans l'évolution de la maladie et de la qualité de vie, et qu'il les aide à satisfaire autrement le besoin de protéger leur fils - car c'est sûrement cela qui les guide : la lutte contre l'impuissance, le besoin de se rassurer en ayant un peu de contrôle sur les choses, et des convictions. Pourquoi ce dialogue de sourds, lui, eux, à se cogner aux murs, sans médiation pour leur faire entendre qu'on peut sans doute le protéger autrement qu'en le violentant ainsi ? Les gens ne devraient pas être seuls avec leur enfant. Plus les situations sont difficiles à affronter, délicates, lourdes, moins il faudrait que les gens soient seuls décisionnaires et aidants, et plus ils le sont. Ça ne tourne pas rond, ça !

Je ne peux pas m'empêcher non plus, pardon à celles et ceux que ça heurtera, d'être très en colère contre la religion, contre, disons, cette croyance de bien faire parce qu'on se donne du mal - le sacrifice, depuis quand ça suffit à bien faire ?? - et cette tolérance au n'importe quoi qu'on retrouve dans toutes les communautés. Ça vient de l'absence de remise en question, des vases clos, ça vient des certitudes, ça vient de l'âge des religions et de leur imbibition par des archaïsmes culturels, ça vient de l'idée même de croire, qui dispense un peu trop du devoir de chercher à savoir, comprendre, connaître, qui éteint trop souvent la curiosité intellectuelle. Je ne connais pas ces pauvres gens, je ne peux pas parler d'eux. Ils ne valent pas tripette, mes jugements à l'emporte-pièces. Mais les paroles de ce jeune homme réveillent en moi toute cette colère qui dépasse son cas.

Un des archaïsmes en question, c'est la légitimité du pouvoir des parents, des familles en général. La famille, c'est dangereux, aussi, bon sang ! Mais pour s'en émanciper, ce qui est parfois littéralement vital, il faut un ailleurs, des ailleurs. Et pour qu'il y ait des ailleurs émancipateurs, il faut qu'on arrête de croire les parents responsables de tout, de leurs enfants, de leur devenir. Non, non, non ! C'est tout le village ! Bien sûr, ça ne peut être que tout le village. Tout le système est responsable de l'emprise de ce genre de parents, parce que cela arrange bien tout le monde, que des parents soient là ! Ils sont dépassés, mais assignés à assumer la responsabilité d'un majeur, alors que et parce qu'il est lourd à porter. Oui, ne pas leur laisser toute latitude, cela implique d'assumer, nous, la charge. Nous l'État, nous les institutions, mais aussi nous les gens. Qui n'avons pas fait cet enfant, qui n'avons pas été touchés par la malchance de cette maladie.

C'est bien pour cela que ce garçon est légitime en s'adressant à moi. Sa dépendance est totale. Pourtant, il a des diplômes, il parle bien, il est cultivé, et même employable. Ce n'est pas un bébé du tout. Il a raison, au fond, de ne pas me lâcher la grappe : il a bien compris que nous étions tous responsables, et a fortiori une fois que l'on sait. Si le récit de sa dépendance malheureuse à ses parents me met en colère, me fait revendiquer pour lui et d'autres des ailleurs émancipateurs, la cohérence exige que je m'implique. Or je ne sais pas comment, si ce n'est en acceptant, comme je l'ai fait, l'échange perturbant avec lui, et en vous le racontant ici.

Ma colère n'est pas un jugement sur des gens dont je ne sais rien. C'est plutôt une émotion forte devant un dysfonctionnement général. Mes parents non plus ne s'en sortaient pas. Infantilisants parfois, surprotecteurs à certains moments, à d'autres ils craquaient. Au moins, comme les parents de ce jeune homme, ils étaient là. Ce que rapportent tous les témoignages de parents ou d'aidants, c'est que c'est trop, qu'on fait ce qu'on peut, dans un grand isolement le plus souvent. Avec beaucoup de culpabilité, la plupart du temps. Constater le dysfonctionnement général, responsable de cet isolement délétère, première étape. Mais que faire de ce constat, ensuite, à l'échelle individuelle ?

J'ai envie de comprendre, sans avoir les réponses, envie de faire causer, faire réfléchir. C'est là que j'en suis : tant pis, tant mieux ! C'est le silence qui me déchire le plus. Je me sentais dépassée ce jour-là, vaguement prise en otage par ce naufragé en détresse, c'était trop pour ma seule petite personne.

Pour la plupart d'entre nous, c'est trop. Et ça se mord la queue au fond de l'impasse. Moins on est à prêter l'oreille, ouvrir les bras, retrousser ses manches, plus c'est trop pour le peu de ceux qui ne se dérobent pas. Personne n'a autant à donner ? C'est le bon vieux truc du village : c'est trop lourd si et seulement si on est seul.e à trouver normal de prendre soin de ceux qui en ont le plus besoin. Mais on n'est PAS seul.e !

Et bien je reste là. Je vais m'asseoir dans cette aporie, sûre de la pertinence de cette galette, avec la colère ET le sourire, et laisser le soleil me faire signe de continuer.

« Ne croyez pas aux montées raides, elles sont une affaire d'humeur - les sommets les plus hauts on ne peut pas les conquérir, on ne peut qu'y monter en promenade »[40].

Cette galette, c'est promenade. C'est peu, mais c'est de la couleur, du bruissement, du village, de l'orchestre, de la caravane.

« Certes vous êtes peu : mais le peu est-il donc peu ! Détournez vos yeux des durs à cuire, des bipèdes bestiaux. Ils sont peut-être futés, mais vous vous êtes réels. Suivez la musique de caravane ».[41]

La caravane : un collectif, mais qui n'est pas fermé, qui n'est pas immuable, immobile. Un village, mais variable, mouvant, et réel. Sans autre identité que le partage de cette promenade à pas lents de survivants.

L'idée que l'indépendance est un idéal, l'autonomie, un but, fait ses ravages, plus encore dans certaines bulles sociales. C'est un mensonge de "riches", un mensonge de valides, de privilégiés. N'oublions pas l'existence de ces privilèges, c'est à dire l'incroyable cruauté du système. Il suffit de cet oubli pour construire le mur qui isole.

Ici, dans ce refuge éphémère d'une après-midi de galette, on peut entendre une autre chanson. Celle que j'aime. Celle qui dit :

« Vous êtes, et ça c'est une date ! Agissez en conséquence ». « La joie est le seul pouvoir légal »[42].

---

40 Ibid.
41 Ibid.
42 Ibid.

Bref. Nous finissons par trouver l'endroit. Une salle dans laquelle sont déjà réunies une trentaine de personnes. Jus de fruits, cidre, galettes. Des enfants, des adultes. Nous sommes debout. Ça papote. J'imagine qu'un certain nombre de gens ici se connaissent déjà, j'en vois un certain nombre d'autres rester – comme moi – gauchement sans trop savoir à qui, ni de quoi, parler. Bah oui, c'est tout un art que nous ne maîtrisons pas tous. Mais ça vient, et quand ça ne vient pas, des bénévoles ont apparemment pour mission de faire le lien, et d'éviter que certain.e.s ne restent dans leur coin.

Vu ce que je cherche, on m'indique entre autres Laurène, qui s'est récemment fait opérer. Elle accepte de me confier son témoignage. C'est une jeune femme vive, à l'air timide, mais pas timide - autrement dit, elle surmonte, je pense - franche, douce, qui manifeste beaucoup d'intérêt pour les autres. On se met d'accord pour un coup de téléphone.

———

LAURÈNE

"Je suis l' dauphin d'la place Dauphine,

Et la place Blanche a mauvaise mine."

Jacques Dutronc, *Il est 5 heures, Paris s'éveille*

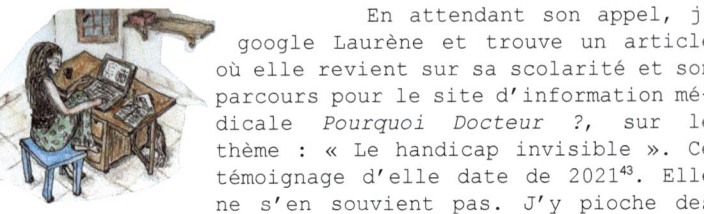 En attendant son appel, je google Laurène et trouve un article où elle revient sur sa scolarité et son parcours pour le site d'information médicale *Pourquoi Docteur ?*, sur le thème : « Le handicap invisible ». Ce témoignage d'elle date de 2021[43]. Elle ne s'en souvient pas. J'y pioche des informations :

A l'âge d'un an, elle a une méningite, qui la plonge dans le coma et fait craindre sa mort. Elle s'en sort avec une séquelle épileptique. Trois ou quatre crises par mois, toujours de jour, jamais de nuit. « Le livre intitulé *Un orage dans ma tête* résume bien ce que je ressens. J'ai aussi des problèmes de concentration. Je fais beaucoup d'exercices pour entraîner ma mémoire au quotidien, je prends de la vitamine D et je fais attention à dormir suffisamment toutes les nuits. Un mauvais sommeil augmente le risque de crises, de palpitations très désagréables au niveau du cœur, et de spasmes ».

Les problèmes de mémoire et de concentration amènent de grandes difficultés scolaires. Puis, dans la vie professionnelle, enchaînement de CDD, « car les employeurs ne connaissent pas l'épilepsie. Dès qu'il y a une crise, ils sont très surpris et très anxieux ». Elle réussit quand même à décrocher un CDI. Il faut se passer de permis de conduire. Il faut rassurer l'employeur.se.

Au moment de l'article, donc en 2021, elle vient de se faire opérer pour faire poser un VNS : « Avant cela, j'ai essayé beaucoup d'autres médicaments, sans succès (je suis notamment passée par la fameuse Dépakine). Ils étaient soit inefficaces, soit générateurs d'effets secondaires trop lourds à supporter. C'est d'ailleurs cela qui m'a décidée à me faire opérer. Aux grands maux, les grands remèdes ».

Le VNS (*Vagus nerve stimulation*, stimulation du nerf vague) ou SNV (en français) est un petit dispositif implanté sous l'aisselle gauche, relié au nerf vague et au cerveau. Quand il sent venir la crise, il équilibre

---

43 https://www.pourquoidocteur.fr/Articles/Question-d-actu/35342-Epilep-sie-crises-echec-scolaire-depakine-Laurene-livre-handicap-invisible

la tension et la stoppe. Il ne dispense pas de continuer à prendre un traitement. « Grâce à ce dispositif, je fêterai mercredi prochain mon premier mois sans crise depuis de nombreuses années. Je m'accorde encore quelques semaines avant de crier victoire, mais je pense être sur le chemin de la stabilisation ».

Au moment où je lis (et vous cite) ces lignes, en 2025, Laurène vient de se faire opérer à nouveau. Ce qui veut dire que le VNS n'a pas suffi. Cet été, on lui a enlevé l'hippocampe. C'est une hippocampectomie[44].

J'en déduis aussi que cette femme n'a pas l'air du style à jeter l'éponge. D'ailleurs je l'ai senti nettement, ça, en la rencontrant, mêlé à la douceur de ses manières. Elle est déterminée à faire tout le possible pour

44 https://neurologies.fr/la-chirurgie-de-lepilepsie-indications-et-pratiques-en-2023/#:~:text=Dans%20les%20%C3%A9pilepsies%20de%20la.en%20%C3%A9pargnant%20les%20structures%20n%C3%A9ocorticales

vivre au mieux. Ça m'impressionne. Ça n'a rien d'évident.

Elle a fait toutes sortes de choses : du bénévolat depuis longtemps, dans différents cadres, de l'équithérapie, de la musique, de la photo, des formations en tous genres, du travail. En tant que bénévole à Épilepsie France, elle tient une permanence téléphonique de conseil et d'écoute, elle peut intervenir auprès d'entreprises ou d'institutions pour des actions de sensibilisation.

Ce « tout le possible pour vivre au mieux » n'est pas le même pour tout le monde. Le déployer suppose de ne pas rester bloqué.e le nez sur l'obscène injustice de la donne aléatoire de départ. C'est ce que veut dire « faire avec ». Composer, faire preuve de créativité, nourrir son désir de vivre, avoir ou (re)construire une notion bien à soi - et résistante - de sa propre valeur, de ses possibilités, des droits et joies qui en découlent. Il semble improbable de laisser couler, dans ces conditions, de se laisser aller au fil de l'eau, sous peine de… couler, justement. Pourtant au téléphone elle me dira qu'elle vit au jour le jour. Au fil de l'eau quand même, alors. Mais en menant chaque jour sa barque. Capitaine, mais en contrat journalier renouvelable. Pas de CDI de la vie, ni de plans sur la comète.

Le jour où mon frère Thomas a passé le bac philo, le sujet était : « Suis-je dans mon corps comme un capitaine dans son bateau ? » Je vous laisse réfléchir. Sachant que « ça dépend » est considéré comme une réponse paresseuse, et vous rapportera par conséquent une sale note.

Dans l'article, je lis aussi qu'elle trouve, à l'époque, que tout va bien avec son compagnon qui connaissait déjà, avant de la rencontrer, des personnes en situation de handicap, alors qu'elle, par ailleurs, a bien sûr appris avec le temps à « faire avec » sa maladie. Elle en parle autrement aujourd'hui.

Comme l'histoire de son épilepsie est celle de toute sa vie, elle me demande s'il y a une période qui m'intéresse plus. Je dis non, comme d'habitude : à elle de choisir ce qu'elle a le plus envie de dire.

———

TOMBER : REBONDIR

Je me souviens de dimanche dernier, d'une dame qui cherchait des témoignages de personnes pour écrire un livre. C'est toi ? Au niveau de la mémoire, en ce moment c'est pas top.

Ça a été mesuré hier, j'étais à l'hôpital Sainte-Anne pour des bilans.

Bon, ça se travaille, avec une orthophoniste. Il y a des petits déficits. Mais voilà, vu le contexte de l'été dernier (l'opération), c'est pas étonnant.

Je pense que je sais de quoi te parler, parce qu'il y a une coïncidence, là : on a repris contact avec moi, quelqu'un du lycée où j'étais à Sèvres en brevet de technicien des métiers de la musique[45].

C'était une période très difficile, puisque je suis repartie sans diplôme. Je suis restée 5 ans là-bas. Et en fait, le jeune de mon âge, là, voulait inviter tout le monde. Mais moi, j'en garde pas forcément des très bons souvenirs. Déjà, on n'a pas avancé ensemble, donc j'ai eu à me réadapter aux nouvelles classes qui se connaissaient déjà. Et après, c'est vrai qu'au niveau culturel, il y avait un vrai décalage. Dans le sens où c'était essentiellement des personnes qui étaient assez branchées hard-rock. Qui s'habillaient toute la journée en noir. Et au niveau de l'épilepsie : c'était pas considéré. Et à l'époque, je pense que je manquais un petit peu de confiance en moi.

---

45 BTMM, Lycée Jean-Pierre Vernant, Sèvres : un cursus de la seconde à la terminale.

Avec la difficulté sur les notes, tout ça. Je les voyais dans leur team, dans leur bande. Et moi, je me sentais vraiment à part.

Ça a commencé, cette période, au collège. En sachant que - je vais pas m'en plaindre, au contraire, on partage énormément de choses encore, mais... j'ai grandi avec un frère jumeau. Il a toujours mieux réussi que moi. Forcément, ça amène aussi à perdre de la confiance en soi. Et après, on a du mal à... On se sent un peu stagner. Enfin, moi, je me suis un petit peu... sentie rester sur place quoi. Je voyais mon frère jumeau qui avançait. Je me suis toujours sentie un peu isolée par rapport à ça. On a avancé ensemble jusqu'au lycée à peu près. Il n'est pas épileptique.

Les professeurs, ils nous mettaient toujours à côté forcément. Quand on est jumeaux, on est tenté de comparer, de voir... On n'est pas facile, hein, avec soi-même. On se base vraiment sur les notes. Il suffit qu'on ait un peu en dessous de la moyenne et on se dit : « Je suis nulle, je suis bête ». On se juge entre nous, à cet âge-là, un peu comme ça aussi.

Cette formation, non, c'était pas adapté, mais j'étais tombée dessus un peu par hasard. C'est une formation qui existe dans trois endroits en France. Et ça m'avait tapé dans l'œil parce que... C'est une passion qui est toujours d'actualité, la musique, et j'ai grandi avec, en fait.

Je voyais un petit peu le contenu, ce qui était prévu dans le programme. Voilà, mais effectivement, je garde pas forcément de très bons souvenirs. C'était difficile et puis j'étais isolée aussi de ma famille parce que j'habitais chez une famille volontaire pour héberger les élèves.

Il y avait énormément de choses à apprendre par cœur. Au niveau cognitif, c'était quand même très exigeant. En sortant sans diplôme, c'est vrai qu'il y a eu une période où j'étais dans le doute.

Ça a duré à peu près un an je crois. Et après, ce qui m'a fait un peu rebondir, c'est... C'est le service civique, je crois que c'était sur 10 mois, avec l'association Unis-cité[46]. Le sous-titre c'était : « Partage ta passion ! ». L'objectif, c'était de mener un projet pour partager littéralement sa passion.

---

46 https://www.uniscite.fr/

Donc si je me souviens bien, j'avais repris contact avec une maison de retraite où j'étais bénévole quand j'étais à Sèvres, où je m'étais proposée. Et j'avais organisé un concert là-bas.

Et j'avais toujours ce sentiment un petit peu d'isolement, parce que c'étaient des gens qui étaient quand même assez agités, qui venaient de familles où la vie n'était pas facile, qui habitaient en banlieue nord de Paris. Donc voilà, j'avais toujours ce sentiment de décalage.

Mais cependant, je pense que c'est à ce moment-là que j'ai commencé à avoir le goût pour le bénévolat. Et voilà, après il y a eu les concerts en maison de retraite. Et Épilepsie France également.

Oui, ça m'a aidée un peu à remonter.

Puis je pense aussi que quand on a des difficultés au niveau scolaire, au niveau professionnel, à long terme, ça peut être tentant justement de trouver une passion, et puis de pouvoir vivre avec ça et de mettre un petit peu de sens à la vie.

[Moi : Et est-ce que tu peux me parler un peu de l'opération du coup ? Qu'est-ce que ça t'a apporté ? Est-ce que ça marche ? Est-ce que c'était compliqué à décider ? Enfin tout ça...]

Avec ma famille j'ai été bien soutenue. Et aujourd'hui il y a eu quelques déceptions, avec, depuis l'opération, deux crises généralisées et une partielle simple. Donc ça, ça a été difficile à vivre. Et après, j'étais aussi désolée que ça déçoive mes proches qui m'avaient énormément soutenue pendant cette période à l'hôpital, et puis après l'arrêt.

J'ai été contactée de nombreuses fois pour qu'on me demande des nouvelles. Et après, il y a cette difficulté aussi de suivre le rythme du suivi post-opératoire et de mélanger ça un petit peu à la vie professionnelle. Après l'opération, j'ai été arrêtée deux mois.

Deux mois d'arrêt, de rémission, pour la cicatrisation, et puis d'après ce que j'ai compris, le suivi post-opératoire, c'est durant deux ans.

J'ai appris récemment que mes congés étaient pompés avec les rendez-vous ponctuels pour le suivi. Je trouve que c'est pas normal, mais je me suis renseignée un petit peu sur internet sur le plan juridique et finalement, du coup, hier à Saint-Anne, j'en ai parlé et ils m'ont dit qu'ils allaient faire un petit effort là-dessus, pour que je puisse plutôt avoir mes rendez-vous soit le matin, soit le mercredi même, puisque je suis à temps partiel.

Oui, ça fait perdre trop de temps pour les patients. En plus, je suis en ALD, c'est pas une petite cheville de tordue ! Je trouve ça pas normal. C'est pas comme si on prenait un jour pour prendre du bon temps à l'extérieur. Ça n'a rien à voir.

Je suis donc un peu déçue par rapport à ce que j'avais espéré comme résultat de l'opération, oui. Après, ce qu'il faut savoir, c'est que là, ça ne fait « que 6 mois », on va dire. Donc la cicatrisation est toujours en cours. Et après, ce que j'ai appris, c'est qu'on avait aussi touché le nerf optique.

Donc j'ai vu ça la semaine dernière, c'était mardi. Et en fait, là aussi, il y a une déception. J'ai discuté un peu avec des camarades d'Épilepsie France, qui m'ont expliqué qu'elles s'étaient faites opérer aussi de la même partie, donc l'hippocampe.

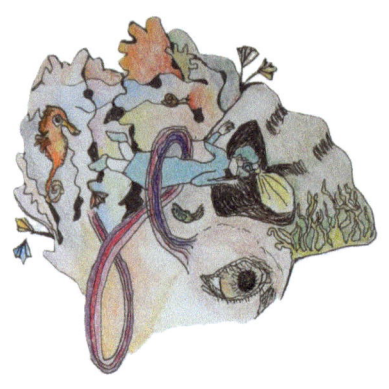

Et qu'effectivement, après, il avait fallu des séances d'orthopsie[47]. J'aurais voulu retrouver le document que j'ai signé, en fait, de déresponsabilisation des médecins. Je pense que le dommage au nerf optique doit apparaître là-dessus. Du coup, ça les protège aussi juridiquement : s'il arrive quelque chose, ce n'est pas de leur faute. Mais je crois qu'il y avait pas mal de trucs sur le formulaire de décharge !

Ça fait un peu peur d'ailleurs. C'est un peu comme les effets secondaires de médicaments.

---

47 Rééducation de la vision par des entraînements et des exercices.

Forcément, il y a toujours de la crainte. Après, il y a quand même eu plus de réussite que de séquelles. Et d'ailleurs, ils ont dit à Sainte Anne que ça s'était bien passé. Après j'ai passé un EEG sur 5 jours. Si jamais on avait oublié quelque chose, ou... Oui, ça pourrait être le cas éventuellement. Des zones qui auraient été oubliées ou qui n'auraient pas été vues.

Si c'est le cas, ça veut dire que... Je devrais me lancer dans une autre opération, mais là je me sens pas prête : parce que pour l'orthopsie par exemple, il faut laisser le temps d'apprendre. Et surtout, il y a une cicatrisation. Il faut attendre.

On m'a parlé de « miroir ». Je pense que c'est peut-être pas des termes très scientifiques, on va dire. Voilà : d'après ce que j'ai compris, après une opération, quand le cerveau a vécu un certain nombre d'années avec la maladie, il faut reprogrammer les choses, pour qu'il comprenne que maintenant tout est fini, que ça va aller mieux. Mais apparemment ça prend un peu de temps.

Aujourd'hui, je vis vraiment au jour le jour. Hier j'ai eu une petite crainte, parce que le cerveau a bien chauffé toute la journée, et j'avais peur qu'il y ait quelque chose qui se déclenche. Et puis non, finalement.

Il y a des sensations qui me sont connues, que j'ai connues pendant plusieurs années, alors c'est normal qu'il me reste de la peur. Ça ne fait pas suffisamment longtemps, on va dire, pour qu'il n'y ait plus cette crainte.

Dans tout ça, ce qui m'a le plus marquée, je pense, c'est effectivement la période scolaire. De voir avancer mon frère jumeau, et moi, de stagner un petit peu. Et puis après, niveau professionnel, niveau sentimental. Ça joue sur énormément de choses.

Je pense qu'il y a un certain seuil de tolérance à avoir quand on choisit de vivre avec quelqu'un d'épileptique. J'ai 32 ans. J'ai vécu 5 ans en couple. Et ce qui m'a fait... C'est lui qui est parti, mais... Il y avait une sorte de ras-le-bol avec la maladie.

Et lui, il voulait ses projets pour avancer. Donc il y avait une grossesse, il y avait un mariage. Je ne sais plus si vous avez entendu parler de ça, mais il y avait la question de la désolidarisation. *Déconjugalisation.*

Il s'agissait de cesser de prendre en compte le revenu du ou de la conjoint.e dans le calcul pour attribuer l'allocation aux adultes handicapés (AAH) à une personne, de façon à ce qu'elle ait un revenu propre, indépendant de sa situation conjugale. Cette loi de déconjugalisation visait à réduire la dépendance des personnes touchées par le handicap vis-à-vis de leur conjoint.e : en cas de séparation, il reste au moins cette allocation pour survivre sans l'autre. Et en cas de vie commune, le conjoint valide ne peut pas faire valoir son salaire comme moyen de pression. Enfin, bon, en vrai : si. Mais moins. Argument supplémentaire : le constat statistique que les personnes en situation de dépendance sont plus souvent maltraitées, et qu'il est plus difficile pour elles de s'émanciper d'une relation maltraitante, faute de revenu suffisant[48]. La loi a été votée en août 2022, et est entrée en vigueur en octobre 2023. Tout le monde s'accorde cependant sur le fait que

l'AAH ne constitue pas un revenu suffisant pour vivre : le maximum est de 1016 € dans le cas d'une invalidité reconnue de 50 à 80 %, et en l'absence de revenu complémentaire, puisque cette allocation est versée et modulée sous conditions de ressources.

Il y avait à l'époque un combat des militants sur le sujet. Évidemment, la loi est passée, mais je sais que la question a séparé quand même plusieurs couples. Ça a été un objet de séparation au pluriel. Oui, et puis c'est cynique.

J'avais en plus de ça la pression de sa famille derrière moi, qui était pesante quand même. Ils ne comprenaient pas que... Ils s'en fichaient finalement de cette raison. Ils ne comprenaient pas.

Je sais que c'est un sujet qui est un peu délicat aussi pour la

---

48 D'après le rapport 2014 de l'Agence des Droits Fondamentaux de l'Union Européenne : 34 % des femmes handicapées subissent des violences physiques ou sexuelles de la part de leur partenaire, contre 19 % des femmes valides. Le handicap est donc un facteur énorme de majoration des risques d'abus conjugaux. Même pas étonnant, et pourtant insupportable. Autre chiffre : 4 femmes handicapées sur 5 sont victimes de violences. Source : *Rapport sur la situation des femmes handicapées dans l'Union européenne* (2006/2277(INI) et *Étude thématique sur la question de la violence à l'égard des femmes et des filles et du handicap, Rapport du Haut Commissariat des Nations Unies aux droits de l'Homme* A/HRC/20/5, 2012.

personne handicapée. Mais actuellement… Je ne suis pas dans cette optique de repartir tout de suite sur une vie sentimentale. Sachant que pour l'instant, c'est quand même beaucoup d'énergie pour prendre soin de moi-même. Je ne me sens pas trop de me lancer dans une vie conjugale pour prendre aussi soin de quelqu'un d'autre. C'est déjà assez d'énergie.

Oui, et puis… Je pense que oui, actuellement, je porte quand même assez d'importance. Et peut-être que ça pourrait un peu saouler ma moitié, voilà, que je parle tout le temps des examens, des réflexions éventuellement, tout ce que je fais pour être plutôt contente.

Je suis triste, oui. On rêve un petit peu d'une vie familiale, je ne sais pas, de se marier un jour.

Il y a des concessions à faire, quoi. Mais enfin, actuellement, c'est pas ce à quoi je pense. Parce que finalement, la vie de célibataire, elle n'est pas si mal. Ça laisse aussi une forme de liberté. Je fais pas mal de choses à l'extérieur, donc la vie sociale, c'est pas ce qui manque.

Pour la question de l'isolement, je pense que c'est aussi à nous de nous trouver des centres d'intérêt et puis de les entretenir. Je pense, par exemple, à une team qui, je peux dire, est très chère à mon cœur, et où je suis depuis assez longtemps incluse. Ça, c'est l'orchestre à la Courneuve, avec un chef qui a été plein d'empathie. C'est des amis musiciens qui ont été plein d'empathie aussi l'été dernier.

Et franchement, c'était un vrai plaisir de les retrouver à la rentrée. Vraiment, c'était génial ! J'étais vraiment, vraiment heureuse. On était tous heureux que je rentre. Et ça allait au-delà de… parce qu'il

manquait une place au pupitre du piccolo, quoi. Ça allait au-delà de l'aspect musical. On essaie de rebondir quand même.

Tu sais, souvent, quand on s'oriente vers tout ce qui est artistique, on tombe sur des âmes sensibles.

Donc ça va être des personnes plus tolérantes à la maladie, je pense. Qui seront aussi plus dans le soutien, l'empathie. Et puis, je pense que les opérations aussi, c'est des épreuves de vie. En tout cas, moi, ce que je ressens, c'est d'autant plus de désir à faire les choses, à créer, à interpréter les morceaux.

Franchement, hier, j'en ai rigolé. Je crois que c'est sur la page des bénévoles, où Florence a posté une photo de dimanche dernier. On était tous les cinq à expliquer un petit peu les prochains projets de la délégation. Et moi, je suis tellement contente de revoir tout le monde, et qu'on parle de ça pour l'avenir, qu'on me voit avec un grand sourire, jusqu'aux oreilles ! Je trouve que ça exprime beaucoup de choses.

Donc je ne sais pas, c'est peut-être quelque chose à... Je joue de la flûte traversière, et le piccolo à l'orchestre. Mais j'ai un peu décroché durant cette période. Et pour bien faire, il faudrait que je m'y remette.

Je ne veux pas prendre de cours, parce qu'il y a eu - ah, ça me fait penser aussi à quelque chose d'important ! Il y a eu cette période où j'étais en train d'apprendre les instruments, la lecture, la lecture musicale. Et avec les difficultés liées à la mémoire et à la compréhension, j'avais du mal à me plier aux « ordres », on va dire, des professeurs. L'autorité, c'était difficile pour moi. Ça m'a donné la phobie des conservatoires et j'ai pas trop envie de m'y remettre.

Je suis encore trop fatiguée pour être bien régulière dans un morceau et progresser de façon régulière. Mais j'ai découvert une petite application récemment, où on a l'impression de jouer avec un orchestre derrière soi. Tu fais la partie de soliste, par exemple, tu peux trouver les clés pour jouer avec, quoi.

Oui, l'épreuve de l'été dernier, ça m'a vraiment aidée à être plus transparente, et en parler de façon un peu plus fluide, sans gêne, sans trop de peur du jugement. C'est aussi une avancée, j'arrive même à en rire ! Même avec des personnes qui avaient du mal avec ça avant. C'est bon signe aussi dans le rapport à la maladie. L'auto-dérision c'est un bon médicament aussi, pour être plus tolérant avec soi-même. Après je pense que parfois il faut un certain temps de vie avec sa maladie pour prendre du recul. Je peux comprendre qu'au début, on n'est pas capable de rire de sa propre crise. C'est hyper anxiogène, pour soi et pour ses proches qui ont éventuellement assisté à une crise. Ça prend quand même pas mal d'années, avant de réussir à avoir un petit peu d'humour avec ça.

———

SOPHIE ET SES FILLES

«Oh Momma dear, we're not the fortunate ones,

And girls, they wanna have fun, oh girls, they wanna have fun!»[49]

Cindy Lauper, 1983, *Girls just want to have fun*

---

49 «Maman chérie, on n'est pas les chanceuses, mais les filles, elles veulent s'amuser, oh les filles elles veulent s'amuser!»

Sophie, je la rencontre elle aussi à l'après-midi galette. Je voulais parler à une maman, à une femme qui aurait eu des enfants en étant épileptique. C'est une dame grande, élégante, avec quelque chose de fort, solide, déterminé, simple, clair, ouvert, pas du beurre sans sel… Consistante, endurante, vraisemblablement. A ne pas emmerder, je sens, à ne pas prendre pour une idiote. J'aime bien les femmes grandes et minces qui n'ont pas l'air de brindilles pour autant, ça me parle tout de suite. Je crois comprendre ce dont elles se prémunissent en dégageant ce qu'elles dégagent. Ici du cœur, derrière, de l'ampleur, des choses pas faciles, incomprises, contrariées, ou même rudoyées, des plates-bandes piétinées - mais c'est du passé. Elle me parle avec beaucoup de douceur, pas une douceur molle : une douceur réorientée, choisie, pleine de fermeté.

Elle est tout de suite d'accord pour me parler, clairement convaincue que les témoignages manquent et sont nécessaires.

Les gens de ce livre ont appris de la maladie et des violences de leur vie de précieuses, profondes sagesses. Cette fois, ce qui me touche le plus, c'est l'impression que le parcours aboutit à un âge où il n'est plus question de gaspiller ni son temps, ni ses forces, ni sa lumière à des choses vaines. Pas de débordements émotionnels, de combat contre des moulins, on va pour ainsi dire à l'os, et on avance.

Prière de Marc-Aurèle, le dernier des stoïciens : « Mon Dieu, donnez-moi la sérénité d'accepter les choses que je ne peux pas changer, le courage de changer celles que je peux changer, et la sagesse de distinguer les premières des secondes ». Je ne sais pas si Sophie a accepté ce qu'elle ne peut changer, je ne suis pas sûre d'ailleurs de bien comprendre ce que signifie accepter. Mais elle a l'air de savoir sur quoi se concentrer, en tous cas.

Ses deux filles apparaissent de temps à autre, rieuses, des mèches s'échappant de dessous leurs couronnes en carton, elles en posent une sur la tête de leur mère : de part de galette en part de galette, elles ont gagné plusieurs fèves chacune. Je bavarde donc avec une dynastie de trois reines. Elles paraissent matures, joyeuses, débrouillardes, serviables, libres, rigolotes, vivantes. Je me dis que par-delà la bonne frangipane, c'est malin de partager ce genre de moments avec ses enfants. Je sais que c'est aussi, pour pas mal de femmes, le seul moyen de ne pas s'en priver, si personne n'est là pour garder les petits. Pourtant c'est surtout beau et utile en termes de lien, et c'est de l'éducation. Certes elles sont bien obligées de vivre la maladie, subie, de leur mère, mais elles vivent, là, aussi, son engagement choisi - elle aussi est bénévole pour Épilepsie France, correspondante pour son département - et font partie d'une communauté familière. Comme j'apprendrai par notre entretien, ce sont de parfaites expertes. A l'aise. Leurs connaissances leur permettent de ne pas être démunies, perdues dans la crainte, le secret, ou la culpabilité. Ainsi, au lieu de transmettre la seule douleur, la pure angoisse, leur mère les nourrit d'une force qui passe dans leur veines royales.

———

ET LÀ, ALLEZ, HOP.

Écoute, je suis une personne de 52 ans maintenant. J'ai eu des petits soucis dans ma jeunesse, on pourrait peut-être dire neurologiques.

J'ai une maîtresse qui avait vu que j'avais un petit problème au bras. Après quelques analyses, ils ont vu que j'étais, par exemple, fausse gauchère. J'écrivais de la main gauche alors que j'avais un cerveau de droitière.

J'ai eu des petits soucis à parler parce que je bégayais, pas beaucoup, mais je bégayais, et j'étais dyslexique. Ce qui a causé des petits problèmes à l'école, surtout en français, d'orthographe, de grammaire, sur des sons. Et donc voilà, sans plus.

Je me débrouillais, les choses commençaient. Et puis, je sais que c'est trois semaines avant mes 18 ans, parce que mes parents m'avaient dit qu'on verrait pour me payer le permis. Et là, mon chat m'a griffé l'œil.

Alors, moi qui adore les chats, ça m'a marqué que ce soit mon chat qui ait fait ça, mais bon, c'est comme ça. Et je suis allée chez l'ophtalmo parce que ça m'a fait très mal. Et il m'a donné un collyre qui... (je ne lui en veux pas du tout à l'ophtalmo, il a fait son boulot comme il fallait), un collyre qui m'éblouissait beaucoup. Et puis de ce fait, ça m'a déclenché une crise, ma première crise. Et puis après, pendant quelques années, il n'y a pas eu trop de crises.

Mais par contre, moi, j'ai eu beaucoup de mal à m'adapter à cette situation, dans la mesure où, déjà, j'avais un traitement qui me faisait grossir et j'étais mal à l'aise par rapport à ça. Souvent, les filles sont attachées à leur poids... Et là, moi, ça ne dérangeait pas du tout mes parents que je grossisse. Donc, il y avait une difficulté à s'adapter.

Ensuite, j'entendais beaucoup qu'il ne fallait pas parler de l'épilepsie. Je ne comprenais pas trop pourquoi. Ça devenait malgré moi une maladie honteuse pour moi. Parce qu'on me disait qu'il ne fallait pas en parler. Et donc, j'avais peur de faire des crises en public. C'est mes parents qui disaient ça. Un peu même des gens proches, on va dire, de l'extérieur. C'était compliqué, cette dimension. Et bon, puis après, il y a quand même le rythme.

Au bout d'un an, un an et demi, on a changé de neurologue. Mes parents étaient derrière moi. On a pris un neurologue un peu plus spécialisé dans l'épilepsie.

Ils ont trouvé, avec les IRM et tout ça, une raison, une cause, qui d'ailleurs a été confirmée après par les autres neurologues : il y avait une lésion au niveau de la parole. Donc là, ils ont dit : « C'est clair, on n'opère pas parce qu'il y a trop de risques de perdre la parole ». Et donc voilà, au moins, il y avait une cause de trouvée.

Au moins, on sait sur quoi se baser. Donc, je fais mes études, les choses ont avancé, avec peut-être un rythme de crise qui augmentait, mais qui restait quand même à un niveau de 3-4 par an. Et après, j'ai changé de traitement.

Et là, ça a été une catastrophe avec ce traitement. Parce que le rythme de crise a augmenté sérieusement. D'autant plus que c'était un traitement qui me faisait énormément maigrir.

Et qui me rendait odieuse. Énormément maigrir, c'est-à-dire que, moi, à l'époque, je pesais 55-56 kg pour 1,68 m. Une taille 38, le truc classique. Et là, j'étais descendue en dessous de 40 kg. Je devais faire 37-38 kg. J'avais plus de règles. J'avais froid, parce qu'il n'y avait plus de gras sur moi pour me chauffer. J'avais du mal à m'habiller, parce que j'étais trop maigre. Ce qui rend les choses très compliquées. Et puis j'étais odieuse.

C'était l'Epitomax.

Je venais juste d'arriver sur Paris pour travailler. On m'avait conseillé un neurologue, qui, comme je faisais plus de crises, augmentait le traitement, puis au bout d'un moment j'ai changé de neurologue. Le médecin généraliste du quartier voulait me voir tous les mois. Il surveillait ma tension, mes machins, mon poids et tout.

Et là, après, on m'a conseillé un autre neurologue avec qui j'ai fait route pendant 15 ans. Et ça a bien marché. Il a changé le traitement. Mais par contre, le rythme de crise était parti. Là, je commençais à faire beaucoup de crises.

Mais l'Epitomax, moi, je dis, s'il ne va pas, il faut changer de traitement. Il y a plein de traitements. Là, je parle pour ton frère. Moi il m'a détruite ce traitement.

Je me rappelle que ma grand-mère est décédée fin septembre au moment des grandes marées. Chez nous, on est bretons. Je suis allée à l'enterrement au moment de la grande marée. Il y avait énormément de vent. A ce moment-là, souvent, il y a du vent. Mais je tremblais comme une feuille morte. Tout le monde me regardait. Même plus de compassion pour ma mère, pour sa sœur. C'est moi qu'on regardait. On demandait : « Qu'est-ce qui lui est arrivé ? »

Ça donne des humeurs difficiles. Il faut changer. Il y en a qui sont beaucoup mieux. Moi, c'est une bagarre avec mon neurologue actuel. Comme je te dis, si je suis pharmaco-résistante, il me faut des traitements qui ne me foutent pas une

vie en l'air. Ça, c'est la bagarre. Si c'est des traitements qui font prendre trop de poids, des traitements qui rendent de mauvais caractère, de mauvaise humeur, moi, j'ai dit : je n'en veux pas.

Après, j'ai souvent été ramassée. J'étais ramassée par les pompiers de Paris. Ils avaient un dossier sur moi ! J'avais contesté leur attitude. Je leur avais écrit un courrier, avec une ancienne présidente d'Épilepsie France. Ils m'avaient reçue, dit : « On vous a ramassée tant de fois »... Je ne me rendais pas compte, je tombais de haut ! Mais bon, j'avais fait ma vie. J'avais réussi à m'adapter.

Les problèmes, c'était surtout au travail. Dans ma vie personnelle, il y a des petits problèmes parce que j'aime bien aller à la piscine, j'aime bien faire des choses comme ça, et parfois, ça peut être un peu juste. Mais bon, je m'y suis faite. Je dirais que les problèmes, ça peut commencer au travail.

Quand je travaillais à la ligue contre le cancer, il fallait faire parfois des déplacements, parce que je m'occupais des dossiers de succession. Il fallait aller en province. Et là, ben... pas de voiture - c'est impossible de conduire. Ça pouvait être problématique. Et c'est surtout les autres qui me disaient : « Mais pourquoi tu passes pas ton permis ?» Je n'avais pas tellement envie de dire : « Je ne peux pas parce que ceci, cela », j'avais pas tellement envie de dire mon état à cette époque.

Quand j'ai commencé à faire des crises au travail, alors là... A la Ligue, je n'avais pas eu ce problème. Mais dans d'autres postes, ça peut être problématique parce que parfois, les collègues le prennent très mal. Surtout qu'après une crise, quand je commence à me réveiller, je sais que je peux parfois ne pas être très agréable.

Je me rappelle d'un boulot où je travaillais, j'avais des collègues qui ne m'avaient pas parlé pendant 3 ou 4 jours. Elles avaient dû être troublées. Ça avait dû leur faire peur. On n'était que des femmes, je travaillais dans une association pour les femmes.

J'avais téléphoné, pareil, à l'ancienne présidente d'Épilepsie France, et elle m'avait dit : « Écoute, tu amorces le sujet, et tu reperces l'abcès dans une semaine ». J'avais vraiment repris. Entre temps, j'avais récupéré des prospectus à Épilepsie France, je les leur avais donnés, et ça s'était un peu calmé. Mais quand même... A cette époque, je faisais des crises la journée. C'étaient elles qui me ramassaient, et elles n'appréciaient pas du tout.

Ma directrice - on était une petite structure -, une peau de vache avec tout le monde, avait dit : « Ah bah, elle on la supporte déjà, alors qu'elle est malade ». Quand j'ai travaillé dans une autre association pour les femmes - alors là, c'est bizarre, apparemment les assos pour les femmes ça aime pas les gens malades et pas les gens épileptiques ? - je leur avais dit en entrant : « Je suis épileptique », et la fois où j'ai fait une crise avec elles, allez, hop, ça n'a pas duré longtemps après. Elles m'ont virée assez rapidement, en me disant que je ne prenais pas soin de moi, parce que j'avais le nez qui coulait, c'était un jour où j'avais une sinusite. Et là, allez, hop.

Et puis, il y a des boulots où ça s'est bien passé. Ça dépend des personnes.

Après, il y a une grande partie qui est la partie familiale. Quand j'ai commencé à avoir des enfants, j'ai bien respecté les règles. J'ai programmé mes grossesses pour prendre de la vitamine D avant.

Et pendant le début de la grossesse, je suis allée dans une maternité où ils faisaient les suivis de grossesses à risque. J'ai eu des conseils de sécurité et je les ai respectés. Là-dessus, avec le médecin, il n'y avait pas de soucis.

A ma première grossesse, ma chef de service, elle pétait un peu les plombs, parce qu'il peut y avoir beaucoup d'absences : on a le droit à une écho par mois, une visite par mois à la maternité chez l'obstétricien, et une visite par mois avec notre spécialiste, le neurologue. Là, pour la chef ça faisait trop. En plus, une heure de moins de travail par jour pour pouvoir rentrer paisiblement. Mais moi je m'étais adaptée, ça s'était bien passé. Et la grossesse s'est relativement bien passée.

Après, il y a eu le regard des autres, pendant et après, qui disaient : « Mais comment tu vas faire ? Avoir un bébé alors qu'on est épileptique, c'est complètement inconscient ! » Et tout ça. Il y en a eu quelques-uns. Dans mes amis proches, il n'y a eu personne ou ils n'ont rien dit. C'était des gens un peu plus éloignés.

Après, il y a eu la relation de couple qui me pèse beaucoup.

Avec le médicament, on a une baisse de l'activité sexuelle qui est extrêmement importante. En plus, il y a les jours où on est fatiguée, ou les jours où on est cabossée, on n'est pas... On est beaucoup moins disponible. Je vois mon conjoint, il est assez demandeur en la matière, et ça peut créer beaucoup, beaucoup de conflits. Et ça c'est un gros problème. Moi, je n'ai pas envie : je n'ai pas envie.

Ça crée beaucoup de tensions dans le couple. Et beaucoup de distance. Moi, mon couple, il ne marche quasiment plus.

Et une des raisons, c'est que je ne réponds pas à toutes ses satisfactions. Et là, c'est une dimension, je pense que beaucoup de gens qui sont sous traitement, neurologique ou autre, ont ce problème.

Là, c'est une découverte. On commence à découvrir la sexualité. C'est pour ça que je dis qu'il faut en parler.

D'autant plus qu'il faut quand même se protéger. On doit prendre des contraceptifs et tout ça. Ça, on ne le dit pas.

Alors vous découvrez cette dimension, où tout le monde vous dit avoir des relations avec son copain, sa copine, c'est super, c'est machin. Vous, vous êtes là, vous ne comprenez pas l'affaire. Donc c'est ça qui est gênant, parce qu'il n'y a aucune information.

C'est le noir total. Ça, c'est des choses qu'il faut qu'on apprenne à dire, à transmettre, mais il n'y a personne. Ça peut créer… Chez moi ça a créé d'énormes conflits.

Moi, je ne savais pas l'effet des traitements sur la libido ou quoi. Au niveau associatif, avant, je faisais beaucoup plus de choses. Ce n'était pas encore l'Épilepsie France à cette époque, c'était le BFE, et une fois, on s'était retrouvé à en parler, à plusieurs, de notre âge, comme ça. Il n'y avait même pas un truc prévu sur le sujet. Je crois que j'étais toujours avec L., on avait fait beaucoup de choses ensemble. Et on commence à dire : « Moi, c'est calme plat ». En plus, moi c'étaient des mots que je n'osais pas trop aborder à cette époque, parce que je n'avais pas encore travaillé là-dessus.

Maintenant, je travaille énormément. Toutes les questions de sexualité et tout ça, ça ne me dérange pas d'aborder les sujets. Elle, elle m'avait dit : « Je ne comprends pas, je n'ai pas d'orgasme ».

Voilà qu'il arrive quelqu'un d'autre au niveau du siège, qui avait à peu près notre âge. On a finalement posé la question. Je sais pas,

cet après-midi-là, il devait y avoir un truc, et on a pu poser la question à 3 ou 4 personnes. Et on s'est rendu compte que c'était calme plat pour tout le monde. Comme je m'entendais bien avec mon neurologue de l'époque, je lui en avais un peu parlé.

Mais ça n'avait pas été évident. Là, il m'avait dit qu'avec le médicament, ça calme la libido. Enfin ça calme, ça la rabaisse.

Mais je n'étais pas très à l'aise quand j'avais posé les questions parce que c'était un homme, parce que je n'étais pas à l'aise avec ce vocabulaire et tout ça. Au début, ça ne me faisait rien. C'est vrai que là, je me disais, qu'est-ce qui se passe chez moi ?

Pas de libido, c'est un problème. Et pas d'orgasme, c'est un de plus.

Alors mon compagnon, comme je dis, il est quand même très demandeur apparemment, parce qu'une fois j'ai demandé à des personnes très proches de moi : « C'est quoi être demandeur, c'est quoi être très demandeur ? » Et lui me dit : « Ben non : moi j'ai envie, j'ai envie, il faut qu'on s'y mette ». Donc là, il n'essaye pas, je ne sais même pas s'il arrive à comprendre.

Je pense que c'est un sujet qui est très peu abordé, parce que les personnes adultes qui sont autour des personnes épileptiques ne le savent pas.

Oui, ça reste rare de pouvoir se confier, ou alors c'est des personnes qu'on ne connait pas du tout ; à l'asso, des personnes éventuellement vont nous appeler le soir, et vont demander, mais le truc c'est de se cacher, de ne pas vouloir dire qui elles sont. Oui, c'est des sujets qu'on n'aborde pas encore dans notre société.

Moi je sais que j'avais pu en parler un peu avec mon neurologue, mais de toute façon il n'avait pas de solution pour moi, et je crois que pour eux c'est ça : le but, c'est de stopper les crises, avec les traitements, et que pour eux c'est secondaire.

J'avais un peu regardé comme ça, ce qui pouvait activer la libido, les orgasmes, et à part les recettes de grand-mère, certaines huiles et tout ça, je pense qu'il n'y en a pas, et je ne serais pas prête à aller prendre d'autres médicaments pour développer ma libido. Je sais qu'il y a des médicaments, pas spécialement pour les épileptiques, mais d'autres qui ont comme effet secondaire d'exciter un petit peu les personnes. Donc là je dis que c'est quand même un problème assez important.

Oui, on pourrait imaginer une aide psychologique pour savoir comment aborder les sujets.

Il y a un autre truc, c'est les enfants. Il faut qu'elles s'adaptent. J'ai deux filles. Et elles doivent faire face.

Quand je suis toute seule avec elles, ça peut être stressant. C'est pas rigolo quand je suis un peu cabossée, par exemple, et que je vais les chercher à l'école, parce qu'il y a les copains et copines qui demandent ce qu'il s'est passé. « Ta mère a des bleus »... Après à l'école, moi j'ai prévenu les profs, j'avais décidé de prévenir.

Ça s'est relativement bien passé, par contre - ma fille est en CP - sur un mois j'ai dû arriver deux fois sérieusement cabossée, là les profs m'ont tout de suite dit : « Si vous voulez on peut vous trouver un rendez-vous d'urgence avec la psychologue, ça serait bien que les filles voient la psychologue ». Pourquoi pas, mais bon tout de suite, on voyait qu'il y avait... Bon, de la part les profs, il y avait des soucis avec ça. Pourtant je leur avais bien expliqué avant, je leur avais dit que je pouvais avoir des bleus, je pense qu'elles avaient compris, mais elles ne pensaient pas que ça allait être de cette ampleur, physiquement. C'était une fois où j'avais pas dû me louper.

Le père peut avoir tendance parfois à les paniquer. Ce qui m'agace c'est que parfois, je peux me sentir pas très bien, et lui leur dit : « Soyez sages parce que maman risque de faire une crise, alors soyez sages pour qu'elle n'en fasse pas ». Elles ne sont pas responsables, elles ne sont pas mon cerveau, c'est pas elles qui gèrent les crises ! Si je fais une crise, c'est indépendant de leur gentillesse.

Surtout ne pas leur faire croire que c'est elles qui sont responsables !

Il a fallu adapter certaines choses dans la vie quotidienne, elles ont appris mon numéro de téléphone par cœur, le numéro de téléphone d'une voisine à qui j'ai donné les clés. Et puis, au cas où, si vraiment je me blesse, j'ai mis le numéro des pompiers, je l'ai affiché à la maison, on a une petite carte postale où il y a le numéro des pompiers, le numéro de la police, le numéro du SAMU, tous les numéros, comme ça si il y a besoin, elles sauront qui appeler. Parfois il faut parler avec elles, mais elles posent librement des questions. Je pense que c'est plus le regard des autres qui peut parfois les gêner.

Parfois, surtout quand elles commencent à me voir faire des absences, elles me disent : « Là t'as fait une absence, là fais attention ! » Dans ce cas-là, elles me disent de prendre l'ascenseur plutôt que de prendre les escaliers, par exemple. Quand elles vont à la fête des associations, souvent avec moi, au mois de septembre, là si elles croisent quelqu'un, notamment s'il y a des enfants qui passent, c'est

la grande causette, les grandes explications. Oui, c'est de bonnes ambassadrices. Et puis, oui, des fois, elles ont croisé des enfants qui avaient aussi un parent épileptique, et souvent, entre eux, ils discutaient.

Pour elles, je pense que ce n'est pas toujours marrant, marrant. Mais bon. Pour elles, c'est bien rentré dans leur tête, elles s'y sont fait. Donc voilà à peu près ce que je peux dire.

En ce moment, je fais une formation de 4 mois, qui est financée, et comme j'ai une reconnaissance travailleur handicapé, de ce fait, j'ai donné mes papiers, et la responsable de la formation m'a demandé... Elle ne me demandait pas clairement, mais j'ai compris qu'elle voulait savoir ce que j'avais, quand je l'ai croisée pour les formulaires et tout. Je lui ai répondu, et elle m'a demandé si je pouvais le dire à la personne de la formation. Alors je l'ai dit au début, et ça s'est bien passé. Heureusement, parce que j'ai déjà fait deux crises. Ils étaient prêts. Avec eux, ça s'est bien passé. J'avais donné des flyers de l'association. « Qu'est-ce que c'est que l'épilepsie ? », « Comment faire face à une crise ? » Je leur avais dit ce qu'il fallait faire. Donc ça n'a pas été une découverte sur le moment, avec encore plus de panique et tout.

Et après, je dirais que déjà, ma mère était une personne de caractère. Je pense qu'elle a été, ça c'était surtout tout au début, très, très... Alors déjà, elle a été très casse-pieds avec moi, parce que... Bon, elle avait peut-être aussi envie de me garder à la maison. Mais c'était... « Fais attention ! Ne fais pas ça ! Ne fais pas ci ! Repose-toi ! Fais ceci ! »

Elle me rendait la vie un peu infernale. En plus j'avais d'autres frères et sœurs à la maison, qui aussi devaient veiller sur moi, eux ils commençaient à en avoir ras-le-bol. Parce qu'on était jeunes, et on avait envie de courir. C'était un peu énervant.

Voilà, les grands axes.

Pour le prénom, non, ça ne me dérange pas, tu peux le garder. Comme je dis, au début, j'en avais peut-être un petit peu honte, je savais pas le dire aux autres, mais maintenant, je me dis qu'au bout d'un moment, il faut assumer. Il faut assumer, il faut faire avec, et puis tant pis pour les autres s'ils racontent des conneries avec leur médecine de comptoir, ou s'ils ne veulent plus te voir, tant pis.

Une dernière chose : tu vois, je le disais l'autre jour à la galette, à un jeune de 18 ans : il faut se faire suivre dans les hôpitaux où il y a des unités spécialisées. L'autre jour, il y avait un gars qui m'appelait. Il disait : « Moi, je fais des crises. Et ma neurologue, elle m'a dit qu'elle ne pouvait rien pour moi ». Ben, arrête de la voir ! C'est fou de dire des trucs pareils. Il était déstabilisé. Il y a des unités où on ne te parlera pas comme ça, il faut essayer d'y avoir un rendez-vous. En demandant à son neurologue un courrier, pour faire avancer les choses. Alors bon, c'est vrai que quand c'est l'hôpital public, ce n'est pas le grand confort. Mais on peut passer des examens quand même plus approfondis.

Moi je vois, quand ils m'ont trouvé le foyer (le foyer épileptogène), auparavant tous les IRM je les passais dans des centres privés, et là, je l'avais passé à la Salpêtrière. C'était beaucoup plus long, et c'est là qu'ils ont trouvé un truc. Au Kremlin - maintenant je suis suivie au Kremlin - il y a une unité épilepsie adultes, et ils m'ont fait trois fois des électros d'une semaine nuit et jour, pour bien voir jusqu'où ça se répandait dans tout le cerveau. Ils ont fait plein d'examens pour avoir un dossier qui soit bien complet.

L'autre jour j'avais la neurologue au téléphone (les consultations sont en visio), et elle me demandait - elle me dit qu'elle ne pense pas qu'il y ait une dimension génétique - si je voulais faire des tests génétiques. Bon, c'est une prise de sang, j'ai dit oui, si vous voulez je le fais. C'est aussi pour eux, parce qu'ils font de la recherche. Je ne vois pas trop ce que ça m'apportera. Bon, c'est vrai qu'il y a beaucoup de membres de la famille qu'on ne connaît pas, parce que mes parents n'ont pas connu leur père, enfin la famille paternelle. Mais elle me disait qu'au niveau des traitements, quand il y a des mutations génétiques, souvent il y a d'autres traitements qui peuvent être mieux adaptés. ——

FEYNMAN

"La joie est le seul pouvoir légal."

P. Handke, *Par les villages*

Pour entrer dans ce "palais mental", écouter :
Cristo redentor, Harvey Mandel[50]

50 https://youtu.be/NHWkIIFCRVw?si=wpPqwGpqHirCROBW

 C'est la der des ders. Je le sais, il va falloir mettre un terme à ce livre aléatoirement, parce qu'il n'y a pas de fin à ce recueil de la parole, pas de fin aux rencontres, et il ne m'est encore jamais arrivé d'entendre des gens dont l'histoire ne soit pas intéressante. La source où je suis allée puiser est intarissable.

J'ai dit à Feynman, quand il m'a appelée pour me confier son témoignage, que je ne l'ajouterais peut-être pas au livre, qui contenait déjà de nombreuses histoires. Mais c'était avant de l'entendre dérouler ses mots, son rire et son enthousiasme.

Qu'on n'aille plus, s'il vous plaît, désespérer (de) cette jeunesse ! Elle compte de grands sages, qui savent douloureusement la noirceur du monde, la folie de la donne de départ, et font sans naïveté de l'amitié la valeur repère, de la joie le marqueur du sens, de la beauté une nécessité, une urgence non négociable. J'approuve de tout mon cœur, cela me console prodigieusement, je me rassérène de leur espérance lucide. En raccrochant, ce soir-là, je pense avec un très grand sourire qu'en un langage bien différent, Feynman m'a exposé le credo de Schiller dans son hymne :

[Joie!] Tes charmes assemblent
Ce que, sévèrement, les modes divisent ;
Tous les humains deviennent frères,
lorsque se déploie ton aile douce.
Celui qui, d'un coup de maître, a réussi
D'être l'ami d'un ami;
[...] Qu'il mêle son allégresse à la nôtre !
Même celui qui n'a qu'une âme qui lui appartient sur la
terre entière ![51]

Feynman me parle d'amitié, transformatrice de toute

---

51 C'est la deuxième strophe du texte chanté dans le quatrième mouvement de la neuvième symphonie de Ludwig van Beethoven, et devenu notre hymne européen, reprenant le poème de Friedrich Schiller, *Ode an die Freiheit* : *Deine Zauber binden wieder/ Was die Mode streng geteilt/ Alle Menschen werden Brüder / Wo dein sanfter Flügel weilt. / Wem der große Wurf gelungen, / Eines Freundes Freund zu sein ; / Wer ein holdes Weib errungen, / Mische seinen Jubel ein ! / Ja, wer auch nur eine Seele / Sein nennt auf dem Erdenrund !*

expérience, de culture, de « ce que les modes divisent »
et en m'en parlant il ose franchir une barrière de génération et de culture, justement. L'amitié… « C'est comme
ça que j'ai commencé à me penser ».

Il me parle de sensations très angoissantes, de pudeur, de secret délétère, mais aussi de bonheur intense.
M'appeler pour me parler de tout ça, c'est refuser de
renoncer à mettre des mots sur ce qu'il appelle « une
connaissance sans forme d'idée ».

Des jours et des jours plus tard, j'ai cette formu-
lation encore en tête : l'épilepsie n'est-elle pas cela,
plutôt qu'un trou noir, qu'un néant dans l'absence ?
C'est peut-être la plus belle conclusion possible, la
raison-même pourquoi je savais depuis le début que cela
vaudrait le coup d'aller écouter les gens, explorer leur
expérience.

On passe du traumatisme de l'expérience épileptique
de perte de soi (et de l'autre), qui nous rapte *in loca
pallidula* (en ces lieux livides), sans consentement sans
préavis, corps sans contrôle et sans protection, comme
adpropinquante morte (la mort en train d'approcher) et,
avec un peu de chance, demi-tour rapide pour revenir, à
travers le brouillard, vers la terre des vivants, reprendre nos jeux (*jocos*) comme d'habitude (*ut soles*), à
l'apprivoisement d'une expérience dont on tirera un savoir singulier, déterminant, respectable : inaliénable ?
C'est un coup de dés presque miraculeux : passer de
l'absence à soi, avec tout le danger extrême intérieur,
physique, social, que cette absence représente, à un
savoir singulier, inaliénable, partageable. L'épilepsie
fait faire la terrifiante expérience que "la petite âme"
n'est plus, pendant quelques instants, "hôte et compagne
du corps", mais le laisse faire, sans elle, une excursion
involontaire plus ou moins violente. Pour la conscience
restée sur la rive, c'est une mort éphémère, bien plus
que dans le rêve où elle continue d'avoir son mot à dire.
Après crise, au moment des retrouvailles avec la carcasse
malmenée, il y a méfiance, parfois colère, parfois déni,
parfois consolation, comme si on s'adressait au corps désobéissant, incorrigible, turbulent, aux agissements qui
plus est socialement inacceptables, pour lui demander :
« Mais où es-tu encore allé te fourrer ?! » Pas de réponse, si ce n'est des réponses gênantes de témoins, dont
on se passerait plus volontiers. Pas de réponse, mais
douleur, mais malaise, mais honte, mais bleus et mal de

tête. Impossibilité de s'expliquer.

Dernier écrit de l'empereur Hadrien :

Animula vagula blandula
hospes comesque corporis
Quae nunc abibis in loca
Pallidula rigida nudula
Nec ut soles dabis iocos

Ce qui signifie :

Petite âme errante, accueillante
visiteuse, compagne du corps,
au pays pour lequel tu pars,
toute transie, livide et nue,
reprendras-tu tes anciens jeux ?[52]

L'âme qui s'en va, c'est la mort. L'épilepsie, c'est plutôt le corps qui se fait la malle. M'enfin bon. Sauf qu'en en parlant, Feynman commence à refuser la séparation : ce récit à la première personne est marqué par le tiraillement d'un rapport nouveau à soi, marqué par ses 20 ans, par l'audace de se réapproprier l'affaire. Animula, la petite âme, recueille le récit partiel et sans paroles du corps qui a échappé. Il ose écouter ce drôle de silence agité bruyant indécryptable, et en ressort avec cette « connaissance sans forme d'idée » : enfin, voici des mots qui permettent de faire la différence entre cette expérience et un simple rien aspirant.

Certes, il me parle d'une bête tapie dans un buisson, d'un méchant de film qui l'attend au tournant, mais il a ses ruses propres, ses diversions qu'il appelle des carrefours, ses échappées belles. Et à 20 ans, vient le temps, le temps qui commence peut-être peu avant ce long coup de téléphone, d'aller voir de plus près derrière ce buisson, quel visage a la bête, qui n'existe peut-être pas davantage que le père Noël.

Ce n'est plus, contrairement à ce qu'il me dit humblement, un gamin insouciant qui me parle. Les contrées où son corps épileptique a fait des excursions effrayantes, humiliantes, ne sont pas une "vallée de la mort" inaccessible, puisqu'il en revient avec des paroles, puisqu'il

---

52 Traduction Marguerite Yourcenar

me la cartographie de mot en mot, dessine les contours de cette « connaissance sans forme d'idée ». Mon fils, qui a eu la générosité de faire le lien et m'a recommandée auprès de lui, l'appelle « l'ami Feynman ». Je suis si reconnaissante de pouvoir finir ce recueil par un commencement, dans la lumière de la jeunesse, qui prend ses armes neuves, se confie un instant à une oreille d'ancienne comme la mienne, et se sent la force de commencer à dompter l'obscurité. Merci, l'ami Feynman !

Une semaine après notre entretien, Feynman m'a offert pour le livre le poème qui suit, adressé à l'enfant qu'il était, et, par sa place ici, à tous les petites sœurs et petits frères qui peuvent craindre l'épilepsie comme un grand Seigneur qui les plonge dans l'ombre.

> *Il est comme un monstre*
> *Sans matière,*
> *Sans que le même puisse en saisir*
> *Les contours.*
> *Il ne le connaît pas, mais se laisse enrôler*
> *Par son empire.*
> *Venant dominer son fort, il crée*
> *L'illusion*
> *De la vacuité*
> *En son for.*
> *Dans la nuit,*
> *Comme un sage stratège*
> *Qui effuse*
> *En une foule de mercenaires rusée,*
> *Il inspire*
> *L'inquiétude sans se laisser voir.*
> *Hégémonie tacite, mais bien connue*
> *Des villages qui l'avoisinent,*
> *Car il n'y a que la rêverie qui justifie*
> *Son pouvoir*
> *Dans la bouche de l'enfant,*
> *Et les regards fuyants,*
> *Dédaigneux, des adultes accroissent son héritage.*
> *Il est une créature au coeur*
> *D'un enfant sans voix*
> *Qui vit avec*
> *Et qui en meurt parfois.*

———

UNE CONNAISSANCE SANS FORME D'IDÉE

Je me présente, avant de commencer : je m'appelle Feynman. J'ai 20 ans. Je suis né en février 2004, à Orléans. L'épilepsie, ça a été détecté quand j'étais en cinquième. Mais je sais que je suis épileptique depuis que je suis en sixième.

Je ne savais pas, je n'arrivais pas à formaliser ça, à poser un mot dessus. Mais je savais que j'avais un problème. Mon corps avait des réactions que je ne comprenais pas forcément. Et mes parents se doutaient de quelque chose, sans que moi-même je comprenne ce qui se passe.

Ils avaient leurs suppositions. Et ça avait une influence sur l'éducation qu'ils avaient envers moi.

En fait, ça part de quelque chose. Quand j'étais petit, je jouais beaucoup aux jeux vidéo. Mais genre beaucoup, beaucoup aux jeux vidéo. Et je ne sais pas si ça a un lien de cause à effet, mais j'étais très, très émotif. Genre vraiment super émotif quand je jouais. Ça posait problème avec ma mère d'ailleurs. Bon ça, c'est une autre histoire.

Et puis j'ai commencé à perdre mes cheveux. Je perdais mes cheveux. J'ai dû prendre un traitement pour que mes cheveux repoussent.

Après ça, ça s'est aggravé. Et c'était des sortes de crises que je ne comprenais pas vraiment. Je ne sais pas comment est-ce que ça venait, pourquoi ça se produisait. Mais c'était des crises d'épilepsie en fait. C'était surtout la nuit que ça se produisait.

Je sentais mon corps être envahi par une sorte de... Je sentais que mon corps progressivement se paralysait. Comme si j'étais englouti dans quelque chose. Et que je ne pouvais vraiment rien y faire.

J'avais l'impression que c'était une sorte de paralysie du sommeil. Sauf que ce n'était pas ça. C'était quelque chose qui m'enfonçait dans une sorte d'obscurité profonde, noire.

Mais en même temps, ça avait une portée assez particulière. Parce que c'était des moments de silence, de vacuité. Je dormais, j'étais juste inconscient de ce qui m'arrivait. En même temps, j'avais l'impression d'être sous l'oppression d'une menace, mais qui était en moi. C'était particulier. Et je n'arrivais pas à le formaliser quand j'étais petit.

Le moment avant, je sentais que ça arrivait. Puis je perdais conscience, je faisais la crise. Et je me réveillais. Mes parents m'entendaient gémir. C'était comme des appels à l'aide. Mes parents disaient pendant longtemps que je faisais des cauchemars. Parce qu'ils n'avaient pas forcément de mots. Ils disaient que je devais arrêter de jouer à certains jeux vidéo, parce que ça allait provoquer certaines choses.

Moi, je savais que ce n'était pas ça.

Quand je me réveillais, j'avais super mal à la tête, je n'arrivais pas à marcher, j'avais de la pisse sur moi. Je ne comprenais rien. Ça me faisait peur quand je voyais des gens autour de moi. Je ne comprenais pas pourquoi mes parents voulaient me toucher. Je n'aimais pas ça. Ça me gênait.

Je convulse. Je tremble. Je scoote[53] fort. Il fallait bouger les meubles pour ne pas que je me cogne. Me mettre d'un certain côté. Pour ne pas que je morde ma langue... et tout. Tout ça, c'est ce qu'on m'a raconté. Et que des fois, je commençais à un endroit. Et je finissais à l'autre extrémité de la pièce. Il fallait attendre que je cesse. Et ensuite, dès que je finissais, mes parents me réveillaient. Je pense que c'est comme ça que ça se produisait. J'étais assommé, quoi. J'étais désorienté. C'était trop bizarre.

J'en faisais souvent, à un moment donné, quand j'étais en sixième. Ça m'est même arrivé d'en faire une chez des gens. Et je me suis pissé dessus. C'est-à-dire que j'ai pissé sur le matelas des gens. Mes parents avaient tellement honte, qu'ils ne voulaient vraiment pas en parler. Ils ne voulaient vraiment pas. Ils pensaient que j'avais fait exprès. Ils étaient un peu fâchés contre moi. Je savais que ce n'était pas de ma faute. Mais je ne pouvais pas leur expliquer. Je n'arrivais pas à leur expliquer que c'était ça.

Il y a eu une période où j'ai été hospitalisé, quand j'étais en cinquième, pendant une semaine et quelques, je crois. Tout seul dans un lit d'hôpital. C'était barbant. Je m'ennuyais. C'était à la suite d'une crise. Je n'aimais pas la sensation, je me sentais seul. Pendant un long moment, je pense que c'est un truc de base classique : j'avais du mal à... C'était un peu un complexe, ma maladie. J'étais au collège. Je n'en parlais pas aux gens.

Ce n'était pas quelque chose qui me venait de dire que j'avais la maladie. Je trouvais que cette maladie, je la trouvais... Vraiment, je la trouvais un peu honteuse. Je me trouvais ridicule. Ma maladie, c'est tomber, gigoter dans tous les sens, baver, pisser sur moi... J'avais honte de ça. Carrément, je regardais des vidéos de personnes qui

---

53 Bouger en rythme, se décaler, partir

parlaient de leur témoignage de personnes épileptiques. Comme quoi ils avaient eu des conséquences, par rapport aux filles. J'étais complexé par rapport à ça. Je me disais : je vais jamais trouver de copine, parce que je suis épileptique.

J'ai pris un traitement. Je suis toujours sur ce traitement-là, encore aujourd'hui. Le traitement que j'avais, c'était du Tégrétol, et c'est toujours le même. Tégrétol... 200 mg. Au début, c'était plus, je crois. Je devais prendre des grosses doses. Et après, on a réduit à deux par jour.

Ça m'arrive vraiment très souvent d'oublier. On ne va pas se mentir. Parce que c'est... Surtout quand... Comment dire... Quand on a le sentiment qu'on va bien... Pour moi, personnellement, ce n'est pas une maladie.

Il y a des causes de convulsions, je ne sais pas exactement, une histoire de neurones blancs dans une zone où ils n'étaient pas censés être, un truc comme ça. Et on m'avait dit que ce n'était pas grave. Que ça pouvait l'être si je faisais pas ce qu'il faut. J'ai agi en conséquence.

C'est-à-dire que j'ai pris le traitement et mes parents étaient vraiment méticuleux sur ça. Moi, pas trop. Parce que c'est mon plus gros défaut d'être oublieux.

Je raconte vraiment en désordre. J'ai aussi été hospitalisé une deuxième fois. J'avais fait une deuxième crise. Encore une crise de trop. Et mes parents m'ont encore appelé l'ambulance et tout, les urgences. Je me souviens que je n'aimais pas du tout le fait de retourner à l'hôpital. Le seul souvenir que j'ai de là-bas, c'était que j'ai dû dormir directement à mon arrivée, parce que c'était la nuit que je faisais mes crises. C'est tout le temps la nuit que je les fais. Et quand je me suis réveillé, j'étais super désorienté. Je n'arrivais pas à marcher. Je marchais dans tous les sens. Et je me souviens des lumières, comment c'était. J'avais l'impression que la cabine de douche, là, c'était une sorte de geôle, une sorte de prison. J'aimais pas la sensation.

Mais je suis vite parti et on m'a prescrit un autre traitement. On m'a fait aussi des tests, des électroencéphalogrammes. J'en ai fait deux, trois pour voir... Je n'ai jamais vraiment compris ce que c'était, mais je pense qu'ils regardaient mon cerveau pour voir la progression du truc.

C'est une maladie que j'ai fini par accepter et qui a pris moins de place, parce que je ne faisais plus de crises grâce au traitement, pendant un long moment, après la cinquième, après mes hospitalisations. J'ai même pris des choses qu'on m'a vraiment fortement déconseillé de prendre, genre drogue et tout, pour mon cerveau c'est pas forcément bon. Mais je me disais : bon, je ne fais pas de crise, je fume et tout, mon cerveau est cassé, mais : je ne fais pas de crise. Je me disais que j'allais bien. J'ai oublié mon traitement je ne sais pas combien de fois pendant longtemps.

Je ne me sentais pas invincible, mais j'avais l'impression que c'était de l'histoire ancienne. Je n'y pensais plus trop. Mes parents...

J'ai l'impression que c'est aussi un truc qui vient m'affecter, dans le sens où je suis trop oublieux. Mes parents me font comprendre, enfin surtout mon père, que j'oublie tout le temps. Ça me ramène à mon irresponsabilité, j'ai l'impression d'être encore un gamin. Ce truc qui est prépondérant pour moi, qui me permet de survivre c'est-à-dire mon traitement. Ce petit truc-là, qui ne coûte rien, je ne le fais pas. Ça a tendance à parfois me remettre un peu en question sur tout mon être, pas de manière fondamentale où je commence à pleurer ou faire une crise existentielle, mais ça me met un coup, on va dire, grossièrement.

Après, avec le temps, j'ai fini par être de plus en plus à l'aise avec moi-même, je vais bien, la maladie c'était une partie de moi, mais ce n'était plus quelque chose de central. Je n'avais plus l'impression qu'on allait m'entrevoir par ce biais, par ce prisme-là, comme si c'était une sorte de... Enfin : ça faisait partie de moi, mais sans peur.

Et j'oubliais, je vivais dans une forme d'insouciance. C'est peut-être parce que je vivais des périodes de bonheur intense, où j'ai commencé à rencontrer plein de gens, mes amis, encore les plus proches, et notamment Manuel. Je l'ai rencontré quand j'avais 14 ans au collège.

C'est un de mes amis les plus proches aujourd'hui. Et je pense que ça a joué. Je ne dis pas que c'est de sa faute, mais j'étais tellement porté dans une sorte d'insouciance, et cette vie-là singeait le bonheur, et j'avais le sentiment - j'oubliais en fait, ça reniait tout le négatif, ça reniait toutes les mauvaises choses, et je pense que ces moments suspensifs qui m'amenaient au présent le plus possible - je découvrais l'amour, l'amour pour l'autre, pour mes amis, et notamment pour Manuel puisque Manuel c'est un peu l'une des personnes les plus importantes de ma vie, ça a joué dans ce processus-là : la maladie est marginalisée, alors que pourtant elle est aussi centrale dans ma vie en fait, c'est comme un...

C'est comme, comment dire, un ennemi qui se cache dans un buisson. Le buisson c'est ma boîte crânienne, c'est mon cerveau, et moi je vis dans l'insouciance, je baisse ma garde. Jusqu'à ce que voilà, jusqu'à ce qu'un jour.. J'ai l'impression de jouer à la roulette russe quand je le vis, parce que j'ai tendance à être au présent, à ne pas être dans la seconde d'après, enfin ça m'arrive d'être dans la seconde après, c'est-à-dire être dans l'anxiété du futur et du passé, mais quand je suis au présent, j'ai tendance à m'oublier - j'oublie ma condition misérable entre guillemets (c'est trop violent de dire ça comme ça, je suis pas non plus misérable) - mais je suis pas avec ma maladie en fait.

Ma maladie je la mets de côté, et même encore aujourd'hui je me considère pas comme quelqu'un de malade. Je me vis comme en bonne santé, alors que non, je suis pas en bonne santé, sinon j'aurais pas ce traitement. Et je vis seulement.

Je vis, et j'oublie quand ça va pas, et c'est vraiment comme un méchant dans un film, qui cherche le bon moyen pour m'avoir, en fait, et moi je trouve toujours, pas spécialement des stratagèmes, mais des... des carrefours qui m'amènent loin de cette limite-là, alors que pourtant il est tout le temps à côté de moi.

C'est trop bizarre, c'est super bizarre ! Et du coup je vis l'amour, je vis la passion pour mes amis.

Manuel c'est aussi une des personnes avec qui j'ai le plus parlé de ça, j'ai parlé de ma maladie, des crises etc., et c'est un gars qui m'a toujours écouté, qui m'a respecté par rapport à ça, qui m'a toujours accepté. Et ma mère m'a toujours mis en garde par rapport au fait que les gens vont me juger si j'ai ça, du coup j'ai toujours eu une vision très stigmatisante de ma maladie.

Parce que mes parents sont très pudiques par rapport à la vie privée. Il y a aussi une dimension très culturelle dans ça - moi je suis Malgache, en tout cas du côté de ma mère - et du côté de beaucoup de Malgaches j'ai l'impression qu'il y a vraiment cette culture de la discrétion, cette culture de la sacralisation de l'intimité - c'est peut-être pas forcément une sacralisation dans le sens où on va magnifier l'intimité, mais... on la tabouise parce qu'on a peur de l'autre aussi peut-être. Moi je suis pas du tout comme ça, je suis une personne très extravertie. Mais mes parents m'ont toujours appris, enfin ma mère surtout, dans un contexte comme celui-ci où voilà, on connait pas trop les maladies du cerveau, c'est pas forcément des maladies apparentes, c'est toujours perçu comme bizarre, donc mieux vaut se garder de parler de ça, tu vois. Et je sais que c'est quelque chose d'africain.

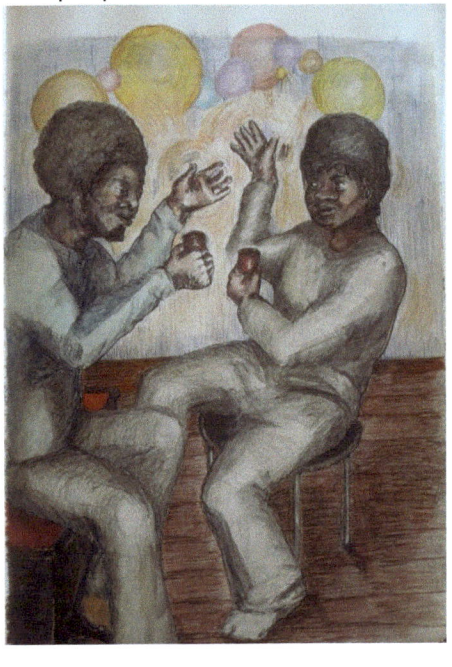

Enfin, pas forcément : c'est quelque chose d'humain. Mais les maladies mentales, les maladies du cerveau en Afrique c'est pas des sujets qu'on met sur la table, parce qu'on a pas le temps de penser à ce genre de choses. Les maladies, en tout cas la formalisation, le fait de poser des mots sur certaines choses, c'est des phénomènes de société, des phénomènes de civilisation. C'est très occidental de se poser la question sur ça, d'échanger là-dessus. Je dis pas que les Africains ne se posent pas la question sur leur état mental etc., mais on va dire que, en tout cas que pour la génération de mes parents, c'était quelque chose d'assez marginal. Peut-être qu'aujourd'hui ça a progressé, mais ça a beaucoup joué dans mon éducation, le fait d'être bercé dans une culture qui va obomber toutes nos caractéristiques singulières, nos déficiences aussi parfois, même si c'est violent de parler de déficiences, de nos maladies et toutes ces choses, au profit d'une culture qui est structurante, une culture de la pudeur aussi, une culture qui n'admet pas l'existence de certaines choses.

Je ne dis pas que cette méconnaissance est une preuve de manque d'intelligence, de manque de curiosité, ils sont pas abrutis ! Je pense juste qu'ils ont une manière de penser cette maladie qui est différente et qui est inhérente à leur civilisation.

La manière de penser cette maladie-là n'est pas un invariant : c'est une formalisation à partir de représentations civilisationnelles et culturelles.

Et ça fait partie de moi, et je sais que ce conflit intergénérationnel et interculturel a forcément eu une influence sur ma manière de penser ma maladie, et je savais qu'il y avait cette barrière-là, qu'il a fallu que je surmonte. Elle s'est surmontée petit à petit, parce que j'ai eu des amis qui m'ont appris l'acceptation, appris l'amour. J'ai appris l'amour avec des gens, et j'ai appris que je pouvais être aimé d'une manière tellement simple, et avoir le sentiment que ce sera pour la vie, et que même si on ne se parle pas pendant longtemps, ils seront toujours là. Au final j'ai tendance à oublier ma condition : c'est comme si l'amour de mes amis me conférait une sorte d'immunité, au sens où je perds toutes mes imperfections. C'est-à-dire que je les oublie, parce qu'on ne me voit pas à partir de ce prisme là. J'ai appris ça, et c'est comme ça que j'ai commencé à me penser. C'est quelque chose de global, c'est un processus où j'ai commencé à être à l'aise avec moi-même et donc j'ai été à l'aise avec ma maladie, même si j'ai toujours ce… carcan, un carcan qui semble sommeiller, c'est quelque chose de bizarre.

Je ne fais pas de crises, le mal sommeille.

Quand je vois des cas de personnes qui ont la même chose que moi et qui en sont morts, par exemple il y avait un acteur - que je regardais dans une série qui s'appelle Jessie[54], il s'appelle Cameron Boyce, il est mort de ça, et ça me rappelle que je dois quand même pas jouer avec ça, c'est pas un jeu. La frivolité de la jeunesse me fait

---

54 *Jessie*, série américaine diffusée de 2011 à 2015 sur Disney Channel. Cameron Boyce (1999-2019) jouait dans cette série le rôle de Luke Ross. Il est mort à L.A. d'une SUDEP après une crise nocturne. Dans les nécrologies on trouve le plus souvent la formule « Mort d'une attaque en lien avec une maladie pour laquelle il était suivi ». Heureusement, certains osent nommer l'épilepsie. Les parents de Cameron n'avaient pas la moindre idée de l'existence des SUDEP, comme la plupart des gens. Ils ont ensuite créé une fondation : https://www.thecameronboycefoundation.org/ending-epilepsy-curing-sudep

oublier que j'ai des problèmes aussi, et que c'est quelque chose que je dois traiter.

Je suis beaucoup addict aux écrans, on va pas se mentir, et ce depuis toujours. J'ai toujours passé énormément de temps sur les écrans, et pendant la période du Covid, j'étais souvent sur mon ordinateur parce que je fais de la musique comme Manuel sur FL Studio. Alors que je passais beaucoup de temps sur les écrans, dans le contexte assez particulier du confinement, j'avais 16, 17 ans, et cette période là c'était la période du vaccin : fallait se faire vacciner obligatoirement pour pouvoir accéder à certains endroits. J'ai une éducation assez stricte. J'étais pas trop pour le fait de me faire vacciner, j'avais pas spécialement envie, ça me parlait pas trop, mais mon père m'a forcé à me faire vacciner, donc j'ai fait les deux doses.

Et le soir même où j'ai fait ma deuxième dose, ça faisait je sais pas, 2-3 ans que j'avais pas fait de crise, le soir même où j'ai pris cette dose-là j'ai fait une crise d'épilepsie. Ça m'a choqué ! Je me disais : « Mais comment ça ?!! », mes parents sont venus dans ma chambre, ça s'est réglé assez vite, je me suis rendormi, voilà. Mais je suis devenu anti-vax à cause de l'épilepsie, quoi ! J'ai commencé à me dire : « On sait pas ce qu'il y a dedans », c'est pas forcément pragmatique, c'est sûrement très passionné, je le reconnais , mais il y a ce biais très fort[55] : pendant super longtemps j'ai pris toutes sortes de choses mauvaises, j'ai pris de la drogue, j'ai fumé, j'ai pris des trucs qu'il fallait pas que je prenne, mais j'ai arrêté tout ça heureusement, parce que je pense que mon cerveau serait dans un état pitoyable aujourd'hui, mais je sais pas, je dormais super tard, j'étais super fatigué, j'étais sur les écrans, lumières bleues et tout, machin, et là... Le soir même où je prends un vaccin, je fais une crise, c'est trop scandaleux ! Anti-vax, sérieusement !!

Depuis ça mes parents faisaient vraiment attention à ce que je faisais, c'est à dire qu'ils me surveillaient plus sur comment est-ce que je prenais mon traitement, alors qu'en soi dans les résultats : j'avais des bilans, je prenais pas super bien mon traitement, mais bi-

---

55 D'après l'ILAE (*International League against Epilepsy*), la COVID est plus dangereuse pour les personnes épileptiques que le vaccin : le seul risque lié au vaccin contre la covid-19 est le risque classique qu'il provoque de la fièvre, comme beaucoup d'autres vaccins, et que la fièvre à son tour déclenche une crise.
https://www.ilae.org/patient-care/covid-19-and-epilepsy/covid-19-vaccines-and-people-with-epilepsy/covid-19-vaccine-french#:~:text=Il%20n'existe%20actuellement%20aucune,compris%20une%20majoration%20des%20crises

zarrement le médecin disait : « Tout va bien, y'a vraiment aucun problème ! » J'ai trouvé ça super bizarre ! Ah non, je suis désolé, je refuse ! Là j'ai pas fait de crise depuis le Covid.

Avec des gens moins proches, je ne parle pas de la maladie, non.

En général, quand je m'approche des gens, j'essaie de ne pas être intéressant, mais d'être intéressé par la personne qui est en face de moi. J'ai envie de lui montrer qu'elle a des choses passionnantes à dire, et j'ai envie de les faire ressortir. Et forcément, on ne va pas parler de moi et on ne va pas parler de ce que je suis. Mais j'en parle à des gens qui sont proches. Emmanuel, je lui en parle.

Peut-être qu'il faudrait aussi que je me penche un peu plus sur ça, parce que je me rends compte que c'est un truc qu'on ne connait pas trop.

Il y a des fois, par exemple, je vais être avec des gens, des amis à moi. Et tu vois, ils mettent des images super hyper flashy, hyper turbulentes, et tout. Et moi, bon, je ne leur dis pas, mais je tourne ma tête, par précaution. Alors que non, à ma connaissance, je ne suis pas une personne photosensible.

Oui, c'est littéralement une expérience, c'est étrange · en fait c'est une forme de connaissance, mais sans forme d'idée.

C'est violent, c'est super violent de vivre ça, parce que ça fait peur. Quand je faisais mes premières crises, moi je me souviens des moments où je sentais que j'allais être inconscient. Et je me souviens que j'avais des signes aussi qui me le disaient, c'est quand j'avais… un frisson sur la joue gauche et que je commençais à avoir mal à la tête. Je me souviens, la première fois, que j'ai eu ce sentiment-là, c'était un cours d'histoire, j'étais tout devant, je me souviens très bien ! La prof c'était une remplaçante, et j'avais cette sensation de mal à la joue gauche. Et ce soir-là, j'ai fait une crise, c'était un indicateur.

———

Mon enregistreur s'est arrêté là. Nous avons parlé encore un moment, échangé sur le fait que maintenant, cette répartition des tâches entre ses parents - responsables de contraindre, surveiller, protéger -, et lui - se mettant en danger, s'offrant l'insouciance pour desserrer le carcan - était obsolète. L'âge de savoir, de consulter seul un médecin, de faire ses propres choix en conscience et en connaissance de cause, il a commencé. Mise à jour imminente, possible, des rôles et des outils. Dans le même mouvement cesser de sentir en permanence, en sous-terrain, une menace obscure, et apprendre à prendre soi-même soin de soi, prendre, dans ce présent où il a appris à se situer, la force de protéger lui-même le petit qu'il a été et l'adulte qu'il devient, c'est le programme qui s'ouvre. Le beau programme d'une longue et belle vie que je lui souhaite.

ADDENDUM

Au moment où j'ai décidé depuis plusieurs semaines de ne plus rien ajouter à ce livre, je reçois le dossier médical psychiatrique de mon frère Bruno, demandé il y a quelques mois.

Je passe une journée entière à le lire exhaustivement. C'est une date pour moi, cela va sans dire. Un moment très doux, parce que j'ai l'impression de tenir sa main, d'annuler par ma lecture scrupuleuse la radicalité de sa solitude hospitalière, même si c'est évidemment faux, elle a été, elle ne sera annulée ni réparée par rien : trop tard. Mais au moins mes yeux voient, lisent les détails, ce n'est plus un secret, et ça le sera encore moins quand vous lirez ces lignes. Ca bruisse, c'est la fin du silence. Et un moment particulièrement dur aussi, parce que toute la violence dont il se plaignait alors, que je sentais, est confirmée là. L'absurdité, le gâchis. Seulement, maintenant, je tiens ce dossier entre mes mains, et mes mains, ce sont celles de quelqu'un qui t'aime, petit frère. Ma tendresse est une paire de mains qui ramasse tes affaires éparpillées et tombées par terre.

Le dossier contient : des mots qu'on écrit à l'admission, des comptes-rendus de consultation, des rapports infirmiers qui transcrivent les dialogues quotidiens, les incidents, des fiches pleines de petites croix, remplies pendant les périodes de contention qui impliquent une surveillance rapprochée – vu qu'être attaché à son lit pendant dix jours n'est pas très bon pour la santé. Des dates, des bilans d'examens, des codes diagnostics se référant au DSM-V (manuel diagnostic et statistique des troubles mentaux) ou CIM-10 (Classification internationale des maladies). Le dossier fait 3,5 cm d'épaisseur, c'est du papier A4 recto verso.

Entre les lignes aussi, on peut lire.

J'entends sa voix dans les rapports parsemés de citations. Le sens qu'introduisent les guillemets varie, car ils permettent soit de restituer son propos précis, comme ici : « Il dit «j'ai expérimenté la mort » », soit de mettre son propos à distance critique : « patient évoquant une « mort imminente » ». Un autre encore écrit sans guillemets : « Visage tendu, parle peu. Sent une mort imminente. »

Et je suis heureuse qu'il en soit ainsi : je suis reconnaissante, et touchée, par la façon dont ces rapports manuscrits (il y a aussi les graphies qui varient, des écritures de toutes sortes, rapides, penchées, ou petites pattes de mouche, des qui font des fautes d'orthographes et d'autres moins, qui utilisent des sigles ou écrivent tout en entier) exposent leurs auteurs. Ca sent l'humain. On voit les biais, et des scènes se déroulent devant mes yeux.

Il veut téléphoner. L'infirmier ne sait pas s'il a le droit selon son protocole, il faut demander au médecin. Bruno demande une chaise pour attendre dans le couloir. On la lui refuse. Il s'énerve, frappe l'infirmier. Le médecin est appelé en renfort. Bruno avait le droit de téléphoner. Mais là il a frappé quelqu'un donc il va être contentionné. Il crie : « je suis attaché par votre connerie ! ». Voilà. On gambade de loufoquerie en loufoquerie : le temps passe en un pugilat dont bien sûr Bruno ne sortira pas vainqueur. Bruno frappe carrément : je reconnais que je n'ai pas la réponse à la question : comment on fait avec un patient qui frappe, qui devient un impatient ?

Il est indiqué sur les papiers d'entrée le code diagnostic de schizophrénie sans précision, puis de schizophrénie hébéphrénique, puis, lors de la troisième hospitalisation et des suivantes, de trouble hypocondriaque. Ce qui explique, bien sûr, que toutes les sensations dérangeantes ou angoissantes qu'il décrivait – picotements, chaleurs locales, tachy- ou bradycardie, etc.-, ont été interprétées comme des simulations ou des hallucinations sensorielles caractéristiques de la schizophrénie (cénesthésiques). Moi la profane, j'ai lu de nombreuses descriptions de sensations semblables sur des groupes de personnes épileptiques ou dans les livres. Ces sensations auraient été interprétées différemment par un.e épileptologue, qui en aurait tenu compte, j'en mettrais ma main à couper. On sait, pourtant, que ce patient est épileptique. Il est d'ailleurs suivi pour cela dans un autre service du même hôpital. Je découvre même qu'un état de mal non convulsif confusionnel- jusqu'à il y a deux semaines je ne savais pas qu'une telle chose existait - peut fort ressembler à un moment psychotique. Ressemble beaucoup à ce à quoi j'ai assisté les jours précédents les hospitalisations de Bruno en psychiatrie.

Bon, ça suffit. J'ai autre chose à raconter que ce tri, et cette pagaille résiduelle dans ma tête, et ce tribunal intenable. Pendant l'écriture de ce livre, j'ai rencontré B., une amie d'amie d'ami, qui est épileptologue et psychiatre, et avec qui j'ai pu parler de tout cela. Cette rencontre est pratiquement tombée du ciel. Ce n'est pas simple, elle me dit.

Certaines choses sont très délicates à distinguer les unes des autres. Et oui, les psychiatres manquent souvent de connaissances sur l'épilepsie. Son cas à elle est particulier, en raison de sa double casquette. Oui, il y a des problèmes structurels dans la psychiatrie aujourd'hui. Je ne sais pas à quel point, en Allemagne où elle exerce, les difficultés sont les mêmes.

Mais elle me dit - et elle me le dit devant la tombe de mon frère, car elle est en visite à Paris et nous sommes allées nous promener au Père Lachaise, nous commençons à avoir froid car un vilain petit vent nous souffle dessus malgré le soleil de ce matin - elle me dit que je peux être presque sûre que les médecins qui ont accompagné mon frère n'ont pas oublié. Elle me dit qu'elle, elle a aussi des patients qui sont morts de SUDEP, et des patients dont elle ne sait plus rien et dont elle se demande parfois pourquoi, où ils sont, ce qu'ils sont devenus, si peut-être ils sont morts. Elle me parle de l'un d'entre eux, qu'elle aimait beaucoup, elle me raconte qu'elle a passé des semaines, des mois à se demander si elle avait peut-être oublié quelque chose, fait une erreur, qu'elle se le demande encore parfois. Elle pense à lui quand elle fait des sessions d'éducation thérapeutique avec des patients et leurs proches, malgré les années écoulées depuis.

Nous sommes là, j'ai perdu mon frère, et elle des patients, mais finalement c'est elle qui pleure. Elle essuie des larmes. Ses larmes, je ne suis pas assez mystique pour croire que Bruno les reçoit, mais moi, oui. Elles réparent quelque chose par-dessus les époques, elles recouvrent le bruit de la guerre qui fait rage dans le dossier de Bruno.

Partager la peine, se tenir ensemble là devant la tombe, devant le « tout tombe », cela aussi incarne la main du poème de Rilke, la main qui rattrape avec infiniment de douceur la chute. Ne l'empêche pas. Main qui elle-même tombe. Mais c'est autre chose que de simplement tomber pour gésir et disparaître.

Les sessions d'éducation thérapeutique, on n'en a pas eues. J'aurais aimé. Rencontrer une femme comme celle-ci, à l'époque, et puis être assise avec Bruno, avec d'autres, pendant deux jours, rentrer avec un bouquin plein d'informations, de pistes. Quand je suis allée assister à une de ces sessions, justement, d'éducation thérapeutique qu'elle organise, j'ai vraiment été bouleversée par l'intelligence de tout le dispositif: le support, la façon de faire, l'incroyable délicatesse, l'énorme compétence, et surtout, surtout, cette place laissée ENFIN à l'échange, entre les gens concernés, et avec le médecin, qui se met aussi en position d'apprendre et de partager, d'entendre, part des expériences des malades, prend en compte les émotions, n'interdit aucune question : des humains à égalité. Pendant deux jours, les gens fouillent ensemble, expriment leurs doutes, racontent leurs façons de naviguer. Leur besoin de comprendre, il est considéré comme une évidence, les armer de savoir comme une nécessité.

Pendant toute cette session, et à chaque fois que B. m'a parlé de son travail, de ses patients, je n'ai cessé de penser que si Bruno avait eu la chance d'entendre tout cela, d'être écouté, nourri de savoir, un peu compris, reçu avec ses proches, connecté à d'autres personnes qui prenaient les mêmes médicaments ou se heurtaient aux mêmes difficultés, connaissaient certaines des sensations qui l'angoissaient, bref, oui, je pense que cela aurait tout changé. C'est trop tard, mais c'est merveilleux que cela existe, que d'autres en bénéficient. Même pour moi toute seule, ç'a été merveilleux. J'ai pu dire, moi aussi. On a parlé d'anxiété, de culpabilité, des émotions qu'on ne sait plus où mettre, qui encombrent, de la difficulté de bien faire, de s'ajuster aux besoins de l'autre, et de toutes ces choses vécues seule qu'en fait d'autres vivent aussi. J'ai bien compris qu'en fait, on peut beaucoup s'entraider. Chaque témoignage fait médiation, miroir, tiers-lieu, aère. On y gagne un temps et une énergie faramineux. Cela modifie un millier de micro choix du quotidien. Je n'ai pas de doute qu'à la fin, cela évite des morts inutiles. Et en dehors de ça, ce sont tous les rapports avec les proches, la façon de vivre la maladie, la solitude terrible, qui s'en trouvent modifiés.

Voilà : quinze ans après, j'écris ce livre. J'ai revu plusieurs fois la neurologue qui a suivi un peu mon frère à la fin, elle m'a reçue sur son temps libre, elle m'a prêté des livres, encouragé à écrire. Lors des réunions de familles endeuillées, j'ai vu combien elle et, la dernière fois, sa collègue, s'intéressaient et apprenaient, et la quantité de temps qu'elles nous donnaient, hors du cabinet. En nous quittant, l'une d'elles nous salue (nous familles) ainsi : «merci infiniment. Grâce au courage que vous avez de partager vos histoires, j'apprends énormément, et vous n'imaginez pas à quel point cela me permettra de prendre de mieux en mieux soin de mes patient.e.s.»

Puis j'ai rencontré B., elle m'a invitée à participer à ce formidable programme MOSES. Elle a fait beaucoup plus encore, puisque nous avons parlé, chaque jour, de tout ce qui s'était dit, et de mes histoires. Je finis ce livre, qu'elle m'encourage à traduire en allemand. Dont elle voudrait que je lise un passage à la prochaine session pour les formateurs MOSES.

—

WHO/ OMS : EPILEPSIE

Page informative de l'OMS – 07/02/2024 – consulté le 24/03/2025 :
https://www.who.int/fr/news-room/fact-sheets/detail/epilepsy

Principaux faits

L'épilepsie est une affection neurologique dont on peut souffrir à n'importe quel âge.

Dans le monde, environ 50 millions de personnes en sont atteintes, ce qui en fait l'une des affections neurologiques les plus fréquentes.

Près de 80 % des personnes souffrant d'épilepsie vivent dans les pays à revenu faible ou intermédiaire.

Selon les estimations, 70 % des personnes épileptiques pourraient ne pas avoir de crises si leur état était correctement diagnostiqué et traité.

Le risque de décès prématuré chez les personnes atteintes d'épilepsie est près de trois fois plus élevé que dans la population générale.

Près des trois quarts des personnes épileptiques dans les pays à revenu faible ou intermédiaire ne bénéficient pas du traitement dont elles ont besoin.

Les personnes atteintes et leur famille peuvent être confrontées à la stigmatisation et à la discrimination dans de nombreuses régions du monde.

Vue d'ensemble

L'épilepsie est une affection non transmissible chronique du cerveau qui touche 50 millions de personnes dans le monde. Elle se caractérise par des crises récurrentes se manifestant par de brefs épisodes de tremblements involontaires touchant une partie du corps (crises partielles) ou l'ensemble du corps (crises généralisées). Ces crises s'accompagnent parfois d'une perte de conscience et du contrôle de la vessie et de l'évacuation intestinale.

Ces crises résultent de décharges électriques excessives dans un groupe de cellules cérébrales. Ces décharges peuvent se produire dans différentes parties du cerveau. Les crises peuvent varier en intensité, allant de brèves pertes d'attention ou de petites secousses musculaires à des convulsions sévères et prolongées. Leur fréquence est également variable, de moins d'une fois par an à plusieurs fois par jour.

Une crise unique ne signe pas l'épilepsie (jusqu'à 10 % de la population mondiale en a une au cours de la vie). La maladie se définit par la survenue d'au moins deux crises spontanées. C'est l'une des affections les plus anciennement connues de l'humanité, mentionnée dans des documents écrits qui remontent à 4000 avant J.-C. Elle a suscité pendant des siècles la crainte, l'incompréhension, la discrimination et la stigmatisation sociale. La stigmatisation perdure de nos jours dans de nombreux pays et peut avoir des répercussions sur la qualité de vie des personnes atteintes et de leur famille.

Signes et symptômes

Les caractéristiques des crises sont variables et dépendent de la localisation de la perturbation à l'origine dans le cerveau et de sa propagation. On observe des symptômes passagers, comme une désorientation ou une perte de conscience, et des troubles du mouvement ou des sensations (visuelles, auditives, gustatives), ainsi que de l'humeur ou d'autres fonctions cognitives.

Les personnes souffrant d'épilepsie ont tendance à avoir davantage de problèmes physiques (par exemple fractures ou hématomes dus aux crises), et chez elles, les troubles psychosociaux comme l'anxiété ou la dépression sont plus fréquents. De même, le risque de décès prématuré est jusqu'à trois fois plus élevé chez les personnes épileptiques que dans la population générale ; les taux les plus élevés s'observent dans les pays à revenu faible ou intermédiaire et dans les zones rurales.

Une proportion importante des causes de décès liés à l'épilepsie, surtout dans les pays à revenu faible ou intermédiaire, est potentiellement évitable (chutes, noyades, brûlures et crises prolongées).

Fréquence de la maladie

L'épilepsie représente une part non négligeable de la charge de morbidité à l'échelle mondiale et touche environ 50 millions de personnes dans le monde. On estime que, dans la population générale, la proportion de personnes souffrant d'épilepsie évolutive (c'est-à-dire présentant des crises chroniques ou ayant besoin d'un traitement) à un moment donné se situe entre 4 et 10 pour 1000 personnes.

À l'échelle mondiale, on estime que l'épilepsie est diagnostiquée chez cinq millions de personnes chaque année. Dans les pays à revenu élevé, le nombre de personnes chez qui elle est diagnostiquée est estimé à 49 pour 100 000 personnes par an. Dans les pays à revenu faible ou intermédiaire, ce chiffre peut atteindre 139 pour 100 000. Cette fréquence élevée est vraisemblablement due au risque plus important de maladies endémiques telles que le paludisme ou la neurocysticercose, à la plus forte incidence des traumatismes liés aux accidents de la route, aux lésions survenant lors de l'accouchement et à la variabilité des infrastructures médicales, des programmes sanitaires de prévention et de l'accès aux soins. Près de 80 % des personnes souffrant d'épilepsie vivent dans les pays à revenu faible ou intermédiaire.

Causes

L'épilepsie n'est pas contagieuse. Bien que de nombreux mécanismes pathologiques sous-jacents puissent provoquer l'épilepsie, la cause de la maladie est encore inconnue dans environ 50 % des cas dans le monde. Les causes de l'épilepsie sont classées dans les catégories suivantes : structurelles, génétiques, infectieuses, métaboliques, immunitaires et inconnues. On peut citer à titre d'exemples :

une lésion cérébrale due à des traumatismes prénatals ou périnatals (manque d'oxygène, traumatisme à la naissance ou faible poids de naissance) ;

des anomalies congénitales ou des troubles génétiques s'associant à des malformations cérébrales ;

un traumatisme crânien sévère ;

un accident vasculaire cérébral qui réduit la quantité d'oxygène dans le cerveau ;

une infection touchant le cerveau, comme une méningite, une encéphalite ou une neurocysticercose ;

certains syndromes génétiques ; et

une tumeur cérébrale.

Traitement

Il est possible de maîtriser les crises. Jusqu'à 70 % des personnes atteintes d'épilepsie pourraient vivre sans convulsions si elles prenaient des médicaments antiépileptiques. L'arrêt du traitement antiépileptique peut être envisagé après deux ans sans crise et doit tenir compte des facteurs cliniques, sociaux et personnels pertinents. Une étiologie documentée de la crise et une électroencéphalographie (EEG) anormale sont les deux prédicteurs les plus constants de récidive des crises.

Dans les pays à revenu faible, environ trois quarts des personnes atteintes d'épilepsie ne reçoivent pas le traitement dont elles ont besoin. On parle alors de « lacune de la couverture thérapeutique ».

Dans beaucoup de pays à revenu faible ou intermédiaire, les médicaments antiépileptiques sont peu disponibles. Selon une étude récente, la disponibilité des antiépileptiques génériques dans le secteur public des pays à revenu faible ou intermédiaire est en moyenne inférieure à 50 %. Cela peut constituer un obstacle à l'accès au traitement.

On peut diagnostiquer et traiter la plupart des cas d'épilepsie au niveau des soins primaires sans avoir recours à un équipement sophistiqué.

Des projets pilotes menés par l'OMS ont montré que la formation des prestataires de soins de santé primaires au diagnostic et au traitement de l'épilepsie permet de réduire efficacement la lacune de la couverture thérapeutique.

La chirurgie peut être bénéfique pour les patients ne réagissant pas aux traitements médicamenteux.

Prévention

On estime que 25 % des cas d'épilepsie pourraient être évités.

La prévention des traumatismes crâniens, consistant par exemple à réduire le nombre de chutes, d'accidents de la route et de blessures liées à la pratique d'un sport, est le moyen le plus efficace d'éviter l'épilepsie post-traumatique.

La qualité des soins périnatals permet de réduire le nombre de nouveaux cas d'épilepsie dus à des traumatismes à la naissance.

Le recours à des médicaments ou à d'autres méthodes visant à abaisser la température corporelle d'un enfant fiévreux peut réduire le risque de crises fébriles.

La prévention de l'épilepsie associée aux accidents vasculaires cérébraux est axée sur la réduction des facteurs de risque cardiovasculaire, par exemple par des mesures de prévention ou de maîtrise de l'hypertension artérielle, du diabète et de l'obésité, et sur la lutte contre le tabagisme et la consommation excessive d'alcool.

Les infections du système nerveux central sont des causes courantes d'épilepsie dans les régions tropicales, où se trouvent la grande majorité des pays à revenu faible ou intermédiaire. L'élimination des parasites dans ces environnements et l'éducation pour savoir comment éviter les infections sont des moyens efficaces pour faire baisser le nombre des cas d'épilepsie dans le monde, par exemple ceux dus à la neurocysticercose.

Conséquences économiques et sociales

L'épilepsie représente plus de 0,5 % de la charge mondiale de morbidité, une mesure intégrant le facteur temporel et combinant les années de vie perdues à cause de la mortalité prématurée et le temps vécu dans un état de santé qui n'est pas optimal. Elle a aussi des conséquences économiques importantes en termes de besoins de soins de santé, de décès prématurés et de perte de productivité.

Les coûts directs et les pertes de productivité peuvent représenter une charge substantielle pour les ménages. Selon une étude économique faite en Inde, le financement public des thérapies de première et de deuxième intention et des autres coûts médicaux permet de soulager le fardeau financier que représente l'épilepsie et c'est une solution économiquement rentable.

La discrimination et la stigmatisation qui vont de pair avec l'épilepsie dans le monde sont souvent plus difficiles à surmonter que les crises elles-mêmes. Les personnes épileptiques et leur famille peuvent être victimes de préjugés. Les idées reçues largement répandues selon lesquelles l'épilepsie est incurable ou contagieuse, ou résulte d'un comportement moralement répréhensible, peuvent isoler les personnes épileptiques et les dissuader de se faire soigner.

Droits humains

Les personnes atteintes d'épilepsie peuvent avoir du mal à accéder à l'éducation, être empêchées de passer le permis de conduire, rencontrer des obstacles pour exercer certains métiers et avoir un accès restreint aux assurances-maladie et aux assurances-vie. Dans de nombreux pays, la législation témoigne encore des nombreux siècles de méconnaissance de l'épilepsie. C'est le cas, par exemple, des lois qui autorisent l'annulation d'un mariage pour cause d'épilepsie et de celles qui interdisent aux personnes susceptibles d'avoir des crises l'accès aux restaurants, aux théâtres, aux centres de loisirs et aux autres bâtiments publics.

Les législations basées sur les normes reconnues au niveau international pour les droits humains permettent d'éviter la discrimination et les violations de ces droits, d'améliorer l'accès aux services de santé et la qualité de vie des personnes souffrant d'épilepsie.

Action de l'OMS

Le premier rapport mondial sur l'épilepsie produit en 2019 par l'OMS et des partenaires clés, Agir contre l'épilepsie : Un impératif de santé publique (résumé en français), a mis en évidence les données disponibles sur la charge de l'épilepsie et les mesures de santé publique nécessaires à l'échelle mondiale, régionale et nationale.

La Soixante-Quinzième Assemblée mondiale de la Santé a adopté le Plan d'action mondial intersectoriel sur l'épilepsie et les autres troubles neurologiques 2022-2031, qui part du principe que les méthodes préventives, pharmacologiques et psychosociales communes pour l'épilepsie et d'autres troubles neurologiques peuvent servir de point d'entrée pour accélérer le renforcement de l'aide et des services offerts aux personnes souffrant de ces affections.

Dernièrement, l'OMS a publié une note technique exposant les mesures que les responsables de l'élaboration des politiques et les planificateurs des soins de santé peuvent prendre pour diminuer le fardeau de l'épilepsie dans les pays en trouvant les solutions les plus efficaces et en les appliquant dans de nombreux secteurs sociétaux.

L'OMS, la Ligue internationale contre l'Épilepsie et le Bureau international de l'Épilepsie mènent une campagne mondiale, « sortir de l'ombre », afin d'informer, de faire mieux connaître cette maladie et de renforcer les efforts des secteurs public et privé visant à en atténuer l'impact et à améliorer les soins.

Ces efforts ont contribué à faire de la lutte contre l'épilepsie une priorité dans de nombreux pays, et des projets ont vu le jour pour réduire les lacunes de la couverture thérapeutique et la morbidité pour les personnes atteintes, pour former et éduquer les professionnels de santé, faire disparaître la stigmatisation, trouver des stratégies potentielles de prévention et élaborer des modèles intégrant la lutte contre l'épilepsie dans les systèmes de santé locaux. Ces projets, qui combinent plusieurs stratégies innovantes, ont montré qu'il existe des moyens simples et rentables pour traiter l'épilepsie dans les milieux à faibles ressources. Le programme de l'OMS pour réduire les lacunes de la couverture thérapeutique dans le domaine de l'épilepsie et le programme d'action Combler les lacunes en santé mentale (mhGAP) ont permis d'atteindre ces objectifs au Ghana, au Mozambique, au Myanmar et au Viet Nam, où 6,5 millions de personnes supplémentaires ont désormais accès à un traitement contre l'épilepsie si elles en ont besoin.

SITOGRAPHIE ÉVIDEMMENT PARTIELLE

Le petit animal curiosité qui m'habite est agité, vorace, pratiquement impossible à rassasier. Il a donc beaucoup cherché, sur internet, dans des livres, bien au-delà de l'objet de ce livre. Finalement, je partage simplement les principales sources (pages internet) où je suis allée me renseigner, organisées par entrées thématiques classées alphabétiquement.

Un **glossaire** donne par ailleurs les définitions basiques des termes les plus fréquemment utilisés quand on parle épilepsie.

Asperger : cf comorbidités, TSA

Cannabidiol (Epidyolex) : Paitraud David, *Epilepsie : Epidyolex (cannabidiol) disponible en officine*, 05/01/2023, [consulté le 17/03/2025] Disponible sur : https://www.vidal.fr/actualites/30006-epilepsie-epidyolex-cannabidiol-disponible-en-officine.html (Article de l'ANSM : https://ansm.sante.fr/actualites/epilepsie-lansm-alerte-sur-les-dangers-lies-a-lutilisation-de-produits-contenant-du-cannabidiol-vendus-notamment-sur-internet)

Clé : Centre de lutte contre l'épilepsie : Institut La Teppe, centre dédié spécifiquement à l'accueil de personnes épileptiques, présentation sur le site en ligne [consulté le 12/05/2025] : https://www.teppe.org/Presentation

Comorbidités : site CHU sainte Justine, création 13/12/2016, mise à jour le 04/01/2017 [consulté le 14/03/2025] Disponible sur : https://www.chusj.org/fr/soins-services/E/Epilepsie/Parlons-d-epilepsie/Comorbidites

Contraception : cf glossaire.

Recommandations de la HAS (Haute Autorité de Santé), validées par le Collège 08/10/2020, [consulté le 17/03/2025], disponible sur : https://www.has-sante.fr/upload/docs/application/pdf/2020-11/epilepsies_particularites_de_la_prise_en_charge_des_filles_et_des_femmes_en_age_de_procreer_-_synthese.pdf

Fiches patients sur contraception et sexualité en général : site de la Ligue Suisse contre l'Epilepsie, info@epi.ch ou www.epi.ch, Dr Günter Krämer, dépliant « l'épilepsie au féminin », [consulté le

17/03/2025], disponible sur : https://www.epi.ch/wp-content/uploads/flyer-Frau-und-Epilepsie-F.pdf

Dépression : cf comorbidités

Education thérapeutique du patient:

Définition et recommandation disponibles sur le site de l'Organisation Mondiale de la Santé [consulté le 14/05/2025 : https://www.who.int/europe/fr/publications/i/item/9789289060219#:~:text=L'%C3%A9ducation%20th%C3%A9rapeutique%20du%20patient,soignants%20et%20de%20leur%20famille.

Livret support de séances d'ETP sur le site de la LFCE : https://www.epilepsie-info.fr/wp-content/uploads/2023/05/Session-commune-ETepi_Pitie-Salpetriere_2021.pdf

EPIPAIR est un organisme qui forme toutes sortes de professionnels aux prises avec l'épilepsie. On trouve sur leur site un grand nombre de ressources, fiches, vidéos, bibliographie, jeux, adaptés à différents publics : https://www.epipair.fr/

Impossible de ne pas citer le formidable programme allemand d'ETP intitulé **MOSES**, auquel j'ai eu la chance de participer. https://moses-schulung.de/

EFAPPE : Fédération des personnes handicapées par des épilepsies sévères. Site [consulté le 23/03/2025] et contact très utile pour toutes les questions liées au handicap (travail, reconnaissance de handicap, droits) : https://www.efappe.epilepsies.fr/

Epilepsie : site de l'Organisation Mondiale de la Santé, page informative sur l'épilepsie, [consulté le 24/03/2025], disponible sur https://www.who.int/fr/news-room/fact-sheets/detail/epilepsy

Epilepsie France : une des grandes associations française autour de l'épilepsie. Prévention, information, sensibilisation, soutien, journée nationale, beaucoup de groupes locaux organisant des rencontres, des événements, des permanences d'écoute. Et un groupe facebook privé pour les personnes concernées, permettant de développer la pair-aidance. Site (consulté le 23/03/2025] : https://www.epilepsie-france.com/

Etat de mal épileptique non convulsif : https://www.sciencedirect.com/science/article/abs/pii/S0035378708006553

FFRE : Fondation française pour la recherche sur l'épilepsie : une autre des grandes associations françaises autour de l'épilepsie, axée sur la recherche, l'information, le soutien et l'interpellation des pouvoirs publics. Site [consulté le 23/03/2025] : https://www.fondation-epilepsie.fr/

Fitz, Charlie : https://www.charliefitzartist.co.uk/ Instagram: @charliejlfitz

Génétique : Mihaela Bustuchina Vlaicu, Franck Semah, AES 2020, *Paysage génétique de l'épilepsie : un nouveau regard*, 4/01/2020, article publié dans la revue Neurologies, [consulté le 01/04/2025, en ligne : https://neurologies.fr/aes-2020-paysage-genetique-de-lepilepsie-un-nouveau-regard/

Grossesse :

Site de la FFRE, en ligne, DUPONT, Sophie, 07/07/2017, [consulté le 17/03/2025], *Les femmes et l'épilepsie, cycles, contraception et grossesse*, disponible sur https://www.fondation-epilepsie.fr/femmes-lepilepsie-cycles-contraception-grossesse/?gad_source=1&gclid=Cj0KCQjwkN--BhDkARIsAD_mnIroLQKnYegMDvVF8h-0zTii3r3uKd7EnwxDvJILXMG-mJRKhLId-eyoaAn_XEALw_wcB

Site de la LFCE, fiche info patients abordant aussi les mesures de sécurité après l'accouchement: https://www.epilepsie-info.fr/fiche_infos_patients/fiche-infos-patients-epilepsie-grossesse/

Dépliant thématique d'Epilepsie France, disponible sur: https://www.epilepsie-france.com/wp-content/uploads/2024/01/4_depliant-EPILEPSIE-ET-GROSSESSE-2024-4EF.pdf

Hallucinations : BENISTY, S. *Hallucinations et illusions visuelles*, partie II, chapitre 11, in Neuro-ophtalmologie pratique [en ligne], rapport 2021. [consulté le 13.03.2025] Disponible sur : https://www.sfo-online.fr/files/rapports-sfo/2021/sforender/B9782294763830099825.html

Handicap, reconnaissance de handicap, démarches et explications, plongée dans l'enfer des sigles (des réformes de simplification sont annoncées en 2025, espérons que les références proposées ci-dessous seront vite caduques) :

Site généraliste du gouvernement pour les personnes handicapées et leurs proches: https://www.monparcourshandicap.gouv.fr/

L'essentiel est récapitulé sur le site de la FFRE (Fédération Française de Recherche sur l'Epilepsie), article *Epilepsie, travail et handicap : quelle est l'utilité de la RQTH ?*, 26/06/2018, [consulté le 14/03/2025] Disponible sur : https://www.fondation-epilepsie.fr/epilepsie-travail-handicap-lutilite-de-rqth/

Information pratique détaillée sur le site d'Efappe (la fédération des associations de personnes handicapées par des épilepsies sévères), qui répertorie également les établissements spécialisés par âge et besoins. Faire une demande à la MDPH, [consulté le 14/03/2025], disponible sur : https://www.efappe.epilepsies.fr/vous-aider-dans-vos-demarches/faire-une-demande-a-la-mdph/

Fiche info patients téléchargeable sur le site de la LFCE (Ligue française contre l'épilepsie), Epilepsie & MDPH, [consulté le 14/03/2025], disponible sur https://www.epilepsie-info.fr/fiche_infos_patients/fiche-infos-patients-epilepsie-mdph/

Harcèlement :

Microsoft Word - Parcours_TroisPeuHandicapes [consulté le 14/05/2025] sur le site de l'EFAPPE : Parcours de vie ; instants de vie – Fédération des Associations de personnes handicapées par des épilepsies sévères

https://sante.journaldesfemmes.fr/maladies/2888647-temoignage-epilepsie-lucas/

ILAE : International League against Epilepsy : https://www.ilae.org/

Inattention : cf troubles de l'apprentissage

LFCE : Ligue Française contre l'Epilepsie : association de professionnels de santé. Toutes sortes d'informations sur l'état de la recherche ou les différents aspects de la vie quotidienne, fiches info patients, dialogue avec le grand public et les malades. Le site héberge aussi les pages du RSME. Site [consulté le 13/03/2025] : https://www.epilepsie-info.fr/

Libido : cf sexualité

Mémoire :

Site de la Canadian Epilepsy Alliance, Vivant avec l'épilepsie, troubles de la mémoire [consulté le 13/03/2025] Disponible sur : https://www.canadianepilepsyalliance.org/a-propos-de-lepilepsie/vivant-avec-lepilepsie/troubles-de-la-memoire/?lang=fr (en forme de questions/réponses)

CRETIN, Benjamin, *Epilepsie et troubles de la mémoire chez l'adulte*, publié sur le site Observatoire B2V des Mémoires le 22/06/2022, [consulté le 13/03/2025]. Disponible sur : https://www.observatoireb2vdesmemoires.fr/publications/epilepsie-et-troubles-de-la-memoire-chez-ladulte (article 2022)

MSIE : Mort subite inattendue et inexpliquée en épilepsie.

Brochure de la Ligue Suisse contre l'Epilepsie, mise à jour 2020, [consulté le 23/03/2025], disponible sur : https://www.epi.ch/wp-content/uploads/Epilepsieliga-Flyer_SUDEP_F.pdf

Résumé et liens vers une information plus détaillée (souvent en anglais) sur le site de la LFCE (Ligue Française contre l'Epilepsie), [consulté le 23/03/2025], disponible sur : https://www.epilepsie-info.fr/quel-est-le-risque-de-mortalite-liee-a-lepilepsie/

Réseau sentinelle mortalité épilepsie (RSME) [consulté le 23/03/2025]: https://www.epilepsie-info.fr/reseau-rsme/

Vidéo explicative très claire et complète, (activer les sous-titres français, sous-titres E. Fabre, 2024), gracieusement fournie par le site de la fondation Oskar Killinger STOPSUDEP. Disponible sur: https://youtu.be/QC6D2vP9k1U

Derniers résultats de recherche, articles, témoignages, campagnes sur le site SUDEPAWARE, consulté le 23/03/2025 : https://www.sudep.news/

Film, en anglais uniquement, et dont le début peut heurter les personnes sensibles : *Stop Sudep Silence*, de la Peter Doody Foundation, visible sur youtube ou sur le site de la fondation [consulté le 23/03/2025] : https://peterdoodyfoundation.org/stop-sudep-silence

Nazisme :

Ternon, Yves, *De l'Aktion T4 à l'Aktion 14f13, « Des vies sans valeur »*, Revue d'histoire de la Shoah, 2013/2, n°199, extrait mise en ligne 28/02/2017, [consulté le 02/04/2025] disponible sur : https://shs.cairn.info/revue-d-histoire-de-la-shoah-2013-2-page-37?lang=fr

En beaucoup plus bref : Dr Hansjörg Schneble, page « Histoire » du site du musée allemand de l'épilepsie, le deutsches Epilepsiemuseum (à Kork), [consultée le 02/04/2025] : http://www.epilepsiemuseum.de/francais/geschichte.html#text4

Permis de conduire : sur ce que prévoit la loi en cas de 1re crise, changement de traitement, maîtrise des crises, et aide possible à la mobilité, par l'AGEFIPH, en cas d'interdiction temporaire de conduire :

Fiche info patient très complète sur le site de la LFCE (Ligue française contre l'épilepsie), [consulté le 14/03/2025], disponible sur : https://www.epilepsie-info.fr/fiche_infos_patients/fiche-infos-patients-je-suis-epileptique-ai-je-le-droit-de-conduire/

Ou encore sur le site d'Epilepsie France, [consulté le 14/03/2025], disponible sur : https://www.epilepsie-france.com/lepilepsie-et-vous-mobilite-transports/

Psychose et épilepsie :

DUPONT, Sophie, *L'épilepsie : un modèle pour comprendre la psychose?*, 01/04/2023. [consulté le 13/03/2025] Disponible sur : https://www.em-consulte.com/article/1582180/article/l-epilepsie%C2%A0-un-modele-pour-comprendre-la-psychose

Proches de patients en psychiatrie :

Série de brochures, vidéos explicatives, accompagnement au sein du GHU Paris, cf site PsyCARE, Proches des patients [consulté le 14/03/2025] Disponible sur https://psy-care.fr/presentation-generale-2/

Accueil de proximité, permanences spécialisées et ligne d'écoute, cf site de l'UNAFAM, [consulté le 14/03/2025] Disponible sur : https://www.unafam.org/

RSME : Réseau Sentinelle Mortalité Epilepsie, mis sur pieds en 2010 pour recenser les décès liés à l'épilepsie, soutenir les familles endeuillées, faire avancer la recherche, former et informer les médecins. Page dédiée sur le site de la LFCE. [consulté le 14/03/2025] https://www.epilepsie-info.fr/reseau-rsme/

Scolarité :

Fiche sur EDUSCOL, coopération CNE, FFRE et Ministère de l'Education Nationale, consultée le 19/05/2025 : https://eduscol.education.fr/document/30217/download

Consignes et explications développées pour l'enseignant et les parents, disponibles sur le site tousalecole, consulté le 19/05/2025 : https://www.tousalecole.fr/content/%C3%A9pilepsies-bep

Les établissements spécialisés pour l'accueil de jeunes souffrant d'épilepsie : https://efappe.epilepsies.fr/wp-content/uploads/2017/04/Depliant_CNDEE-2017-03.pdf (consulté le 19/05/2025)

Pour voir le super film tourné à Toul Ar C'Hoat, *Une enfance en absence* (Sylvain Bouttet, 2010, Candela productions et France Télévision) : https://www.capuseen.com/films/962-une-enfance-en-absence

Sexualité et épilepsie :

A.Zouari, S. Daoud, S.Sakka, N. Bouattour, K. Sonda Moualla, *Epilepsie et mariage*, 2016, résumé paru dans Revue neurologique, vol. 180, avril 2024, p.69, mis en ligne le 17/03/2024, [consulté le 17/03/2025], disponible sur https://www.em-consulte.com/article/1654282/epilepsie-et-mariage

Dépliants de la Ligue Suisse contre l'Epilepsie (info@epi.ch ou www.epi.ch) version homme ou femme, [consultés le 17/03/2025], disponible sur https://www.epi.ch/wp-content/uploads/flyer-Frau-und-Epilepsie-F.pdf et https://www.epi.ch/wp-content/uploads/flyer-Mann_und_Epilepsie_F.pdf

Stress : cf glossaire : anxiété. Jhaveri, Danisha J, et al., *Stress et épilepsie : vers une compréhension des mécanismes neurobiologiques pour une meilleure prise en charge*, 03/11/2023, [consulté le 24/03/2025], disponible sur : https://pubmed.ncbi.nlm.nih.gov/37923391/

SUDEP : cf MSIE

Témoignages : sur la plupart des sites dédiés à l'épilepsie, mais je retiens un projet de la CNSA (caisse nationale de solidarité pour l'autonomie) mené en 2010 pour mieux comprendre les parcours des personnes souffrant d'épilepsies sévères. 35 témoignages, dont 3 de personnes peu handicapées par leur maladie, et une conclusion soulignant les points communs. Disponibles en ligne sur le site de l'EFAPPE, consulté le 12/05/2025 : https://www.efappe.epilepsies.fr/formations-et-conferences/parcours-de-vie-instants-de-vie/

Troubles de l'apprentissage : Fiche Epilepsie et difficultés d'apprentissage, version juillet 2015, Etincelle, Documents d'information sur l'épilepsie, Implication de l'épilepsie au-delà des crises. [consulté le : 13/03/2025] Disponible sur : https://epilepsyontario.org/wp-content/uploads/2017/12/SparkLearningChallenges_FR.pdf

Troubles du spectre de l'autisme (TSA) : Trouble du spectre de l'autisme et épilepsie, comorbidités, 13/12/2016, mise à jour le 17/03/2017 [consulté le 14/03/2025] Disponible sur : https://www.chusj.org/fr/soins-services/E/Epilepsie/Parlons-d-epilepsie/Comorbidites/TSA-et-epilepsie

Plusieurs sites ont produit des fiches thématiques qui permettent de trouver réponse à la plupart des questions médicales ou pratiques :

La ligue suisse contre l'épilepsie : https://www.epi.ch/fr/

La Ligue Française contre l'Epilepsie (LFCE): https://www.epilepsie-info.fr/fiche-infos-patients/ grossesse, alimentation, scolarité, handicap, risques

Epilepsie France : https://www.epilepsie-france.com/

Epi Bretagne : https://www.epibretagne.org

L'Alliance Canadienne : https://www.canadianepilepsyalliance.org/

Le CHU ste Justine : https://www.chusj.org/

La FFRE : Fondation Française pour la Recherche sur l'Epilepsie (informations plus développées) : https://www.fondation-epilepsie.fr

J'ai aussi lu des livres et vu des films. Il n'y en a pas cinquante, beaucoup de sites les citent, et je le fais moi aussi sur le mien (en construction) : elisabethfabre.com

GLOSSAIRE

Toutes les définitions marquées * sont traduites par moi à partir du glossaire du manuel de support aux formations du programme allemand MOSES d'éducation thérapeutique[56]. J'ai laissé de côté des définitions qui n'avaient pas de rapport avec des choses racontées dans ce livre. Et ajouté au contraire des définitions ou commentaires élaborés à partir de mes propres recherches (les définitions qui ne sont PAS marquées *). La sitographie indique un certain nombre de sites utiles pour qui voudrait trouver de plus amples informations sur un sujet.

A

AAH : Allocation adulte handicapé cf sitographie pour des informations pratiques, rubrique « handicap ».

Alcool : une consommation modérée d'alcool n'est pas dangereuse, même pour une personne épileptique. Beaucoup d'alcool en revanche joue négativement sur le sommeil, la vigilance, et peut réduire l'efficacité des médicaments, autant de facteurs de danger. L'abus d'alcool massif et durable provoque parfois, même chez une personne qui n'est pas épileptique, une ou des lésion(s) cérébrale(s), et une épilepsie symptomatique en découle. On appelle ça l'épilepsie éthylique.

Le sevrage d'alcool, par ailleurs, augmente le risque de crise.

Anti-validisme : doctrine ou mouvement visant à combattre les discriminations fondées sur le validisme. Validisme : système faisant des personnes valides la norme sociale. L'antivalidisme consiste à critiquer et, par là, à rendre visible, le fait que le corps valide soit un prérequis de notre culture, de l'organisation de la société, de l'économie, de la participation politique, et bien entendu des représentations. Le terme anglais ableism est apparu aux Etats-Unis et en Grande-Bretagne dans les années 60-70, le terme français est entré dans le dictionnaire Le Robert en 2022.

---

56 https://moses-schulung.de/

Autopsie : lorsque survient une SUDEP (MSIE), et qu'une autopsie est pratiquée, aucune autre cause de décès ne peut être trouvée. Par exemple, si une cause d'épilepsie est trouvée (tumeur ou AVC), on ne concluera pas à une SUDEP. Une autopsie n'est pas toujours pratiquée. S'il n'y en a pas, on pourra conclure à une SUDEP possible ou probable, mais pas certaine.

Absence* : crise généralisée avec brève perte de conscience, sans chute ni contractions musculaires.

Adhésion thérapeutique* : engagement actif et volontaire du patient dans sa prise en charge suite à une décision prise en concertation avec le médecin. Elle se mesure notamment à l'observance des différentes mesures thérapeutiques : prise régulière du traitement prescrit etc.

Amnésie : cf Mémoire

Anamnèse* : histoire de la maladie

Antiépileptiques (ou anticonvulsifs)* : médicaments utilisés dans le traitement des crises épileptiques. Anticonvulsif signifie : contre les crises, et antiépileptique : contre l'épilepsie. Mais les médicaments en réalité n'éliminent pas l'épilepsie, ils ne font que diminuer la susceptibilité à faire des crises. C'est pourquoi le terme "anticonvulsif" est souvent préféré.

Anxiété : L'anxiété est fréquente chez les patients épileptiques, aggravée par l'imprévisibilité de la survenue des crises, le secret qui les entoure ou les réactions négatives qu'elles provoquent. Il est fréquent, aussi, y compris chez les enfants, que de profondes angoisses liées à la mort tiraillent les épileptiques. Plusieurs études en neurobiologie s'attachent à comprendre le lien entre stress et épilepsie (cf sitographie). Cause, déclencheur, élément intrinsèque de la crise ou effet de la maladie : les liens sont multiples.

Asperger (cf aussi TSA, comorbidités) : syndrome d'Asperger, un des troubles du spectre autistique. Il n'est plus appelé ainsi dans les classifications internationales des maladies (CIM10 et DSM5), mais TSA de niveau 1. En gros, il s'agit de shémas répétitifs de comportements et intérêts, et de déficiences dans les interactions sociales, mais avec un développement cognitif et langagier normal.

Aura* : début de crise vécu consciemment par la personne concernée, accompagné de diverses sensations : chaleur montant de l'estomac, oppression, nausée, ou picotements dans la main. Souvent décrit comme pressentiment, ou sensations préliminaires, l'aura est déjà, à proprement parler, le début de la crise, et correspond donc à une crise focale consciente.

Autisme ou TSA -Troubles du spectre autistique : trouble du développement apparaissant dans l'enfance et perturbant l'interaction sociale et la communication.

C

Capacités cognitives* : diverses performances du cerveau qui nous permettent d'être en interaction avec notre environnement : capacité d'apprendre, de raisonner, mémoire, ou concentration par exemple.

Clonique* : se dit des spasmes rythmiques d'un muscle ou d'un groupe de muscles

Comorbidités : désigne la présence de plusieurs troubles associés, parfois l'un peut être identifié comme primaire et associé à des troubles secondaires. Les plus fréquentes comorbidités de l'épilepsie sont l'anxiété, la dépression, les TDA/H, les TSA, les troubles de l'apprentissage, et certains problèmes somatiques : migraines, fatigue, troubles du sommeil, problèmes cardio-vasculaires.

Contraception : Ce que dit la HAS : Primo, privilégier une contraception par dispositif intra-utérin (DIU) ou par méthodes barrières, sauf contre-indications majeures à discuter entre le neurologue et le gynécologue. Un DIU associé au lévonorgestrel peut être utilisé chez les patientes ayant une mauvaise tolérance à un DIU au cuivre.

Car les antiépileptiques inducteurs enzymatiques diminuent l'efficacité de la contraception (d'urgence ou non) médicamenteuse, donc les contraceptifs hormonaux sont déconseillés, donc il reste les DIU. Et parfois, c'est la pilule qui diminue l'efficacité de l'antiépileptique, par exemple de la lamotrigine.

Secundo, la contraception est d'autant plus importante que de nombreux antiépileptiques sont aussi teratogènes, c'est à dire que non seulement les femmes épileptiques sont plus exposées à une grossesse non désirée, puisque les contraceptifs hormonaux que des ignorant.e.s leur prescrivent peuvent être inefficaces, mais en plus, en cas de grossesse, le traitement doit être bien surveillé pour que le bébé n'ait pas de malformations graves. Donc pour une femme épileptique il est souhaitable que le grossesse soit programmée.

Chez les patientes traitées par un antiépileptique non inducteur enzymatique, toutes les méthodes de contraception peuvent être utilisées.

Deux revendications au passage: des gynécologues au point sur l'épilepsie et les médicaments antiépileptiques, ou, mieux, une contraception co-prescrite par le neurologue (qui doit donc s'intéresser à la question cruciale de la contraception). Et une éducation thérapeutique systématique, tenant compte des problématiques de genre, pour moins dépendre du hasard! Car si l'on n'a pas la chance de bien tomber, il faut soi-même être calée, "sachante", pour éduquer ses médecins et surtout éviter des problèmes sérieux qui vont du désagrément à la catastrophe.

Une page féministe formidable, gynandco.wordpress.com, permet de recommander des médecins qu'on a consulté.e.s et de préciser pour quelle raison on les recommande, et ce serait une bonne idée d'y signaler les gynécos qui connaissent bien les problématiques spécifiques des épileptiques, et savent en tenir compte.

Contre-indication* : avis contraire; circonstances dans lesquelles un traitement ou une intervention a priori indiqués ne sont pas possibles ou pas souhaitables, par exemple selon l'âge, la grossesse ou en raison d'une autre maladie.

Convulsions fébriles ou convulsions hyperthermiques*: crise épileptique (crise symptomatique aiguë) provoquée par la fièvre chez le nourrisson et le petit enfant (souvent due à une pathologie infectieuse).

Crise atonique* : crise se caractérisant par une perte brutale de tonus musculaire, au cours de laquelle les personnes concernées tombent souvent à terre.

Crise focale (synonyme : crise partielle)* : crise qui débute dans une région localisée du cerveau.

Crise focale (ou partielle) simple*: crise focale sans perte de conscience. Ne devrait plus être utilisé. cf crise focale consciente

Crise focale complexe* (avec conscience altérée ou perte de conscience) : crise focale (ou partielle) après laquelle la ou le patient.e ne peut pas se remémorer ce qui s'est passé pendant la crise.

Crise focale consciente (on dit aussi : crise focale simple)* : crise focale après laquelle le ou la patient.e peut se souvenir de tout ce qui s'est passé pendant la crise (indépendamment de sa capacité ou non à réagir pendant la crise).

Crise généralisée* : crise lors de laquelle l'activité épileptique (décharges) touche l'ensemble du cerveau.

Crise hypermotrice ou hyperkinétique* : crise associée à des mouvements brutaux et complexes.

Crise occasionnelle* : cf crise aiguë symptomatique et crise provoquée

Crise provoquée* : crise provoquée, dans le cadre d'une épilepsie avérée, par des facteurs internes ou externes, par exemple la fièvre chez l'enfant, l'oubli ou la prise indûe du médicament ou d'un autre médicament, qui baissent le seuil épileptogène. Il n'est pas toujours facile de savoir a posteriori si la crise a été ou non provoquée, sauf si l'on sait qu'il y a eu absorption d'alcool ou dette de sommeil.

Crise psychogène (non épileptique)* : crise d'apparence similaire à celle d'une crise épileptique, mais dont la cause est non pas organique cérébrale, mais résulte d'une perturbation psychique le plus souvent cachée.

Crise psychomotrice* : ancien terme pour désigner une crise focale avec altération de la conscience, impression de brouillard chez le ou la patient.e et des gestes inhabituels (des mains, ou de la bouche).

Crise symptomatique aiguë* : crise épileptique isolée, provoquée par une cause identifiable (intoxication, anoxie, chute de la glycémie, fièvre du nourrisson), sans maladie épileptique.

Crise tonico-clonique* : crise se manifestant d'abord par une contracture musculaire prolongée puis par des spasmes musculaires (convulsions).

Crise tonico-clonique bilatérale* : variante pour désigner une crise tonico-clonique généralisée.

Crise tonique* : crise se manifestant par une augmentation de la tension musculaire, une contracture continue.

Crises myocloniques* : crises avec spasmes musculaires soudains, souvent sans perte de conscience.

Crises myocloniques astatiques* : crises avec spasmes musculaires qui conduisent à une chute.

D

Demi-vie* : Pour un médicament, on parle de demi-vie lorsque la concentration de ce médicament dans le plasma sanguin est diminuée de moitié. On considère que l'effet d'un médicament devient négligeable après quatre demi-vies.

Diagnostic* : fait d'identifier et nommer une maladie.

Dose* : quantité (prescrite ou prise) d'un médicament

Dupuytren (contracture de ou maladie de)* : rétraction progressive du tissu fibreux dans la paume de la main. Commence par la formation d'un nodule dans la paume puis un fléchissement des doigts (déformation de la main "en griffe"). Complication de long terme fréquente chez les patients traités au phénobarbital.

E

EA: établissement adapté. Entreprise d'utilité publique employant au moins 55% de personnes handicapées. Cf sitographie « Handicap ».

Education thérapeutique : « L'éducation thérapeutique du patient est une méthode d'apprentissage structurée et centrée sur la personne, qui soutient les patients vivant avec une maladie chronique dans l'auto-prise en charge de leur santé, par le recours à leurs propres ressources et avec l'appui de leurs soignants et de leur famille. Dispensée par des professionnels de santé qualifiés, adaptée au patient et à sa maladie, elle se poursuit tout au long de la vie du patient. L'éducation thérapeutique du patient fait partie intégrante du traitement des maladies chroniques et peut entraîner une amélioration des résultats sanitaires et de la qualité de vie ; en parallèle, elle optimise l'usage des services de soins et des autres ressources. » (site de l'OMS) Elle devrait être systématique dès le diagnostic, et réactualisée à chaque changement (d'âge, de situation de vie, de traitement, d'évolution de la maladie). Actuellement en France il existe des programmes spécifiquement conçus pour les personnes épileptiques et leurs familles, sur une base de volontariat et dans certains centres ou hôpitaux seulement. Les témoignages recueillis n'ont fait que renforcer ma conviction absolue que cette éducation doit aussi systématiquement être proposée aux conjoints, aux proches, aux familles. Et qu'elle est un outil indispensable à la réduction de la mortalité liée à l'épilepsie, qui devrait être un sujet d'ETP systématiquement abordé – ce qui n'est pas le cas. Presque aucune des personnes témoignant dans ce livre n'en a bénéficié. Elle aurait totalement changé le vie de mon frère Bruno, comme de beaucoup d'autres, elle aurait vraisemblablement permis d'éviter sa mort précoce. Elle a pour but de former des patients éclairés, voilà pourquoi elle est aussi un enjeu majeur de participation démocratique, de prévention des maltraitances médicales, et d'amélioration de la recherche.

EEG* : Électroencéphalogramme : méthode d'exploration - c'est-à-dire examen - qui consiste à enregistrer les variations de tension électrique du cerveau - en règle générale à l'aide d'électrodes fixées sur le cuir chevelu.

EEG de sommeil* : enregistrement EEG pendant le sommeil.

EEG de sommeil après privation de sommeil* : il est parfois prescrit un EEG de sommeil après une privation totale ou partielle de sommeil nocturne.

Électrode* : capteur conducteur de la tension électrique, utilisé par exemple sur le cuir chevelu lors d'un EEG.

Enregistrement Video-EEG* : enregistrement couplé de l'EEG et par vidéo qui permet la description précise des crises.

Épilepsie myoclonique juvénile* : forme d'épilepsie à crises généralisées. Deux formes de crises sont caractéristiques : des crises avec de brefs spasmes des bras et sans perte de conscience (myoclonies), et des crises généralisées tonico-cloniques. Habituellement ces deux types de crises surviennent au réveil. Le plus souvent cette forme d'épilepsie se manifeste à l'adolescence, entre dix et vingt ans. Les chances de réussir à parfaitement contrôler les crises sont très bonnes, cependant le risque de reprise des crises après arrêt du traitement sont grandes.

Épilepsie nocturne* : Épilepsie dont les crises se manifestent exclusivement pendant le sommeil et jamais en état d'éveil.

ESAT : Etablissement et service d'accompagnement par le travail. Centre médico-social de travail protégé réservé aux personnes handicapées. Informations pratiques : cf sitographie, « handicap ».

Évaluation du degré de handicap* : L'évaluation du degré de handicap s'appuie sur la Classification internationale du fonctionnement, du handicap et de la santé (CIF), élaborée par l'Organisation mondiale de la Santé. Depuis la loi du 11 février 2005 pour l'égalité des droits et des chances, elle a lieu dans les maisons départementales des personnes handicapées (MDPH).

F

FAM / MAS : Foyer d'accueil médicalisé : réservé aux adultes en incapacité de travailler en raison de leur handicap. Maison d'accueil spécialisée : les personnes accueillies en MAS ont moins d'autonomie que celles accueillies en FAM. C'est la CDAPH (commisssion pour l'autonomie des personnes handicapées) qui agrée ou non une demande d'accueil en FAM, la MDPH (Maison départementale des personnes handicapées) pour un accueil en MAS.

Foyer épileptogène* : région localisée délimitée du cerveau d'où débutent des crises épileptiques, ou où l'on peut à l'EEG identifier des décharges typiques de l'épilepsie.

G

Génétique* : étude de l'hérédité, de la transmission des caractères héréditaires.

Grand mal* : terme ancien pour désigner les crises généralisées tonico-cloniques ou crises tonico-cloniques focales-à-bilatérales

Grossesse : cf contraception. (Source : FFRE, en ligne) Idéa-
lement « il faut préparer très en amont la grossesse. Plus de grossesse sous Dépakine. Le neurologue doit rencontrer la patiente, la
voir avec son conjoint, réévaluer la nécessité du traitement, éventuellement changer de traitement, réduire le nombre de médicaments en
cas de thérapie avec de nombreux médicaments. Il est nécessaire
que le médecin informe correctement le couple et assure le suivi de la
grossesse en lien avec le gynécologue, l'anesthésiste et le pédiatre.
Quand le désir de grossesse est affirmé, le médecin peut prescrire
des folates et de la vitamine K pendant la période pré-conception-
nelle. Le suivi neurologique doit être renforcé pendant la grossesse, au moins au premier trimestre. Le dosage des médicaments dans le sang prescrit vers la fin de la grossesse chute.
Sur le plan obstétrical, les femmes épileptiques font partie du groupe
des grossesses à risque, donc un suivi plus important de la grossesse s'impose. En revanche, il n'est pas nécessaire de procé-
der à un suivi EEG. La péridurale n'est pas contre-indiquée pour
une femme épileptique. Par ailleurs, on ne pratique pas systématiquement d'accouchement programmé ou de césarienne, sauf
en cas de forte recrudescence de crise à la fin de la grossesse.
(...) Actuellement, il y a un fort courant en faveur de l'al-
laitement, mais des hésitations demeurent du fait du passage des médicaments dans le lait maternel. (...) »

H

Hallucination : la personne sujette à une hallucination voit
quelque chose qui n'existe pas, alors qu'elle n'est pas en train de rêver. Cela peut être la manifestation d'une pathologie visuelle, mais
que dans de nombreux cas on recherchera plutôt une pathologie neurologique et/ou psychiatrique. « La brièveté des phénomènes visuels
(quelques secondes) et leur caractère stéréotypé sont évocateurs du
diagnostic [d'hallucination liée à l'épilepsie]. » Source : Site de la Société Française d'Ophtalmologie

Handicap : cf sitographie. Principaux sigles :

AAH : Allocation adulte handicapé

CDAPH : Commission départementale pour l'autonomie des personnes handicapées

EA : Entreprise adaptée

ESAT : Etablissement et service d'accompagnement par le travail

FAM : Foyer d'accueil médicalisé

FO : Foyer occupationnel

MAS : Maison d'accueil spécialisée

MDA : Maison départementale de l'autonomie

MDPH : Maison départementale pour le handicap

MVA : Majoration Vie autonome

PCH : Prestation compensation handicap

RQTH : Reconnaissance de la qualité de travailleur handicapé

SAMSAH : Service d'accompagnement médico-social pour adultes handicapés

SAVS : Service d'accompagnement à la vie sociale

Handicap invisible et reconnaissance :

Pour que l'épilepsie soit reconnue invalidante (au-delà d'une interdiction de permis de conduire), il faut qu'elle soit active ou sévère. Mais, pourtant, toutefois…

Toutes les comorbidités et les effets médicamenteux viennent compliquer la situation, comme dans le cas de mon frère Bruno, dont l'épilepsie a été déclarée contrôlée malgré nos courriers insistants, et qui pourtant était en plein décrochage professionnel, cumulant des problèmes de concentration, de mémoire, d'anxiété intense, des épisodes psychotiques, un manque évident de sens pratique (lié à un TSA non identifié?), des difficultés de socialisation, bref, un combo clairement invalidant et dangereux. Qu'il ait ou non été exempt de crises nocturnes à l'époque de notre demande, comme le prétendaient les certificats médicaux, en réalité nul ne le sait, puisqu'il vivait et dormait seul. Il ne pouvait ni enseigner ni publier suffisamment régulièrement, ce qui pour un mathématicien est tout simplement la fin de tout. A 38 ans on ne se réoriente pas comme à 18, inutile de faire un dessin. Le handicap, ce n'est pas que la difficulté à se tenir debout longtemps en faisant la queue à la caisse du supermarché.

Au-delà de son cas, un simple tour rapide sur le groupe Facebook déjà mentionné convaincra n'importe qui, très vite, que beaucoup de personnes épileptiques, dans beaucoup de domaines professionnels différents, vivent un cauchemar d'insertion et de reconnaissance. Les messages de détresse sur ce sujet font concurrence à ceux qui posent des questions sur les effets secondaires de médicaments. "J'ai fait une crise ce matin, je suis dans le cirage. Mon mari me dit d'aller au travail parce qu'on ne peut pas se permettre toutes ces absences. Un salaire ne suffira pas. Que puis-je faire? Je n'en peux plus." "Comment faites-vous concernant les absences au travail quand votre enfant fait beaucoup de crises? Mon fils est majeur, je le précise au cas où. Je n'arrive pas à m'en sortir." "Y en a-t-il parmi vous qui ont travaillé à l'hôpital? Je commence dans mon nouveau poste à l'hôpital et je me demande si je dois parler de mon épilepsie. J'ai peur de perdre mon travail." Etc. Ça n'en finit pas. Invisible, intermittent, mais bien concret.

Dans un groupe d'épileptiques papotant lors d'une rencontre locale, dans les dix premières minutes, j'entends déjà trois ou quatre témoignages spontanés de ces malheurs-là : une dame est, quand j'arrive, en train de raconter qu'elle s'est inscrite à un cours de yoga. Elle est bienvenue, fait la première séance, à la fin de laquelle elle fait une crise. On est dans un espace sécurisé, en petit groupe, sur des matelas de gymnastique et sans objets dangereux. Deuxième séance : la prof vient la voir à la fin pour lui signifier qu'elle ne peut pas participer au cours : elle n'a pas le niveau, lui dit-on!! Un jeune homme raconte alors qu'on ne laisse plus participer aux maraudes auxquelles il avait l'habitude de prendre part avec des gens de sa paroisse, depuis que la responsable a changé. Une autre personne raconte qu'elle a perdu son emploi précédent. Au travail : une crise, suivie d'un licenciement sans motif, certes, mais dont l'enchaînement des faits permet d'identifier la cause. Est-ce qu'une crise l'aurait empêchée de faire correctement son travail de juriste qualifiée? Non, même l'ignorant sait que non. Des enfants sont refusés à l'inscription à l'école, dans des clubs de sport, que dire des vacances qui permettraient à leurs parents de tenir le coup. Mais comment prouver la discrimination, et a-t-on l'argent, le temps, la force de porter plainte?

Une des particularités de la maladie - elle la partage avec d'autres - est aussi que bon nombre de malades ne sont invalidés qu'en cas de crise, donc de façon et pour une durée imprévisible, et parfaitement performants dans leurs tâches le reste du temps. Ne pas pouvoir conduire pour aller au travail est un énorme problème concret pour la vie professionnelle, voire pour l'exercice des responsabilités parentales. On se voit vite refuser un poste de grutier, de barman, de puériculteur ou d'aide-soignant, parce que si ça arrive ce serait la catastrophe. Alors on stresse, on commence à déprimer, on passe parfois pour une chochotte, parce qu'on nous voit en forme et parfaitement capable de travailler. C'est le problème du handicap invisible. Beaucoup de personnes témoignent de découragement, de difficultés matérielles, de couples qui se défont sous la pression de ces difficultés auxquelles s'ajoutent les fluctuations d'humeur liées au traitement.

J'entends beaucoup dire qu'il faut se battre, faire des recours inlassablement.

Courage. Il faut que ça avance.

Handicap et harcèlement : définition dans le code pénal, article 222-33-2-2 : «Le fait de harceler une personne par des propos ou comportements répétés ayant pour objet ou pour effet une dégradation de ses conditions de vie se traduisant par une altération de sa santé physique ou mentale » Peine aggravée lorsque la personne harcelée « présente une particulière vulnérabilité, due à son âge, à une maladie, à une infirmité, à une déficience physique ou psychique ». Ce sont des mots qu'on n'utilisait pas du tout quand j'étais petite. Tellement de gens, et tellement d'épileptiques de toutes sortes, ont fait l'expérience de moqueries ou d'exclusion, de stigmatisation ou d'incompréhension. Perdre conscience et mémoire de façon imprévisible, c'est perdre le contrôle sur sa propre socialisation. Traverser des humeurs étranges, ne pas bien maîtriser son propre comportement, n'arrange rien à l'affaire. C'est l'ignorance, j'enfonce une porte grande ouverte depuis des siècles, qui nourrit le mieux la cruauté et la peur. Celles des enfants, mais aussi celles des adultes. Quand on n'a pas la maîtrise et/ou pas la mémoire de soi, on est quelqu'un à protéger, ça coule de source.

J'ai appris beaucoup en étant longtemps professeure, sur le contraste entre ce que nous dictent les principes d'inclusion, et la réalité des moyens qu'on a pour la réaliser, l'inclusion. Sur le niveau d'obscurantisme qui règne de facto - y compris dans mon propre esprit sur des tas de sujets que j'aurais aimé, pourtant, connaître sur le bout des doigts, parce que j'y étais directement et abondamment confrontée, tous ces fameux dys- et autres troubles avec lesquels on ne fait encore clairement que bricoler, et auxquels nous enseignants ne sommes hélas formés que sur la base du volontariat. Ce qui a pour effet une culture médicale totalement aléatoire et la plupart du temps franchement médiocre des gens qui, en bout de chaîne, doivent vivre et organiser l'inclusion. J'ai appris beaucoup sur toutes ces failles et sur les mauvaises bonnes idées, et pourtant je suis restée très loin d'en savoir le millième d'assez. A défaut d'être experts par formation et en théorie, il faut pouvoir le devenir par expérience, par culture, par dialogue.

Non seulement il y a beaucoup à améliorer dans le domaine des aménagements proposés, qui ne prennent en compte que quelques troubles et que quelques aspects de ces troubles, mais il faudrait aussi former des citoyens fréquentables, par le savoir et pas seulement à coup d'affichettes et d'injonctions. Oui, tout le monde sait qu'il faut "être gentil". Tellement que tous se croient gentils. Et que toute la cruauté du monde reste mariner dans les inconscients, pendant que les élèves, sur ce sujet comme sur d'autres, ne nous livrent, quand on les questionne, que leur catéchisme bien appris par cœur et qui n'a pénétré aucune profondeur de leur être.

Il faudrait parler du secret soi-disant protecteur, la confidentialité, dont on entoure les enfants malades. C'est un dilemme: il est nécessaire, mais aussi paresseux, et hypocrite, et irresponsable. Disons qu'on se cache derrière lui. Les protocoles et le respect de la confidentialité ne permettent pas à tous les professeurs d'une équipe de connaître les diagnostics. Or ce secret médical isole, en fait. Fait peser la nécessité de pédagogie sur les malades eux-mêmes. A eux d'expliquer ou non, inlassablement. De s'expliquer, donc de s'exposer. Ou de subir l'ignorance des autres. Ce qui est une double peine évidente. La discrétion nous fait nourrir l'ignorance - donc la bêtise, donc la cruauté - des élèves avec lesquels un enfant malade doit passer sa journée. La pudeur nous retient, et c'est bien, de publier toutes nos chtouilles et morpions, la morale nous fait craindre à juste titre le fichage et l'affichage, et nous ne voulons pas encourager la bêtise naturelle qui nous pousse à mettre les gens dans des cases, tout le monde est d'accord : mais alors par quelle magie les enfants comprendraient la différence et les besoins d'un.e camarade malade?

Tout cela revient à dire : « Puisque le monde est injuste et les gens méchants et ignorants, tais-toi! On se taira aussi. Ça te protègera. » Non seulement c'est injuste, mais en plus c'est faux: ce n'est PAS protecteur. L'honnêteté serait de reconnaître qu'en réalité on SE protège en évitant de travailler à connaître et comprendre ce que la personne malade, à protéger et à inclure, est et traverse. Je dédicace ce paragraphe à mon ancienne élève Anaëlle, qui m'a sciée en présentant sa maladie rare - aux symptômes extrêmement variés et fantaisistes, en allemand, devant la classe, et à ma fille, qui était alors l'une de mes élèves, et m'a dit ce jour-là en rentrant : "mais maman, on nous dit d'être gentils, de ne pas exclure, pas avoir peur ni trouver rien bizarre, mais on ne nous explique pas ce qu'ont nos camarades, ... on est censés deviner?"

La complexité, le caractère invisible et l'intermittence du handicap lié à l'épilepsie sont des facteurs aggravants. Mais aussi le fait, comme je le raconte dans mon histoire, qu'il soit impossible, à cause de la perte de conscience, d'élaborer une stratégie relationnelle fiable, qui tienne compte de ce que les autres ont vu, entendu, qui a pu leur faire peur, qu'i.el.le.s ont peut-être interprété comme ci ou comme ça. Je ne vois qu'une voie à suivre : savoir aide, beaucoup savoir aide beaucoup, et être beaucoup à beaucoup savoir soulagerait bien des tourments.

Hétérotopie : concept forgé par Foucault (1967), et qui désigne les "lieux autres", séparés de ce qui les entoure, et où règnent d'autres normes et règles de comportement, à cause de leur fonction, ou de l'imaginaire qui les constitue : cabane d'enfants, maison de retraite, discothèque, cimetière, etc. Quand une société s'organise autour du prérequis d'un corps valide, l'individu ne correspondant pas à cette norme peut en venir à vivre comme des « lieux autres » son quotidien, son espace intime, son propre corps, au sens où ils se comportent autrement que ce qui les entoure, obéissant à d'autres règles. Cf antivalidisme, cf Charlie Fitz.

Hyperventilation* : respiration rapide et profonde. Une des épreuves auxquelles sont soumis.e.s les patient.e.s sous EEG, pour provoquer certaines modifications des ondes cérébrales pas suffisamment discernables au repos.

Hyponatrémie* : baisse de la concentration de sodium dans le sang, possible par exemple sous traitement par Carbamazépine, Oxcarbazépine ou Eslicarbazépine.

I

Indication* : avis, cause, circonstances ou nécessité de prendre une mesure médicale précise.

Induction enzymatique, médicament inducteur enzymatique* : certains médicaments, par exemple les antiépileptiques Carbamazepine, Phenobarbital, Phenytoine, Topiramate, Felbamate, Oxcarbazépine, augmentent la production d'enzymes dans le métabolisme du foie, provoquant ainsi une accélération de l'élimination des médicaments ou substances, qui en réduit donc l'efficacité. On appelle cet effet l'induction enzymatique.

Installation du traitement* : augmentation progressive de la dose prescrite jusqu'à stabilisation du traitement, c'est-à-dire jusqu'à la fourchette thérapeutique efficace : concentration d'un médicament (dépendante du dosage) suffisante pour être efficace mais inférieure aux seuils toxiques.

Interaction* : action réciproque, par exemple de deux médicaments l'un sur l'autre.

Interaction médicamenteuse* : action réciproque de deux médicaments l'un sur l'autre (ou plus).

Invasif, ve* : se dit d'un examen ou d'une intervention sous la surface du corps, donc qui suppose une lésion de l'organisme.

IRM* : Imagerie par Résonance Magnétique : méthode d'exploration permettant d'obtenir au moyen de champs magnétiques des images en trois dimensions de coupes du cerveau (ou d'autres organes). L'IRM livre la plupart du temps en cas d'épilepsie de meilleures informations que le scanner.

J

Jeux vidéo : on les a beaucoup accusés, à une époque, de provoquer des crises. Mais en réalité, seules certaines sortes et certaines fréquences de clignotement ou de couleur ont ce pouvoir, et seulement sur les personnes photosensibles, qui sont rares. Le vrai problème des jeux vidéos, c'est qu'ils empêchent parfois les gens d'aller se coucher à l'heure où ils le devraient ; or la carence en sommeil, elle, est dangereuse pour tout épileptique. Peut-être aussi, en tous cas c'est que rapportent pas mal de patient.e.s, y a-t-il une influence négative de la durée et de l'intensité de concentration que requièrent certains jeux. Connais-toi toi-même, comme dit l'autre!

Jus de pamplemousse : il interagit avec le métabolisme des médicaments. C'est un inhibiteur enzymatique, ce qui veut dire qu'il va empêcher les enzymes de faire leur travail pour transformer et éliminer certaines substances, dont les médicaments antiépileptiques. Ils vont donc s'accumuler dans le sang et provoquer des effets secondaires.

L

Lésion cérébrale* : modification (altération) circonscrite dans le cerveau, par exemple cicatrice ou malformation.

Leucopénie* : diminution des leucocytes (globules blancs) dans le sang.

Libido : désir sexuel. Cf **sexualité**

M

Main dans la bouche : mauvaise idée. Inutile, d'abord, car la langue est accrochée, on ne peut pas l'avaler. On peut se la mordre au cours d'une crise, mais on peut aussi mordre la main qu'une personne mal avisée nous met dans la bouche.

Mémoire :

Mot presque aussi fréquent dans les témoignages et les questionnements des épileptiques de tous poils que f*** dans la bouche d'un américain vulgaire. P***** de mémoire.

Vous avez déjà entendu cette histoire dans la bouche de certains fanfarons qui se font passer pour de gros déglingos : quelqu'un a beaucoup trop arrosé sa soirée et ne sait pas pourquoi il se réveille à côté d'un inconnu. Pareil, mais sans fanfaronnade, sans la soirée marrante surtout, et sans nouvel individu dans le lit. Juste des draps mouillés, une lampe cassée, ce genre de choses. Une fois, à l'époque où mon frère Thomas dormait régulièrement chez nous, j'ai été réveillée par ses cris, sa crise. Je me suis levée vite, pour monter à l'étage à son chevet, et ... j'ai vu un gars détaler par la courette comme un lapin. Un junkie venu cambrioler à la sauvette, et qui est mal tombé. La chanson épileptique qui est montée juste au moment de son intrusion a dû lui fiche la frousse de sa vie. J'espère que ça a pu l'aider à arrêter la drogue et les visites nocturnes de pavillons de banlieue. Sur le groupe Facebook d'Epilepsie France, un type m'a bien fait rire l'autre jour, il a posté : "Bonsoir tout le monde! Voilà, encore une absence où j'ai dû ensuite jouer au détective pour savoir ce que j'ai fait chez moi, mon chat voulait pas me répondre." C'est ça : l'épilepsie fait des farces de Domovoï, le petit esprit slave barbu protecteur du foyer, qui vit derrière le four et sort la nuit, et se comporte plus ou moins gentiment, protège et aide, ou fait des facéties, jette la couverture à terre, fait disparaître une chaussette ou une cuiller. Mieux vaut lui laisser régulièrement un bol de gruau si on veut que les plaisanteries ne passent pas les bornes du supportable.

Ces "blancs" qui nous forcent à faire le détective, correspondent donc aux moments d'absence, puis à l'amnésie transitoire post-critique antérograde : après la crise on ne peut plus, pendant une période qui peut aller jusqu'à une heure, ni se souvenir de ce qui s'est passé (amnésie rétrograde), ni enregistrer de nouvelle information, donc former des souvenirs nouveaux (amnésie antérograde).

Parfois, ça va plus loin, je lis par exemple un article sur la TEA, "transient epileptic amnesia", ou syndrome de l'amnésie épileptique transitoire, qui concerne les personnes âgées et consiste en la répétition d'épisodes d'amnésie. Angoissant pour les patients, évidemment.

Enfin, les difficultés de concentration qu'induisent certains traitements antiépileptiques jouent aussi sur la mémoire. Les problèmes de mémoire ont été un effet secondaire fréquent de médicaments anciens comme le Tegretol ou le Phenobarbital : dans ce cas les problèmes sont dépendants aussi du dosage, qu'on peut ajuster, et sont réversibles.

Les pertes de mémoire étant une sacrée source d'angoisse, il n'est pas inintéressant de travailler aussi sur le stress qu'elles engendrent, et de développer des stratégies, de faire des exercices et des expériences, qui nous améliorent ET nous rassurent en même temps, d'une pierre deux coups.

Monitoring* : surveillance rapprochée (pour l'épilepsie souvent par vidéo et EEG) permettant d'établir un diagnostic.

Monothérapie* : administration (ou absorption) d'un seul médicament pour traiter une maladie.

Moteur : qui concerne le mouvement ou les organes moteurs

MSIE = Mort subite et inattendue en épilepsie, on trouve plus fréquemment l'anglais SUDEP = Sudden Unexpected Death in Epilepsy

Myoclonies* : spasmes musculaires brefs et involontaires; peuvent se produire isolément ou en série.

N

Neuropsychologie* : domaine de spécialité, étude des rapports fonctionnels entre certaines régions cérébrales et certaines fonctions ou capacités mentales ou du comportement. Étude des performances associées aux différentes parties du cerveau.

Neuroradiologie* : spécialité médicale concernant la représentation par imagerie du système nerveux (par exemple IRM, scanner).

Neurotypique : désigne le fonctionnement d'une personne qui n'est pas atteinte de trouble neurodéveloppemental (par opposition à des personnes avec TSA).

Non substituable* : mention qui peut être portée sur l'ordonnance par le prescripteur, ou même le pharmacien si besoin, dans le cas de médicaments à marge thérapeutique étroite (MTE). Ces médicaments peuvent devenir soit inefficaces soit toxiques par de faibles variations de composition, c'est pourquoi on doit éviter de les substituer par d'autres médicaments (génériques par exemple).

P

Pair-aidance : on appelle "pairs" les personnes qui partagent une même expérience, un même vécu, par exemple celui d'un âge, d'une situation, d'un handicap ou d'une maladie. Le mot de "pair-aidance" désigne l'entraide entre pairs. Cette entraide est de plus en plus valorisée, car elle présente de nombreux avantages : le partage d'expérience rompt l'isolement, améliore la compréhension et la connaissance des problèmes, la mise en commun des "tuyaux", cheminements et solutions testées par les un.e.s et les autres diminue l'errance, fait gagner du temps, et élargit justement le champ des solutions, les pairs sont motivés à être disponibles, capables de comprendre la nécessité de règles de bienveillance et de confidentialité (notion de « safe space », espace sécure), et enfin, dans un système d'entraide, mes expériences négatives, douloureuses, deviennent utiles et me donnent une valeur positive en tant qu'expert, au lieu de n'être que des choses qui me freinent et me pèsent. Dans un grand groupe, la somme de connaissances que permet d'accumuler l'échange régulier de savoir et d'écoute est spectaculaire.

La soutien est réciproque : il ne met donc pas en dette ou en dépendance comme la relation asymétrique patient.e / médecin, ou malade / aidant.e. Et bien entendu, les groupes de pair-aidance permettent aussi, en cas de revendications, de démarches pour changer les choses, de peser d'un bien plus grand poids social et politique auprès des autres, d'être, en tant que collectif, bien plus audible, visible, efficace.

Les associations de patients reposent sur le principe de pair-aidance.

Tout cela, qui est extrêmement précieux et constructif, et gratuit, ne doit pas dispenser les pouvoirs publics, les médias, les médecins, de faire leur travail, qui apporte une autre sorte d'aide, et d'expertise, indispensable. Il ne faudrait pas non plus que ces groupes, qui se multiplient heureusement et sauvent littéralement des vies, souvent adossés à des associations, permettent au reste de la société de persister dans l'ignorance ou l'inaction.

PET-scan* : Tomographie par Emission de Positrons : méthode d'exploration pour mesurer le métabolisme cérébral au moyen d'une brève émission de particules élémentaires. L'image obtenue prend la forme de photos de coupes en couleur.

Pilulier* : petite boîte ou pochette permettant de préparer sa médication pour une journée, ou jour par jour pour une semaine, d'une grande aide pour la prise régulière d'un traitement.

Pipi :

Parmi les épilepsies réflexes, c'est-à-dire déclenchées par des stimuli externes spécifiques, il y en a une, très rare, qui est déclenchée par la miction, donc le fait d'uriner. Pas pratique. D'autres sont déclenchées par des stimuli visuels (un écran de télévision ou d'ordinateur, jeux vidéo) dans l'épilepsie photosensible ; musicaux dans l'épilepsie musicogénique ; tactiles et thermiques dans l'épilepsie à l'eau chaude ; végétatifs dans l'épilepsie de la défécation. Dans d'autres cas, la crise est provoquée par l'activité du patient, comme dans l'épilepsie de l'alimentation.

Durant une crise d'épilepsie généralisée, le sphincter peut se relâcher, ce qui explique qu'on reviendra à soi trempé, et qu'on devrait peut-être revoir l'idée de placer tout son sentiment de dignité dans le fait d'être, comme on commence à nous dire vers deux ans, propre. C'est à dire sec.

Dans certaines épilepsies du lobe temporal, le besoin impérieux d'uriner indique le début d'une crise. Parce que faire pipi, vous croyez peut-être que c'est tout bête, mais pas du tout, cela implique des structures situées au niveau du cortex cérébral, du tronc cérébral et la moelle épinière.

dans un moment de quasi-somnambulisme post-crise, on peut se tromper de lieu, comme par exemple la fois où mon frère Thomas s'est naturellement dirigé vers le luxueux et tout neuf canapé de belle-maman pour l'arroser abondamment. Une façon qui fut jugée maladroite de briguer sa place dans une belle-famille qui le connaissait à peine.

Polythérapie* : traitement par plusieurs médicaments différents

Prodromes* : symptômes avant-coureurs d'une maladie

Pronostic* : scénario d'anticipation de l'évolution d'une maladie

Psychose et épilepsie : Je comprends après de nombreuses recherches qu'on reconnaît depuis plus de deux siècles un lien, sans doute bidirectionnel (qui va dans les deux sens) entre psychose et épilepsie. Mais que la classification internationale des maladies mentales ne reconnaît pas les psychoses épileptiques comme une entité spécifique. Que c'est un problème considérable, car il faudrait que neurologue et psychiatre collaborent pour diagnostiquer et traiter les patients concernés par cette comorbidité. Entre autres parce que de nombreuses confusions diagnostiques sont possibles. On essaye tout de même de classer ces états, et je comprends qu'on a :

soit une psychose et une épilepsie qui évoluent ensemble (décalées dans le temps) chez la même personne en s'influençant mutuellement : psychose schizophréniforme de l'épilepsie, psychose intercritique ou interictale, et que pour ne rien arranger antiépileptiques et antipsychotiques aussi interagissent, ou même peuvent déclencher des symptômes.

Soit des états psychotiques passagers dont on peut en principe vérifier par imagerie qu'ils sont liés aux crises : avant, pendant, directement après une crise ou une série de crises d'épilepsie. On les appelle psychose critique (ou ictale), postcritique / postictale.

Soit une chose fascinante, apparemment rare, décrite dès 1953 par un certain Landolt, qui s'appelle psychose alternative ou normalisation forcée : dans ce cas, la survenue de la psychose correspond à une cessation des crises, et réciproquement.

Je découvre aussi qu'un état de mal n'est pas forcément convulsif, et que les symptômes d'absence peuvent alors étrangement ressembler à certains symptômes psychotiques.

R

Récidive* : rechute. Réapparition de crises après une période sans crises.

Rythme Alpha* : oscillation visible à l'EEG lorsque la personne enregistrée en bonne santé est éveillée et se détend les yeux fermés.

S

SCP* = Stimulation cérébrale profonde : technique chirurgicale réversible consistant à implanter une électrode directement dans le cerveau et à la stimuler électriquement (comme un pacemaker ou stimulateur cardiaque), pour réduire la fréquence des crises.

Sédater* : mettre sous tranquillisant

Sensible* : se dit des perceptions (par exemple toucher, froid et chaud) perçues par le corps et les membres.

Sensoriel* : se dit des perceptions (par exemple entendre ou sentir) ou des organes perceptifs.

Sexualité, généralités : Un roman par personne, en raison de toute la complexité de chacun.e dans son rapport au corps, de tout ce qui affecte la confiance en soi, des expériences pénibles anticipées, ou déjà vécues et mémorisées. Une vie sexuelle épanouie est possible en épilepsie. Toutefois, les personnes atteintes d'épilepsie se marient moins souvent, connaissent un fort taux de divorce, et font moins d'enfants que la moyenne. Les plaintes ou questions les plus courantes concernent : la contraception, la baisse ou l'absence de libido, l'anorgasmie, les problèmes d'érection, de fatigue, des stress, de confiance en soi, en l'autre, les partenaires plus ou moins compréhensif.ve.s, les comorbidités psychiatriques jouant sur les relations. Les couples se soutiennent à la vie à la mort, ou s'épuisent, marqués par la dépendance, les restrictions, la culpabilité. J'ai lu le témoignage d'une femme chez qui faire l'amour provoque systématiquement une crise (épilepsie réflexe), d'une autre que cela fait trembler et avoir mal à la tête. Et l'incroyable histoire du syndrome d'excitabilité permanente, sous lamotrigine. Donc un beau panel de difficultés. La ligue suisse contre l'épilepsie nous apprend ce qui suit :

Presque tous les antiépileptiques, surtout les principes actifs de générations anciennes comme la carbamazépine, le phénobarbital, la phénytoïne, le primidon ou le valproate, peuvent engendrer des troubles hormonaux, principalement parce que ces médicaments stimulent la formation de globuline liant les hormones sexuelles (SBHG) qui anéantit l'effet de ces hormones.

Ces médicaments affectent aussi la sexualité des femmes en diminuant à la fois le désir, l'excitabilité et la capacité d'atteindre l'orgasme.

La fatigue est un autre effet secondaire de certains médicaments, sur les hommes comme sur les femmes, qui peut faire obstacle aux rendez-vous ou aux activités nocturnes. Enfin, certaines substances, notamment le valproate, peuvent occasionner une prise de poids importante et provoquer des troubles hormonaux caractérisés par une pilosité abondante et des irrégularités du cycle (le dénommé syndrome ovarien polycystique ou SOPC).

Sexualité féminine et épilepsie: (source : dépliant de la ligue suisse contre l'épilepsie) Certaines femmes (30 à 50% des femmes épileptiques, source FFRE) constatent que leur cycle rythme la fréquence des crises. Elles surviennent généralement quelques jours avant les règles ou pendant les premiers jours de la menstruation. Une épilepsie est dite cataméniale chez les femmes quand au moins 75% des crises surviennent dans les quatre jours qui précèdent le début de la menstruation et jusqu'à dix jours après. À la ménopause, il peut y avoir des problèmes en cas d'épilepsie cataméniale, mais la situation s'améliore par la suite. Rappel : parfois, tout se passe bien ! cf contraception cf grossesse

Sexualité masculine et épilepsie (source : Ligue Suisse contre l'Epilepsie): Une épilepsie peut mettre en déroute tout le métabolisme hormonal masculin : la production de testostérone, la plus importante hormone sexuelle mâle, dans les testicules, mais aussi la formation des spermes ou des gamètes mâles sont contrôlées par certaines zones du cerveau, en particulier l'hypothalamus et l'hypophyse (ou glande pituitaire), eux-mêmes influencés par d'autres zones du cerveau dont notamment le lobe temporal, lesquelles peuvent être touchées par l'épilepsie. Près d'un homme sur deux atteint d'épilepsie se plaint d'un désintérêt sexuel, et même environ deux tiers chez les hommes souffrant de crises tonico-cloniques généralisées, contre à peu près un homme sur dix avec des crises focales d'épilepsie. Les problèmes d'érection sont également souvent cités par les hommes atteints d'épilepsie. Pour le reste, cf « sexualité, généralités » sur les effets psychosociaux, ceux des comorbidités psychiatriques ou les effets des antiépileptiques. Rappel : parfois, tout se passe bien !

Singultus* : hoquet. Effet secondaire de certains médicaments.

SLI* : Stimulation Lumineuse Intermittente : épreuve à laquelle sont soumis.e.s les patient.e.s lors de l'EEG, et qui consiste à diffuser des séries de flashs lumineux d'intensité variable (avec un stroboscope). La SLI provoque certaines modifications des ondes cérébrales, qui ne sont pas suffisamment visibles au repos.

SNV* : Stimulation du nerf vague : intervention thérapeutique qui consiste à implanter une électrode autour du nerf vague gauche (dans le cou), et par suite à stimuler celui-ci électriquement (comme un pacemaker ou stimulateur cardiaque), de façon à réduire la fréquence des crises épileptiques.

SPECT* : Tomographie par émission monophotonique : méthode d'exploration pour mesurer l'irrigation du cerveau au moyen de substances faiblement radioactives. L'image qui en résulte a l'aspect de coupes colorées.

Status epilepticus* : Etat de mal : état épileptique continu, crises anormalement longues ou qui se répètent et s'enchaînent sans véritable récupération de la conscience entre deux crises. C'est une urgence médicale absolue et nécessite une intervention immédiate des secours. Un état de mal peut ne pas être convulsif.

Syndrome de Dravet* : syndrome épileptique sévère de l'enfant, décrit pour la première fois par l'épileptologue française Charlotte Dravet, causé par une altération génétique, et qui provoque des crises avant un an et des retards de développement et reste souvent difficile à traiter (pharmacorésistance).

Syndrome de Lennox-Gastaut* : forme sévère d'épilepsie nommée d'après les épileptologues W.G. Lennox (USA) et H. Gastaut (France), qui se manifeste le plus souvent entre les 4 et 8 ans de l'enfant et est associée à différentes formes de crises, en particulier des absences atypiques, des chutes et des crises toniques (survenant la plupart du temps au cours du sommeil).

Syndrome de West* : forme d'épilepsie, nommée d'après le médecin anglais W. J. West, se déclarant dans la petite enfance, souvent difficile à traiter et se caractérisant par des salves de spasmes, une stagnation ou une détérioration psychomotrice et une activité cérébrale anormale.

T

TDA/H* : Trouble déficitaire de l'attention avec ou sans hyperactivité, maladie débutant dans l'enfance se manifestant par des perturbations de l'attention, de la concentration, un comportement impulsif et une agitation marquée.

TDM, scan* : Le scan (tomodensitométrie=TDM), taco, tomographie axiale ou scanneur est un examen qui utilise des rayons X. Cet examen permet de prendre des images détaillées de différentes régions du corps (par exemple du cerveau). Il recherche avec l'assistance de l'ordinateur, sur des images de coupe, des anomalies qui ne sont pas visibles à la radiographie ou à l'échographie, par exemple des tumeurs, malformations, lésions, saignements, ou d'autres modifications de la substance cérébrale.

Tératogénicité* : propriété de certaines substances (médicaments), maladies ou situations à provoquer des malformations chez les descendants.

Thrombocytopenie* : diminution des plaquettes (thrombocytes) dans le sang

Tolérance médicamenteuse* : diminution de la réponse à un médicament utilisé de façon répétée : avec le temps son effet ou ses effets secondaires diminuent.

Tonique* : se dit d'une contraction musculaire prolongée (raidissement) < Tonus musculaire* : état de tension d'un muscle

Traitement combiné* : administration d'au moins deux médicaments différents pour traiter la même maladie (multithérapie, polythérapie).

Tremor* : tremblements

Trouble cognitif ou neurocognitif (TNC)* : trouble de la perception ou de la cognition. La perturbation passagère lors d'une crise focale ne doit pas être confondue avec un TNC installé ou évolutif.

Trouble mental organique (ou syndrome mental organique)* : altération diminution des capacités mentales ou de traits de personnalité en raison de dommages ou perturbations des fonctions cérébrales.

TSA : Trouble du spectre autistique. Les enfants épileptiques ont un taux d'autisme plus élevé que la normale. 14% des enfants dont l'épilepsie débute dans la première année de vie risquent de développer aussi un TSA, 46% des enfants atteints du syndrome de West développent aussi un TSA.

REMERCIEMENTS

Généralement ce n'est pas une partie très intéressante. Je ne vois pas bien comment l'éviter, pourtant, puisque ce livre s'est fait comme il se doit, avec l'aide de tout le village. Il y a cette chaîne de dons, je me suis coulée dans la procession, dans la caravane, pour y arriver, et j'y ai trouvé ma place.

Je remercie donc **toute la caravane.** Cela n'a pas de fin, tout est gratitude, tout me traverse et vient toujours de plus loin que de là où je l'ai reçu. Tous mes ancêtres et les vôtres, « le sang » (Benjamin, Johann, Maud, Alexandre, Annah, qui sont source, jardin, maison, paysage, trésor, sens), les épileptiques des siècles passés avec qui j'ai souvent conversé intérieurement, toutes celles et ceux qui ont cherché et continuent mordicus à chercher, à réparer, à arranger ça, et quand ils n'y arrivent pas, à caresser la cicatrice du bout des doigts : c'est la famille.

Je remercie celles et ceux avec qui je me suis assise à une table de peine, dont le besoin viscéral de changement et de sens, la frustration et la colère, la tristesse m'ont poussée, et à qui je rends hommage : les parents, les petites sœurs et petits frères du collectif de **familles endeuillées réunis par le RSME :** ce sont des combattant.e.s fragiles, des survivant.e.s qui trimballent leurs automnes au printemps, un.e mort.e comme « lumière complémentaire », jamais éteinte. Spécialement **Muriel** qui a échangé toute l'année longuement avec moi, et **Sylvie** qui m'a confié son histoire. Je m'incline devant leur cœur sacré de petites mamans.

A vous, les lumières complémentaires, *dear shadows alive and well* : **Bruno, Yohann, Daphné, Julien, Sanna, Fanny, Jennifer, Arnaud, Adélaïde, Mickaël, Arnaud, Théodore** et toustes les autres.

Je remercie :

les femmes qui m'ont rafistolée, aidée à tenir, à trier, à me remettre en mouvement, par leur écoute, virtuoses de la caisse de résonance, leurs paroles délicates, patientes, expertes : sans ces « sorcières »-là il n'y aurait rien ici, je me serais perdue. C'est leur boulot de **psychologues**, mais tout le monde ne le fait pas aussi intelligemment qu'elles : l'aide de Maryvonne Wastable, il y a des années, m'a vraiment extirpée du cauchemar, et celle de madame Rognon, depuis deux ans, évité l'asphyxie, emmenée où je voulais aller sans y arriver toute seule. Concernant ce livre, elle mérite une médaille d'or de sage-femme, si je suis la parturiente.

les **épileptologues et psychologues du RSME** qui s'asseoient avec nous comme des humaines et donnent, depuis des années, ce qu'elles savent et ce qu'elles ne savent pas et cherchent, cherchent, cherchent : spécialement le docteur Landré qui m'a reçue et a échangé toute l'année avec moi.

les gens de la **fondation Oskar Killinger** qui m'ont donné beaucoup de courage et de très précieuses informations.

les gens de l'incroyable **programme MOSES**, parce qu'ils font ce qu'il y a de plus pertinent possible : former des patient.e.s éclairé.e.s et apprendre d'elles et eux, pour leur éthique rigoureuse et la médecine vraiment humaniste qu'ils pratiquent. Tout spécialement **Brigitte** qui m'a consacré tant de temps : te rencontrer m'a réveillée et prodigieusement consolée – pas du passé seulement, mais sur ce que l'avenir réserve ! *Hut ab* ! Et pour cela et pour les confitures de poire, je remercie **Angela et Werner**, mon père Noël.

par avance les organisations et associations qui voudront bien m'aider à faire découvrir ce livre dans l'espoir de désesseuler toutes les personnes à qui il pourrait faire du bien.

Claire pour un si grand nombre de choses, et Gîta évidemment, pour toutes ces promenades qui remettaient les pensées en route ou à leur place, les décisions à aujourd'hui plutôt qu'à demain, les pendules à l'heure, les points sur les i, du pain sur la planche et une bougie sur le chandelier, parfois même des pâtes dans l'assiette et une bise sur la joue : *where would I be without you* ?

Alex qui m'a lue et approuvée, avec oreilles et yeux de Yéti, le sonar de l'amitié, le bonentendeur (qui sort la pinaillette ou la biffeuse à bon escient).

Thomas qui a fait tout ce qui était le plus pénible, et qui a toujours été là pour descendre la piste avec moi quand tout le monde s'était barré.

Denis, et son amie **Sophie,** qui ont levé gratis les obstacles de mon espèce de handicap informatique – qui est lourd, sans me faire honte et avec patience.

Alexandre, Manuel et Assia, Emma bien sûr aussi, de s'être interessés à ce que je faisais, de s'être assis de visite en visite pour regarder mes dessins et me donner des conseils. Vous êtes le sel de la terre. Voir votre jeunesse dénicher et fabriquer de la beauté, avoir l'honneur de partager ça avec vous, alors que je suis une daronne, c'est la chance des chances, la vitamine dans le jus de grenade.

Maud, pour ton talent de débloqueuse. **Annah,** qui m'a prise dans les bras rituellement quand elle sentait de l'énergie fuir à perte, sans trop de commentaires comme elle sait faire.

Et surtout :

je remercie toustes mes témoins,

pour la rencontre et la confiance,

pour ce que nous avons réussi là,

la rencontre et la parole qui circule.

SOMMAIRE